话说
中国

空 前 的 融 合 （下）

公元420年至公元589年的中国故事

刘精诚 著

上海故事会文化传媒有限公司

上海锦绣文章出版社

总顾问：李学勤
总策划：何承伟

本卷顾问：朱大渭

主编： 刘修明
副主编：陈祖怀

正文作者（按卷次先后排列）

《创世在东方》 杨善群 郑嘉融
《诗经里的世界》 杨善群 郑嘉融
《春秋巨人》 陈祖怀
《列国争雄》 陈祖怀
《大风一曲振河山》 程念祺
《漫漫中兴路》 江建忠
《群英荟萃》 顾承甫 刘精诚
《空前的融合》 刘精诚
《大唐气象》 刘善龄 郭 建
　　　　　　 郝陵生
《变幻中的乾坤》 金尔文 郭 建
《文采与悲怆的交响》 程 郁 张和声
《金戈铁马》 程 郁 张和声
《集权与裂变》 胡 敏 马学强
《落日余晖》 孟彭兴
《枪炮轰鸣下的尊严》 汤仁泽

辅文作者（按姓氏笔画排列）

马学强 王保平 王景荃 田 凯 田松青
仲 伟 江建忠 刘善龄 刘精诚 汤仁泽
杨善群 杨 婷 李 欣 李国城 李登科
张 凡 张和声 张振华 陈先行 陈祖怀
苗 田 金尔文 郑嘉融 宗亦耘 孟彭兴
赵冬梅 秦 静 顾承甫 徐立明 殷 伟
郭立暄 崔 陟 崔海莉 程 郁 程念祺

图片提供

文物出版社、河南博物院、巩义博物馆、
徐州博物馆、徐州汉兵马俑博物馆等单位
及（按姓氏笔画排列）王保平 山口直树
田 凯 田松青 仲 伟 孙继林 李国城
何继英 陈先行 欧阳爱国 殷 伟 徐吉军
郭立暄 郭灿江 崔 陟 阎俊杰 翟 阳
薄松年等　本页长城照片由郑伯庆拍摄

梦想与追求

何承伟

为最广大读者编一部具有现代意识的历史百科全书

> 中国是一个拥有五千年灿烂文明史、又充满着生机与活力的泱泱大国。中华民族早就屹立于世界的东方，前赴后继，绵延百代。

> 作为中国人，最为祖国灿烂的过去与崛起的今天感到骄傲。

> 作为中国的出版人，应义不容辞地以宏大的气魄为广大热爱中国历史的读者，承担起传播这一先进文化的责任：努力使中国历史文化出版物，与中国这样一个拥有五千年文明史的过去相适应，与当代中国日新月异的发展现实相适应，与世界渴望了解中国的需求相适应。

> 人民创造了历史，历史又将通过我们的出版物回赠给人民，使中华民族数千年积累起来的灿烂文化成为当今中国人取之不尽的思想宝库，让更多的读者感悟我巍巍中华五千年光辉历史进程和整个中华民族灿烂的文明成果。

出版说明

> 为此，我们作了大胆的探索：以出版形态的创新为抓手，大力提高这套中国历史读物的现代意识的含量，使图书能够真正地"传真"历史；以读者需求为本位，关注现代人求知方式与阅读趣味的变化，把高品位的编辑方针和大众传播的形式有机结合起来，独辟蹊径，创造一种以介于高端读物与普及读物的独特的图书形态，努力使先进的文化为最广大的读者所接受。

> 经过多年的努力，这套融故事体的文本阅读、精彩细腻的图片鉴赏、便捷实用的检索功能于一体的中国历史百科全书——《话说中国》终于陆续与读者见面。这套书计15卷，卷名分别为：《创世在东方》、《诗经里的世界》、《春秋巨人》、《列国争雄》、《大风一曲振河山》、《漫漫中兴路》、《群英荟萃》、《空前的融合》、《大唐气象》、《变幻中的乾坤》、《文采与悲怆的交响》、《金戈铁马》、《集权与裂变》、《落日余晖》和《枪炮轰鸣下的尊严》。

> 在《话说中国》这部书里，你将看到以故事体文本为主体的感性与理性的统一。

> 现代人对历史的感悟，最能产生共鸣、最能感到激动的文学样式是什么，是故事。是蕴涵在故事里的或欣喜或悲切或高亢或低回的场面。这些经典场面令人感慨唏嘘，荡气回肠。记住了一个故事，也就记住了一段历史。故事是一个民族深沉的集体记忆，容易走进读者的心灵世界，它使读者在随着故事里主人公的命运起伏跌宕之时，不知不觉地与中国历史文化进行了"亲密接触"，从而让历史文化的精华因子，潜移默化地影响着我们的行为，净化着我们的心灵。因此，《话说中国》以故事体的文本作为书的主体。同时，它还突破了传统历史读物注重叙述王朝兴衰的框架，以世界眼光、一流专家学者的史识来探寻中国历史的发展脉络与规律；以密集的信息，弥补故事叙述中知识点不足的局限，从而使故事的感性冲击力与历史知识的理性总结达成高度的统一。它让读者既见树木，又见森林；既享受了故事所带来的审美快感，同时又能寻绎历史的大智慧。

> 在《话说中国》这部书里，你将看到互为表里的图与文的精彩组合。

> 当今社会已进入"读图时代"，这一说法尽管片面，但也反映了读者的需求。在这套书里的图片与通常以鉴赏为主的图片有很大不同：

> 图片内容涵盖面广。这些图片能够深入再现历史现实，立体凸现每一不同历史时期社

会生活各方面的发展变化。透过生动的"图片里面的故事"，可以体味其中蕴涵着的深刻内容，堪称是历史文化的全息图像。它们与故事体文本相关联，或是文本内容的画面直观反映和延伸，或是文本内容的背景补充，图与文珠联璧合，相得益彰。同时，纵观整套书的图片又分别构成了一个个独立的专门图史，如服饰图史、医药图史、书籍图史、风俗图史、军事图史、体育图史、科技图史等等。

> 图片的表现形式极其丰富。这套书充分顾及现代读者的读图口味，借助现代化手段尽量以多种面貌出现，汇集了文物照片、历史遗址复原图、历史地图与示意图、透视图以及科学考古发掘现场照片在内的3000余幅图片。既有精炼简洁的故事，又有多元化的图像，读者得到的是图与文赋予的双重收获。

> 创造了一种新的读图方式。书中的图片形象丰富，一目了然，具有"直指人心"的震撼力，但在阅读过程中，尤其是在欣赏历史文化的图片中，这种震撼力很难使读者感悟到。原来他们是凭自己的文化底蕴和生活积累在品味和理解书中的图片。两者一旦产生矛盾，就不可能碰撞出火花。本书作为面向大众的出版物创造了一种全新的阅读环境：改造我们传统的图片的文字说明，揭示图片背后的信息，让读者在读完这些文字后，会产生一个飞跃，对第一眼所看到的图片有一种新的发现和新的认识。

> 在《话说中国》这部书里，你将看到一个充满数字化魅力的历史百科知识体系。

> 数字化给我们的社会生活带来了许多崭新的变化，作为文化产品的创新也不例外。为此，我们在这套信息密集型的中国历史百科全书里，大量运用了在电脑网络上广泛使用的关键词检索方式，以关键词揭示故事内核，由此来检索和使用我们的故事体文本与相关知识性信息。这套书的信息化、网络化、数字化，充分表现了中华民族不但有自强不息的过去时，前进中的现在时，而且还有充满希望的将来时。

> 一则故事，一幅图片，一个关键词，都是某个有代表性的"点"，然而这个点不是孤立的存在，而是一个有意义的叙事单位。它是中华民族的文明亮点，折射了我们民族的文化性格。把这些亮点连接起来，就会构成一条历史之"线"，而"线"与"线"之间的经纬交织，也就绘成了历史神圣的殿堂。点、线、面三维一体，共同建构着上下五千年的民族大厦。

> 著名科学史家贝尔纳曾说："中国在许多世纪以来，一直是人类文明和科学的巨大中心之一。"我们知道，印刷是中国引以为骄傲的四大发明之一，中国出版在世界出版史中，曾留下许多脍炙人口的灿烂篇章。然而近代中国出版落后了，以至于到今天与发达国家相比，无论是在出版技艺上，还是在出版理念上，都存在着不小的差距。我们在本书的出版过程中善于学习、消化及借鉴，"洋为中用"，充分发挥"后发优势"，努力把世界同行在几十年中创造的经验，学习、运用到这套书的编辑过程中，以弥补两者之间的差距。事实证明，只要我们努力了，只要我们心中有了读者，我们一样可以后来者居上。

> 中国编辑中的一位长者曾说过这样一段话："我们没有显赫的地位，却有穿越时空的翰墨芬芳；我们没有殷实的财富，却有寄托心灵的文化殿堂。"

> 在编辑这套书的过程中，我们深深感到，中国历史文化太伟大了，无论你怎样赞美，都不为过；中国历史文化又太神奇了，无论你以何种方式播种，都会有意想不到的收获。今天，我们所撷取的，只不过是其中的一朵小花，还有更多更美的天地需要人们进一步去开拓。

现代人与历史

上海社会科学院研究员　刘修明

> 历史与现代人有什么关系？历史对现代人有什么用？这并非每一个现代人都能正确回答的问题。

> 过去的早就过去了。以往的一切早已灰飞云散，至多只留下遗迹和记载。时光不能倒流，要知道过去干什么？历史无用的混沌和蒙昧，不是个别现象。在科学技术高度发达的现代社会，人们更易对远离现实的历史轻视、淡漠。对历史无知而不以为然的人，不在少数。

> 不能简单地指责这种现象。一旦通过有效途径缩短了现代人和历史的距离，人们就会从生动形象的历史中取得理性的感悟，领悟历史的哲理，开发睿智，从而加深对现代社会文明的认识，使现代人的认识和实践达到一个新的层次。那时，人们就会有一个共识：历史和现代是承续的。历史是现代人生存和发展不可缺少的内容。历史和现代人是不可分的。

> 祖国的历史是一部生动的、博大精深的启迪心智的教科书。中国历史是独树一帜的东方文明史。承载中华文明的中国历史，在她形成发展的曲折而漫长的过程中，从未中断过（不像埃及、两河流域、印度文明或中断或转移或淹没）。她虽然历尽坎坷，备尝艰辛，却始终以昂首挺立的不屈姿态，耸立在亚洲的东方。即使从19世纪上半叶开始的对中华文明一个多世纪的强烈冲击和重重劫难，也没有使曾创造过辉煌的中华文明沉沦，反而更勃发了新的生机。中国的历史学家从孔子、左丘明、司马迁开始，持续不断地以一种不辜负民族的坚韧精神，把中华民族放在辉煌与挫折、统一与分裂、前进与倒退、战争与和平、正义与邪恶的对立统一的辩证过程中，将感悟到的一切，记录在史册上。以一笔有独特美感并凝结高超智慧的精神财富，绵延不绝地传承给一代又一代炎黄子孙，从而成就了中华民族及其创造的文明的延续和发展。中华文明的创造和中国历史的记载是不可分的。中国历史是兼容时空又超越时空的中华文明有形和无形的载体。

> 英国哲学家培根说过："历史使人明智。"历史的经验是前人付出巨大的代价（甚至生命的代价）才总结出来的。历史经验包蕴着发人深思的哲理。要深刻地了解现实，理智地面对将来，就应当自觉地追溯历史。现代人只有了解历史，才能感受历史启迪现

实的无穷魅力。唯有从历史的经验与哲理感知杂乱纷纭的现实，才能体会历史智慧的美感和简洁感。

这种由历史引发的智慧、魅力和美感，对丰富一个人的生命内涵，提升人的素质，是非常重要的。我们强调人的素质，但素质的基本内涵是什么，却未必很清楚。我认为，人文素质应该是人的素质的基本内涵。一个人的人文素质是由他所属的民族几千年文化创造的基因，积淀在他的血液和灵魂中形成的。以文史哲为主体的人文教育，对人的素质提高具有特别的价值。而中国历史往往又是文史哲三位一体的糅合和载体。只重视外语、电脑教育而忽视人文教育的偏向应引起重视并加以纠正。这种素质教育应当起步于一个人的青少年时代。对祖国的热爱，民族自信心的树立，正确的人生观、价值观的确立，都离不开对祖国历史的了解。只有这样的人，才能立志报效祖国和中华民族，并以他们的不断传承和新的创造，继续为人类文明的发展作出新的贡献。在共同文化血脉上发展起来的13亿中国人和5000万在世界各地的华人，都应有这样的共识，都应承担这样的责任。

了解祖国的历史，可以从简明的历史教科书入手，也可以从浩瀚的史籍中深究。关键是引起读者的阅读兴趣。我们这里提供的是一本图文并茂用故事形式编写的中国历史。中国有一本几乎家喻户晓、发行量达几百万册的出版物：《故事会》。这是上海文艺出版总社的名牌刊物，在社会上有很大的影响。何承伟先生从几十年编辑的成功实践中，提出了这样一部以图文并茂的故事形式并包含巨大信息量的中国历史百科全书的设想。在众多学者的参与和合作下，成就了这样一部新体裁的中国通史《话说中国》。它生动形象、别开生面的编写方式，使包括老中青在内的现代中国人，都可以轻快地从这部书中进入中国历史宏伟的殿堂，从中启迪心智，增加知识，开拓眼界，追溯历史，面对未来。它把传统的教育和未来的展望，有机而和谐地结合在一起，引导当代中国人顺应悠久古老的中国文明融注世界发展的现代潮流，以期为世界的文明发展作出新的贡献。我们相信，凝聚了几十位学者和编者多年努力的这部书，一定会为这种贡献尽其绵薄之力，发挥其应有的作用。

目录

南北朝历时 170 年（420—589），长期分裂割据，是我国历史上最为复杂动荡的时代之一。动乱和战争给各族人民带来深重的创伤和灾难，但与此同时，社会也在苦难中走向新生。

专家导言

中国魏晋南北朝史学会会长　朱大渭
中国社会科学院历史所研究员

> 东晋南北朝历时 273 年（317—589），由于五个少数族入主中原，建立政权，长期分裂割据，因而是我国历史上最为复杂动乱的时代。汉族和少数族先后建立过大小约三十个政权，较大的战争发生五百余次以上。动乱和战争给各族人民带来深重的创伤和灾难，但与此同时，社会也在动乱和苦难中走向新生。

> 东晋门阀士族制度发展到鼎盛时期，士族地主控制了国家最高行政权力，具有世代为官、免除赋役、垄断文化等种种政治、经济、文化特权。经南朝宋、齐、梁三代，士族门阀逐渐走向衰落，寒人庶民兴起，特别是经过梁末侯景之乱的打击，士族彻底衰落，南方少数族酋帅和豪强崛起，从而建立起陈朝。这是东晋和南朝政治上的特点。北方十六国时期，政权林立，战争频繁，民族融合十分缓慢；北魏统一（439）后，特别是魏孝文帝（471—499 在位）所实行的一系列改革措施，推进了民族融合的进程。魏末代北豪族酋帅兴起，并建立了北齐、北周政权。北周武帝灭北齐后，民族融合接近完成，由汉人隋文帝杨坚代周灭陈，实现了全国统一。

> 这一时期社会经济在曲折中发展。从西晋末年开始，北方大战乱，约经百年，大批人口南下，带去了数以百万计的劳动力和北方先进的农业生产技术，使江南荒地大开发，南方经济从而得到长足进步。农业上兴修水利、精耕细作、扩大耕地面积、大量种植北方农作物；在手工业方面冶炼、纺织、制瓷、造纸、造船等发展很快；商业兴盛、城市繁荣。由此，古代中国的经济重心开始南移，到唐中期终于完成了这一过程。在北方，北魏统一后，进入中原的少数族部落进一步解体，汉族中的封建依附人口一部分也游离了出来，这就为孝文帝改革铺平了道路。北魏所实行的均田制，是拓跋部农村公社制与汉族儒家思想结合的产物，它把在长期战乱中的荒芜土地分给贫民，立三长制，不分民族而分土定居，统一为国家编户，不仅有利于社会稳定，而且促进了社会经济的发展。到北魏熙平（516—518）时，北方人口总数约为三千二百三十二万七千余人，南方约为一千六百三十二万七千余人，共计为四千八百六十五万余人。这是当时南北社会经济发展的结果。而由于北方人口多于南方，其军力和财力都超过了南方，故最终由北方统一了南方。

> 这个时期是我国历史上民族大融合的时代。大量胡族人口入居中原，使民族关系复杂化，民族矛盾尖锐化，但历史发展的总趋势是走向民族大融合。这是因为人类先进文化推进民族融合的进程是不可抗拒的，人们总是向往更高更美好的物质文化生活。马克思认为，文化相对后进的民族必然被文化相对先进的民族所同化，这是"永恒的历

史规律"。中国儒家"用夏变夷"、"协和万邦"的进步民族观，不仅为汉族统治者所接受，也被各少数族统治者如前秦苻坚，北魏孝文帝，北周文帝（追封）、武帝所自觉地实践，从而表现出在当时民族融合复杂形势下的众多趋同性。经过近两个世纪的惊心动魄的民族斗争与融合，由匈奴、羯、氐、羌、鲜卑加上其他共十多个少数族约有一千多万人口融入汉族后，对我国中古历史发展进程影响极其深远。无论对汉民族本身的繁衍或是汉文化的发展来说，都被输入了大量新基因，因而隋唐以后政治、经济、文化出现了空前的繁荣。

> 这个时期在文化思想上也有很大的发展，被称为我国历史上又一个"百家争鸣"的年代。人口的大流动和民族关系的大变动，带来了物质文化和精神文化的大交流。如果将这个时期的文化与汉唐文化相比较，大致有几方面的特征。首先，自觉趋向型文化。东汉统一帝国瓦解后，人们的思想从儒家名教的桎梏中解放出来，人的独立人格和自觉精神得到了充分发展。在学术思想界各派各家应时而出，玄、儒、佛、道以至法家、名家、兵家互相争胜，而又彼此吸收。无神论对唯心论的斗争旗帜鲜明，人们自觉地追求个性解放、追求男女平等和婚姻自由。"梁祝故事"、《木兰诗》等出现，乃是这方面的生动表现。其次，开放融合型文化。这一时期中西文化交流频繁，人们的思想更为开放。佛教玄学化，儒、道、佛合流，这是在思想理论最高层次上表现出来的开放文化宽容精神。少数族的杰出人物热衷于学习汉族先进文化。北方的政权无论是政治制度、经济生活、礼仪风俗、语言、服饰、音乐等各方面都不是单一型的，而是以汉族为主，对各少数族文化和外来文化兼收并蓄、包罗宏富，并向文化融合型发展。第三，社会动乱和苦难是宗教滋生的土壤。这一时期无论是土生土长的道教，还是外来的佛教，都得到广泛的传播。到北齐北周时北方全境共有僧尼三百余万，约占当时北方国家领民的十分之一。而民间信奉鬼神之俗盛行，崇拜之神从各类人物到动植物等有数百种之多，占卜、看相、圆梦、相宅、相冢、听铃声知吉凶等各类方技渗透到人们的政治和社会生活中。因而，在文学方面出现了众多的鬼神志怪小说。

> 当时，由于分裂割据，南北各政权建立的名都建康（今江苏南京）、长安（今陕西西安）、洛阳（今河南洛阳东北）为南北三大文化中心，这是当时政治经济形势和地理条件所促成的区域型文化特征。

> 这个时期是一个承先启后的变革时代，唐代时我国中古时期初步定性，封建政治、经济、文化繁荣昌盛，可以说，乃是这个时期为其打下了深厚的基础。

把中国历史的秀美景致尽收眼底
本书导读示意图

《话说中国》作为融故事体的文本阅读、精彩细腻的图片鉴赏于一体的中国历史百科全书，其中包含着无数令人神往的中国历史的秀美景致，它们经纬交织，互为表里，形成了中华民族上下五千年的灿烂文明。

如同游览名山大川离不开导游和地图的指点，通过以下图例的导读提示，读者定能够尽兴饱览祖国历史美景，流连忘返。

随时感受历史文化的魅力与编纂创意的匠心

整个版面构成充分体现出本书以故事体文本为主体的特点，体现出本书作为历史百科全书的知识信息密集、图文并重的特点，使读者在本书任何一个页面上，都能感受到历史文化的魅力与编纂创意的匠心。

导读、段落标题与编号，
能更好地理解故事精髓，更好地运用故事

为了更好地理解故事，在实际学习生活中运用故事，本书在故事体文本中，特地为读者准备了故事导读、故事段落标题与故事编号等三个重要内容。故事导读是概述故事精要，它与故事段落标题，都是为了让读者更好地理解故事的精髓，同时让读者以一种轻松便捷的方式快速获得文本重要信息。

人物、典故和关键词具有很大信息量和实用性

在每一则故事中，都含有故事核心内容（即故事内核）、故事人物等基本要素。本书将此提炼出来，标注在每则故事的右上角（加上故事来源），使之具有很大的信息量和实用性。

建构多元、密集的知识性信息，
构成了全书另一个重要组成部分

以密集的信息，弥补故事叙述中知识点不足的局限，从而使故事的感性冲击力与历史知识的理性总结达成高度的统一。它让读者既见树木，又见森林；既享受了故事所带来的审美快感，同时又能寻绎历史的大智慧。如"中国大事记""世界大事记""历史文化百科"和图片说明文字等专栏中的有关内容，都是经过精心选择的练达的知识板块，既是历史知识的精华，又是广泛体现"活"的历史，体现当时社会人生百态，体现当时寻常百姓的寻常生活。

再现历史现实的图片系统

图片内容涵盖面广泛，能够深入再现历史现实，观赏效果细腻独到，立体凸现了每一不同历史时期社会生活各方面的发展变化。透过生动的"图片里面的故事"，可以体味其中蕴涵着的深刻内容，堪称是历史文化的全息图像。

《话说中国》以精美绝伦的文字和图片，将中华民族最可宝贵的民族精神和生生不息的文化传统，演绎得生动而传神。看了这张导读图，你就开始一程赏心悦目的中国历史文化之旅吧。

故事标题。

故事编号：与"人物""典故""关键词"等相联系。

故事段落标题：揭示本段故事主题，具有阅读提示和增加阅读悬念的作用。

公元403年

〇三九

中国大事记 枢密称帝 国号楚。

人面狗心

王国宝外貌俊美，内心丑恶。他怕乱被疏，看风转舵，贪污聚敛，无所不为

东晋大臣王祖之有四个儿子，其中王国宝和王忱两人截然不同：王国宝外貌俊美内心丑恶，王忱外表丑陋品德高尚。时刚说王国宝是人面狗心，王忱是狗面人心。

成为司马道子亲信

王国宝是谢安的女婿。谢安开始被其假象所迷惑，后来看清了他的为人，就不再任用他，只给他一个尚书郎小官。王国宝对此十分怨恨。他看到司马道子权势显赫，加上宝妹是司马道子妃，就通过宝妹去巴结司马道子。在他面前大讲谢安的坏话。司马道子本来就与谢安不和，因而对王国宝更有好感。谢安死后，司马道子当政，王国宝就被任命为秘书监，以后平步青云，一直升到侍中、中书令、中领军，成为司马道子的亲信。

王国宝的舅舅中书郎范宁，为人正直，看不惯王国宝的阿谀奉承，劝孝武帝罢免他的官。可是孝武帝到宫内，皇太子的生母陈贵媛却一个劲地说王国宝为人忠诚、办事谨慎。孝武帝奇怪地问："你在宫中怎么知道王国宝的情况？"陈叔媛经不住一再追问的揭段（局部）

同，说出是尼姑支妙音可信托她这样说的，孝武帝找来支妙音，她是个很受宠信的尼姑。司马道子曾为她画了一座简朴寺庙。支妙音是皇帝亲自向问，不敢隐瞒，说出王国宝是司马道子的亲信，不便处罚，孝武帝就找个借口把支悦之杀了，王国宝十分害怕，同时也对事男很之人有害。便在司马道子面前大讲范宁的坏话，范宁于是受到排挤，被调离京城去当了豫章太守。

看风转舵

不久，王忱去世，王国宝上表要求去江陵奔丧，并把母亲搬回建康，朝廷特别赐给他很期，但王国宝却拖着迟迟不动身。王忱是违背礼教的，受到舆论的中忠襟国宝怕被处罚，去向司马道士求，但又怕被人知道，就乔装成王家的婢女，来到司马道子府中。司马道子见他这副模样，又好笑又吃惊，弄清缘由后，去向孝武帝求情，这事总算敷衍过去，王国宝十分恐。他在家中盖了一座楼，规模竟与皇宫的清暑殿相仿。孝武帝见了十分恼火。王国

中国大事记：以每卷所在历史年代为起止，精选与故事相应相近年代的中国历史文化重大事件，以此体现中国历史发展的基本脉络。

故事导读：概述故事精要，更好地理解故事精髓。

世界大事记：以中国大事记为参照，摘选相应年代的世界各国历史文化重大事件，以此体现本书"世界性"的理念。

人物、典故、关键词、资料来源：将故事的人物、关键词提炼出来，标注于此（加上故事来源），使之具有很大的信息量和实用性。

图片：涵盖面广泛，能够深入再现历史现实。纵观整套书的图片，又分别构成了一个个独立的专门图史。

以直观的表格形式，便于读者对分散信息作系统的查考。

图片说明文字：深入揭示图片"背后"的历史文化内涵，读完这些文字，就会对图片有新的发现和新的认识。

历史文化百科：是精选的历史文化百科知识，分别涉及政治、经济、文化、科技等十余个知识领域。

公元420年 >

宝惩到事情不妙，就拼命向孝武帝拍马献媚，疏远了司马道子，司马道子很生气，在内省大骂王国宝，把剑插掷过去，差一点击中王国宝的脑袋。

不久，孝武帝去世，安帝司马德宗即位，这个皇帝素善不辨，吃饭睡觉都要别人安排。司马道子的权势给绽甲陶马

历史文化百科

【两晋南北朝的饮食姿势】

两晋南北朝时期在饮食方式上有新的变化，即由席地而出的分食制向围桌而出一起进食过渡。汉晋以前，进食多用案，人则席地而出，各人案前饮食品，以食代开始，受同位诸人高桌桌食进食的影响，胡高踞坐桌逐渐取代了席食。到唐代，围桌而出的合食制就成为中国人饮食的主要方式。

十六国古今地名对照表	
古地名	今地理方位
平阳	山西临汾
长安	陕西西安
襄国	河北邢台西
邺	河北临漳西南
大棘	辽宁义县
龙城	辽宁朝阳
晋阳	山西太原西南
姑臧	甘肃武威
怡平	陕西武功一带
彭城	江苏徐州
寿春	安徽寿县
广陵	江苏扬州
京口	江苏镇江
硖石	安徽凤台西南
泠洲	安徽怀远以南淮水
安邑	河南安阳西南
金城	甘肃兰州
枹罕	甘肃临夏
乐都	今属青海

更重了，王国宝骄横跋扈，又去投奔司马道子，并推荐堂弟王绪到他门下。王绪也是心地邪恶的小人，很合司马道子的胃口，王国宝因而再次义黄搏造，不久，就升为尚书左仆射、丹阳尹，司马道子把东宫的兵也加配给了他。

南柯一梦

这时，朝廷与藩镇的矛盾又激化起来。早先，孝武帝为了牵制司马道子的势力，任命皇后的兄弟王恭为南兖州刺史，出镇京口，掌握北府兵；又使殷仲堪为荆州刺史，掌握长江上游军事。司马道子掌握大权后，排斥王恭、殷仲堪，隆安元年(397)，王恭以诛王国宝为名起兵，司马道子看到形势严重，就丢车保车，把晕慕推到王国宝身上，将他交付廷射处死，王国宝当官时大量搜刮钱财，家中堆满珍奇宝物，后房美女有几百人，如今南柯一梦，全都化为乌有。

公元420年 > > > >公元589年

前言

公元 420 年至公元 589 年
南北对立时代的社会发展与民族融合
南北朝

华东师范大学历史系教授　刘精诚

南朝政权的更迭 ＞ 东晋末年，北府兵将领刘裕掌握了实权。公元 420 年他废东晋恭帝，自立为帝，建立了宋王朝，仍都建康。这是南朝第一个朝代。＞刘裕建立宋王朝前后实行了一些改革，如加强集权、精简机构、推行"土断"（把侨州郡县居民变为土著居民，以便征收赋税），但他称帝不到三年就病死了。此后宋文帝刘义隆继续实行加强农业、兴修水利、惩办贪污、清查户口等措施，使宋初政治稳定，经济繁荣，历史上出现了"元嘉之治"（424—452）。元嘉二十七年（450）宋与北魏发生了一场大战，双方损失惨重，南方受损更大。从此宋朝走下坡路。此后孝武帝、明帝、前废帝为了保持皇位，不断演出了骨肉相残的惨剧。到后废帝时，政权落到了中领军萧道成手中。＞萧道成建立了齐王朝（479—502）。他也实行了一些改革：禁止宗室诸王封山占水、减免赋役、安抚流民还乡生产、整顿户籍等。他特别提倡节俭。说："使我治天下十年，当使黄金与泥土同价。"后齐武帝在位期间，继续奖励农业生产、减免赋役、发展学校，社会比较安定，历史上称为"永明之治"（483—493）。到齐明帝时，他大杀高帝（萧道成）、武帝子孙。皇族内部的骨肉相残比起宋朝有过之而无不及。明帝子萧宝卷生活奢侈荒淫，任意杀戮大臣，逼得齐老臣宿将不断起兵。雍州刺史萧衍在襄阳起兵，率军东下，夺取了齐朝政权，建立了梁王朝（502—557）。＞梁武帝在位四十八年（502—549），他的时代是南朝一个相对安定的时代。这是因为北方北魏后期动乱，无暇南顾，而梁武帝本人在前期也想励精图治，有所作为，所以梁朝的经济文化比较兴盛。＞梁武帝注意选拔人才，注意听取民间意见，重视发展农业，屡次下诏减免户调，实行土断。梁武帝时，文化上也有很大发展。他本人博学多能，对经学、文学、佛学、史学、书法、音乐、天文都有所研究，写下许多著作。但到了梁中后期，他已很昏庸。他对亲属宽容，犯法用家教，使这些人贪婪成性，多方搜括。官吏们为非作歹，贪污成风。梁武帝还文过饰非。对大臣贺琛上疏提出的正确意见，逐条驳斥，使人不敢讲话。他晚年迷信佛教，四次舍身同泰寺，大臣们花钱四亿把他赎回来。最后招致了侯景之乱，不仅使梁朝覆亡，也给江南社会经济造成了极大的破坏。〉在平定侯景之乱中强大起来的陈霸先建立了陈王朝（557—589），他即是陈武帝。陈建立后，逐步恢复遭破坏的江南经济文化。后陈文帝陈蒨即位，重视农业，再实行土断，平定地方割据势力。陈宣帝时派大将吴明彻北伐，结果失败，陈重失淮南之地。陈后主陈叔宝荒淫无道，君臣酣歌痛饮，通宵达旦。公元589年陈朝终于为隋所灭。

南朝大族田庄 〉

南朝时期南方地主大土地所有制得到充分发展。这是秦汉以来土地关系上的一个重大变化，即土地私有制更加普遍化。秦汉时期山林川泽还归国家所有，这时也大多被大族占为私有。宋孝武帝时颁布的"占山法"，是历史上国家第一次承认私家占有山泽的合法性。〉地主大土地所有制的主要形态是庄园。庄园有"墅"、"田墅"、"别墅"、"园墅"、"园宅"、"宅"等各种名称。其主要由两部分组成：一是供主人生活和游宴的园池宅第，二是农业生产基地，包括水陆田地、陂渠水碓、蔬圃果园、山林湖泽等；这是墅的主要部分。谢灵运在会稽（今浙江绍兴）始宁的山墅，不仅有农业，而且有果园、林业、牧业、手工业，是一个多种经营的自给自足的经济单位。除盐铁外，墅中几乎百物皆备，"供粒食与浆饮，谢工商与衡牧"，"不待外求者也"。孔灵符在永兴（今浙江杭州萧山）的庄园有两座山，九处果园，占地达2.65万亩。同样是一个生产与消费相结合的封闭式的经济实体。〉庄园中的劳动者主要是佃客。他们没有独立的户籍，收获物约交一半实物地租。对主人有较强的依附关系。家兵和部曲，则既要生产劳动，又要从事军事防卫。奴婢无人身自由，可被主人任意打骂甚至处死，处于最底层。庄园内虽然存在着严重的阶级剥削和压迫，但当时在组织生产、开发南方经济上还是起了一定积极作用的。

门阀士族的衰落与寒人的兴起 〉

南朝士族虽然拥有庄园，在经济上还有实力，但在政治上地位已经逐渐下降。东晋时，王谢等高门大族还掌握大权，政治上有所作为。到南朝，他们在政治上已不那么显赫了。南朝四朝的开国皇帝都是寒门出身，一些重要大臣将领也多是出身于庶族寒门。许多大族在新朝不过是作作"禅让"的九锡文和写写劝进表而已。与南朝门阀士族衰落的同时，寒人开始兴起。皇权与寒人相结合来巩固统治，是南朝政治上的一个特点。〉南朝寒人的兴起表现在三方面：一是寒人担任中书舍人、中书通事舍人等重要职务，掌握机要。即所谓"寒人掌机要"；二是寒人掌握军事，如担任有殿内及外镇发兵权的制局监，原来掌管禁卫军的领军将军成了虚位；三是用寒人担任典签，监督出任各镇的宗室和各州刺史，成为君主控制诸王的工具。〉门阀士族有太多特权，长期养尊处优，使自己日益腐朽无能，是它衰落的根本原因；而江南经济的发展，使一部分商人富裕起来，一些自耕农上升为新的地主，再加上原来的地方豪强，这些人就成为寒人地主的主要来源。

017

南方社会经济的发展 ＞ 先秦、秦汉时期，经济重心在北方，江南地区比较荒凉。到了东晋南朝，南方经济得到了很大的发展。以农业来说，从以前的"火耕水耨"的粗放耕种，开始变成了精耕细作。牛耕的推广，不但使耕田的速度加快，而且能深耕。北方的区种法也传到了南方；这是一种精耕细作的园艺式的耕作方法。水稻的栽培技术有了提高，出现了一年三熟。麦的种植得到了推广。南方雨多、河流多，劳动人民还十分注意兴修水利。重要的水利工程有新丰塘、荻塘等。土地的开垦，一是开发山区，在两山间的开阔地种植果林，称为山垄田，二是围湖造田，湖田肥沃，又便于灌溉，宜于种水稻。＞手工业方面，冶炼技术有了新的成就，"灌钢"技术的发明，提高了效率，降低了成本。在纺织业上，出现了晚上浣纱，次晨织出了布的"鸡鸣布"。丝织品十分精细，有的飘飘然似烟雾。在制瓷业方面，青瓷已发展到了成熟阶段，越窑（今浙江绍兴、上虞一带）规模大、产量高、质量好，釉色灰青，透明而润泽，洁莹如玉。瓷器已在生活中得到普及。造船业方面，南朝能造出二万斛（合今100吨）的大船。南齐祖冲之还发明了"千里船"。造纸业无论产量、质量都有新的提高，原料仍以麻为主，又发展到用桑皮、藤皮、稻草、麦秸。在品种上除白纸外，还有青、赤、绿、桃色等色纸。纸开始取代竹简、帛，成为主要书写工具。＞城市和商业贸易也有很大发展。建康（今江苏南京）是都城，商业繁华，人口达一百多万，有大市，还有专业市场如牛马市、谷市、纱市等十一所。吴（今江苏苏州）是太湖流域重要的商货集散地。寿春（今属安徽）是淮河流域重镇，南北贸易中心。襄阳（今湖北襄樊）、江陵、成都都是商业兴盛的重要城市。番禺（今广东广州）是南方经济中心和国际贸易口岸。商品交换的大宗是粮食、布帛、鱼盐、纸等，其次是珍珠等奢侈品。＞总之，这一时期不仅长江流域，而且闽江、珠江流域都得到了开发。我国经济重心开始南移。从此，我国古代经济发展进入了更繁荣的时期。

鲜卑族拓跋部的早期社会发展 ＞ 与南朝相对立的是鲜卑族拓跋部建立的北魏以及以后的东魏北齐和西魏北周。＞鲜卑族拓跋部的祖先早先在大鲜卑山一带射猎游牧，其地即今内蒙古大兴安岭北段一带。后经二次迁徙，到了匈奴故地，即内蒙古阴山一带。公元258年在力微为首领时，迁居盛乐（今内蒙古和林格尔），开始向阶级社会过渡。西晋末其首领猗卢被晋封为代王，建城邑，定刑法，初具国家规模。到公元338年什翼犍为首领时，官制、刑法、军队、法律等国家机器更加完备，建立起强大的奴隶制国家代国。但这时前秦强大起来，公元376年代国被前秦所灭。

北魏的建国与强大 ＞ 淝水之战后，前秦瓦解。公元386年，拓跋珪重建代国，后改国号为魏，史称北魏、后魏。道武帝拓跋珪是北魏王朝的奠基者。他打败后燕，进军中原，公元389年迁都平城（今山西大同），建立起封建官僚机构和政治制度，发展农业生产，推崇儒学。在中原汉族文化的影响下，北魏进入了封建制社会。拓跋珪不断向四方征战，到太武帝拓跋焘时，终于在公元439年统一了北方，结束了十六国分裂混战的局面。拓跋焘是北魏史上又一位杰出皇帝。他除了军事上有赫赫武功外，在政治、经济、文化教育等方面都有所建树，大大增强了北魏综合国力。但在他在位的三十年（423—452）中内外矛盾比较尖锐。公元445年发生了盖吴起义，次年他发动了中国历史上第一次灭佛斗争；公元450年大举南攻宋，发生宋魏大战，同年又以"暴扬国恶"之罪杀司徒崔浩，即"国史事件"。不久，太武帝即被中常侍宗爱所杀。北魏前期阶级矛盾和统治阶级内部矛盾的尖锐促使了以后孝文帝进行改革。

公元420年至公元589年
南北对立时代的
社会发展与民族融合
南北朝

孝文帝改革 〉 北魏孝文帝改革实际上是和他的祖母冯太后共同进行的。公元476年献文帝死，孝文帝年仅十岁，祖母冯太后临朝听政。冯太后是汉人，也是个很有能力的人，"生杀赏罚，决之俄顷"。孝文帝前期的改革主要是颁行俸禄和均田制。这时孝文帝还年轻，十七八岁，所以冯太后的作用更大些。〉为了缓和日益尖锐的社会矛盾和民族矛盾，公元484年孝文帝下诏颁行俸禄，以后官吏再贪污就严加惩处，收到了一定效果，也为其他各项改革创造了有利条件。公元485年颁布了均田令。均田制主要是按劳动力分配无主荒地，目的是把土地和劳动力结合起来，增加国家财政收入。与均田制配套的是三长制和新的租调制。公元490年冯太后死，孝文帝亲政。他进一步实行改革。为了摆脱守旧的鲜卑贵族，公元494年把都城从平城迁到洛阳，然后实行以汉化为中心的一系列改革：改服装，让鲜卑人改穿汉服；改语言，首先在朝廷上不得讲鲜卑语；改姓氏，改鲜卑复音姓为单音汉姓；改籍贯，鲜卑人以洛阳为籍贯；胡汉通婚，孝文帝和宗室与汉族高门通婚；改官制，仿南朝汉族官制，废鲜卑官制；建立门阀制度，按官爵制定姓族，严格等级。孝文帝改革不仅使北魏社会矛盾缓和、经济发展，而且大大推动了各民族的融合。孝文帝是一位有抱负、有魄力的杰出的改革家和政治家。他的改革是中国历史上众多改革中较为成功的一次。

北魏后期社会矛盾尖锐与人民起义 〉 孝文帝死后，宣武帝、孝明帝及胡太后都较昏庸。北魏后期统治阶级内部斗争激烈，吏治败坏，均田制遭破坏，人民赋役繁重，佛教兴盛，门阀贵族生活更为奢侈。由此给社会经济造成严重破坏，社会矛盾越来越尖锐。〉北魏后期人民起义不断，到公元523年终于爆发了全国规模的各族人民联合大起义。起义首先在北方六镇地区爆发，匈奴族镇兵破六韩拔陵起义后，"诸镇华夷之民，往往响应"，很快波及到六镇以外的各地。山胡族人民，关陇地区的氐、羌族人民，南秀容川（今山西忻州西北）及河西官府牧场上的牧子等也纷纷起义。此后起义在河北及山东地区也广泛展开。总计各地起义共有三十多起。在起义中各族人民互相支援，并肩战斗，加深了互相了解，促进了各民族的融合。起义沉重地打击了门阀贵族，促使北方门阀势力的衰落。在起义中北魏王朝名存实亡，政权落入契胡军阀尔朱氏家族手中。后尔朱氏失败，北方就分裂为东魏北齐和西魏北周的东西对立。

甘肃敦煌莫高窟千佛洞

公元 420 年 〉 公元 589 年

南北朝之宋魏时期全图

选自谭其骧主编《中国历史地图集》第四册：东晋十六国·南北朝时期

南北朝世系表

南朝 〉宋→1 武帝刘裕→2 少帝刘义符→3 文帝刘义隆→4 孝武帝刘骏→5 前废帝刘子业→6 明帝刘彧→7 后废帝刘昱→8 顺帝刘准 〉齐→1 高帝萧道成→2 武帝萧赜→3 郁林王萧昭业→4 海陵王萧昭文→5 明帝萧鸾→6 东昏侯萧宝卷→7 和帝萧宝融 〉梁→1 武帝萧衍→2 简文帝萧纲→3 元帝萧绎→4 敬帝萧方智 〉陈→1 武帝陈霸先→2 文帝陈蒨→3 废帝陈伯宗→4 宣帝陈顼→5 后主陈叔宝

北朝 北魏→1 道武帝拓拔珪→2 明元帝拓跋嗣→3 太武帝拓跋焘→4 南安王拓跋余（宗爱立）→5 文成帝拓跋濬→6 献文帝拓跋弘→7 孝文帝元宏→8 宣武帝元恪→9 孝明帝元诩→10 孝庄帝元子攸（尔朱荣立）→11 东海王元晔（尔朱世隆立）→12 节闵帝元恭（尔朱世隆立）→13 安定王元朗（高欢立）→14 孝武帝元修（高欢立） 〉东魏→孝静帝元善见（高欢立） 北齐→1 文宣帝高洋→2 废帝高殷→3 孝昭帝高演→4 武成帝高湛→5 后主高纬→6 幼主高恒 西魏→1 文帝元宝炬（宇文泰立）→2 废帝元钦→3 恭帝拓跋廓 北周→1 闵帝宇文觉（宇文护立）→2 明帝宇文毓（宇文护立）→3 武帝宇文邕→4 宣帝宇文赟→5 静帝宇文阐

刘裕建宋

刘裕出身低微，靠军功掌握了东晋军政大权。他在内政方面进行各项改革，又北伐成功，终于取代东晋，建立了宋王朝。

出身低微，因战功掌握大权

南朝第一个朝代宋王朝的开国皇帝刘裕，小名寄奴，祖籍徐州彭城，后南渡京口。他出身在一个破落的官僚地主家庭，年轻时由于父母早亡，捕过鱼、种过田、卖过草鞋，曾因未还赌债被人缚在马桩上。刘裕虽穷却喜舞刀弄枪，练得一身好武艺。

淝水之战前夕，刘裕投靠了谢玄的北府兵，在刘牢之门下当小军官。孙恩起义打京口、建康时，刘裕奉命带领北府兵前去镇压，使孙恩兵败投海而死。后来卢循、徐道覆北伐，也败在刘裕手下。当桓玄篡夺东晋政权称帝后，刘裕联合了刘毅、何无忌等人进军建康，峥嵘洲（今湖北鄂城）一战，大败桓玄。刘裕在掌握了东晋的军政大权后，自知出身低微，必须提高威望，于是发动了北伐。

义熙五年（409），刘裕首先出兵攻伐南燕。他从建康出发，渡过淮河、泗水，很快攻下南燕都城广固，即今山东青州，生擒慕容超，灭了南燕，收复了青、兖两州广大土地。

宋武帝刘裕

宋武帝刘裕字德舆，小名寄奴，彭城（今江苏徐州）人，是汉楚元王的二十一世孙。他身高七尺六寸，不拘小节，有大度，堪称雄杰。刘裕乃晋时一员猛将，建有功勋，封为宋王。后灭南燕、后秦，终于420年代晋称帝。宋代著名词人辛弃疾在《永遇乐·京口北固亭怀古》词中赞其"金戈铁马，气吞万里如虎"。

义熙十二年（416），后秦姚兴死，子姚泓继位，国内大乱。刘裕趁机又出兵攻伐后秦，仅一年时间就攻入长安，姚泓出降。

加强重权，抑制豪强

刘裕在北伐不断取得胜利的同时，在内政方面采取了不少有益的措施。由于他出身寒门地主，看到东晋政权积弊主要在于世家大族势力太大，所以掌权后一方面对大族表示尊重，让他们保持富贵；另一方面加强中央集权，抑制豪强，削弱地方武力。为了限制大族控制劳动人手和增加朝廷收入，他在义熙九年（413）下令推行土断措施，即把流亡南方的侨人编入当地户籍，取消侨人免税的特权。会稽大族虞亮隐匿了千余人，结果被处死；包庇他的会稽内史司马休之也被罢官。同时大规模地裁并州、郡、县，精简重复机构。这些措施使政府控制了较多人口，增加了收入，农民的负担相对得到减轻。

减轻人民负担，生活俭朴

继"土断"之后，为了进一步减轻人民的经济负担，刘裕又把东晋计口收税的办法改为计资产收税，并豁免一些杂税，如禁止向民间征发车牛，政府需要时向人民购买。义熙九年（413），刘裕更让晋安帝下令把皇后的脂泽田四十顷赐给贫民，同时禁止世族豪强封山占水，向打柴捕鱼的农民收税。

公元450年 ＞ 公 元 450 年

世界大事记 拜占庭与匈奴人订立停战协定。盎格鲁－撒克逊人于此前后大批侵入不列颠，占该岛东南部。

《资治通鉴·晋纪四○》《资治通鉴·宋纪》《宋书·武帝纪》

刘裕 傅亮

改革 俭朴

人物 关键词 故事来源

刘裕自己生活也很俭朴。他升太尉后，宁州有人献给他一只琥珀枕，造型别致，光色亮丽，价值连城。刘裕听说琥珀治疗创伤有效，就命人将琥珀枕捣碎分赠给各个将领。他睡觉的床头没有豪华的丝绸帷屏，只有简陋的土幛，壁上还挂着葛灯笼、麻绳拂等农家的用具，以致孝武帝看到后称他为"田舍公"，说他像个老农。

以退为进，代晋建宋

经过一系列改革，刘裕眼看取代晋朝的时机已经成熟，但他不便明说，只好以退为进。在晋元熙二年（420）的一次酒宴上，他在臣僚们酒兴正浓时，感叹地说："桓玄篡位已经败亡，我首倡大义复兴帝室，南征北战，平定四海，现已近暮年，受到朝廷最高荣誉。物忌盛满，我不能再居此高位，还是告老回家安度晚年为好。"他的话引来群臣一片赞颂，当时人们未理解他的真正心思。散席后，中书令傅亮在回家路上边走边想，不解热衷权势的

《世说新语》（明刻本）

历史文化百科

〔记载士大夫言行的笔记小说：《世说新语》〕

刘义庆是刘裕之弟刘道怜的次子，宋文帝时，官至中书令、荆州刺史。他爱文学，喜与文人交朋友，在他幕僚中有何长瑜、鲍照等人。《世说新语》是刘义庆召集文士编写的一部记载士大夫言行的笔记小说。原为八卷，梁时刘孝标注本分为十卷，现今传本为三卷。全书分德行、言语、政事、文学、轻诋、假谲等三十六门，记载从东汉到东晋清谈家言行。清谈家终日谈玄，其思想和语言都有其时代特征。《世说新语》比较完整地记载了魏晋时流行的玄学这一股社会思潮。该书语言生动，言简意赅，有许多名言隽句，如"盲人骑瞎马，夜半临深池"，"覆巢之下，岂有完卵"等等。《世说新语》不仅有历史价值，也有重要的文学价值。

刘裕为何说这番话？快到家时才恍然大悟，原来刘裕讲的是反话。他赶紧回去再见刘裕，说："臣考虑再三，还是暂回建康为好。"刘裕心照不宣，不再多说。

傅亮回到建康，立即准备禅让之事。六月，他把禅让诏书送给晋恭帝，恭帝很爽快地照抄一遍，对左右说："桓玄时候晋早已名存实亡，皆因刘公才延长了二十年。"

于是刘裕进入建康，在文武百官的劝进下，正式坐上了皇帝的宝座，改元永初，他就是宋武帝。

〇〇二

刘裕病故，四大臣辅政

刘裕当皇帝不到两年就重病缠身，大臣徐羡之、傅亮、谢晦等日夜侍候在旁。刘裕是个有能力的皇帝，但皇太子刘义符却无出息，整天与一群市井小人鬼混。大家都为国家前途担忧，谢晦说："陛下年事已高，须及时考虑接班人，不能把大权交给无力挑担的人。"刘裕问："卢陵王如何？"刘裕共有七个儿

宋文帝即位

刘裕死后，长子刘义符即位，徐羡之等四大臣辅政。不久，徐羡之等杀刘义符及刘裕次子刘义真，迎立刘义隆为帝，即宋文帝。

晦什么也没有说，回来对刘裕说："德差于才。"刘裕便让刘义真离开京城出任南豫州刺史。不久，年届花甲的刘裕病故，只能由刘义符继位，由司空徐羡之、中书令傅亮、领军将军谢晦和镇北将军檀道济四人共同辅政。

废杀刘义符

徐羡之出身平民，读书不多，但颇有见识，平时沉默寡言，喜怒不形于色。有一次与傅亮、谢晦宴饮，傅、谢二人学识渊博，谈得十分投机，徐羡之只在最后略讲几句，但往往言简意赅。有人将三人加以对比后说："学问多未必能力强。"徐羡之见刘义符居丧期间仍与一批小人终日游乐，便有了废他的意图。但废了他按排序该让刘义真即位，这也不妥。刘义真酷爱文学，与文人谢灵运、颜延之、慧琳等人十分投机，曾表示将来如得志定以谢灵运、颜延之为宰相。如果由这些人当政，国家将很难管理好。于是徐羡之利用刘义真与刘义符素有矛盾，便罗列罪名，通过刘义符之手废除了刘义真的爵位。

南兖州刺史檀道济是一员老将，有兵权，且有威信。徐羡之就请他和江州刺史王弘来建康商量废帝之事，取得了二人同意。

刘义符还蒙在鼓里，这日在华林园饮酒作乐，他装扮成酒店伙计，为侍从们斟酒，又与他们坐着龙船在天渊池游荡。正在这时，檀道济带兵走了进来，徐

玉器精品：透雕龙纹玉鲜卑头

白玉器，背面镌阴文："庚午，御府造白玉衮带鲜卑头，其年十二月丙辰就，用功七百。将臣范许，奉车都尉臣程泾，令奉车都尉阁侯张余。"从铭文记录的干支纪年和所涉及的官职人员，可以确认该作品为南朝宋文帝刘义隆的御用品。这件玉器是南北朝时期少有的玉器精品，龙首立体突出，龙身坚硬明亮，正中还有嵌槽，原先应缀有珠宝，工艺精湛。上海博物馆藏。

子，卢陵王刘义真是老二。谢晦答应去观察观察。过后，就去拜访刘义真。刘义真对他夸夸其谈一通，谢

檀道济唱筹量沙

430年春，征南将军檀道济征讨北魏，进至历城时被魏将叔孙建前后夹击，粮草被焚，檀道济无奈之下，只好退兵。魏军知道宋军已无粮草，便纵兵追击。在这危急时刻，檀道济率军扎营后，命各营在夜里假做量米，士兵们一边大声报着数字，一边量沙子，最后将军中仅存的少数米盖在沙子上。天明，北魏追兵赶到，看到宋军粮食堆得像山一样，害怕其中有诈，不敢贸然追击，悄悄引兵而退，檀道济大军安全脱险。这就是著名的"唱筹量沙"的故事。此图出自清代马驸《马骏画宝》。

羡之紧随其后。由于早已作了布置，所以卫士并不抵御。只有皇帝身旁的两个侍从想抵抗当即被杀。刘义符被押送到原先太子的住所。

接着，徐羡之宣布皇太后的命令，将刘义符废为营阳王；改立刘裕第三子宜都王刘义隆为帝。不久，徐羡之派人把刘义符和刘义真都杀了。

刘义隆即位

朝廷派傅亮率领文武百官到江陵迎刘义隆进京。刘义隆将佐听说营阳王、庐陵王都已被杀，十分疑惧，劝刘义隆不要进京。司马王华说："徐羡之、傅亮出身寒门，不敢篡位。他们怕庐陵王严厉果断，不能容己，故而杀之。殿下宽仁，远近所知，所以奉迎为帝。徐羡之、傅亮、谢晦、檀道济、王弘五人同为功臣，相互制约，不会干出不轨之事，他们无非想保持自身权势而已。"一席话打消了刘义隆的顾虑，于是，随傅亮出发。路上问及两位兄长被杀的情况，不禁伤心落泪。

八月，刘义隆到达建康，即皇帝位，时年十八岁，就是宋文帝。

陶仓

这是南朝的明器，可以看出当时谷仓的建筑样式。

> 历史文化百科

〔任官年龄及任职期限的规定：限年之制〕

南朝宋文帝时，限年三十而任官，郡县守宰任期以六年为满，刺史或十年年。宋孝武帝时，仕者虽不拘少长，守、宰则以三年为满，谓之小满。齐武帝初，定地方官任期为三年，成为制度。梁初，限年二十五方得入仕。不久又规定年未三十岁不通一经者，不得为官。陈依梁制。

中国大事记 北魏太武帝侵宋。宋魏大战。太武帝杀司徒崔浩。

〇〇三

杀顾命大臣

宋文帝即位后，恢复刘义真爵位，任命亲信，最后终于杀死徐羡之、傅亮、谢晦三个顾命大臣。

徐羡之的“赤诚之心”

徐羡之等人虽立刘义隆为帝，但杀了他的两个哥哥，内心总是忐忑不安。刘义隆到达建康时，徐羡之私下问傅亮：“宜都王为人可与谁比？”傅亮答：“颇似司马昭、司马师。”徐羡之又说：“他定能明白我的赤诚之心。”傅亮摇摇头说：“未必。”果然，刘义隆即位后，立即恢复了刘义真的庐陵王爵位。几日之后，又下达诏书任命谢晦为荆州刺史。谢晦临行之际拉蔡廓于无人之处，问道：“我能躲得过灾难否？”蔡廓直言相告说：“你受先帝顾命，废昏立明，无可厚非。但是杀皇上二兄长，又据上游重任，以古推今，恐难免。”

接着，宋文帝任命亲信王昙首为侍中、右卫将军，王华为侍中、骁骑将军，皇弟刘义宣为左将军，镇守石头城。徐羡之建议任到彦之为雍州刺史，宋文帝不仅不同意，反而任他为中领军，回京掌握军权。

元嘉二年（425），徐羡之、傅亮审时度势，在短短十天中接连三次恳请归政，不再处理政务，宋文帝同意了。徐羡之正庆幸得以脱身，不料侄子徐佩之等一再苦劝，宋文帝为拉拢旧臣，又出尔反尔下诏劝其复位。这样一来，徐羡之等自然又难以脱身了。

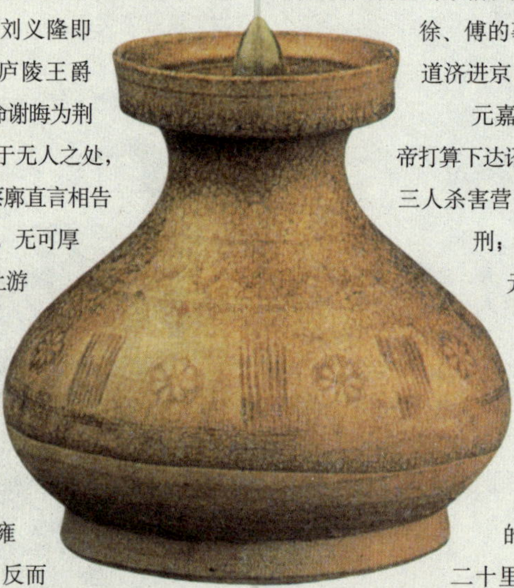

贵族的生活用具（上图）
三国两晋南北朝时期，人们日常生活时，一般坐在矮凳上，唾壶放置近旁，便于咳唾，这件贵族用的青瓷唾壶制作精良，釉色黄绿温润，是南朝瓷器中的精品。

宋文帝的分化政策

杀害营阳王和庐陵王的是徐羡之、傅亮、谢晦、檀道济、王弘五人，宋文帝对此耿耿于怀，但他想分化他们。他知道王弘和檀道济二人并未参与预谋，而且王弘之弟王昙首正好是自己的亲信，所以便拉拢王弘，把准备诛杀徐、傅的事秘密告诉于他。同时暗召檀道济进京，派他去讨伐谢晦。

元嘉三年（426年）正月初十，宋文帝打算下达诏书，宣布徐羡之、傅亮、谢晦三人杀害营阳、庐陵二王的罪行，应处死刑；同时宣称：“须定罪者就是三个元凶，其余参与者概不问罪。”

在宫内值勤的黄门侍郎谢皭是谢晦的弟弟，诏书拟定后，他立即把消息告知傅亮，傅亮又告知徐羡之，徐羡之慌忙乘了夫人的车子逃出城去，然后又步行二十里来到新林浦。他想想终究难逃一死，于是在陶窑中上吊自杀了。

傅亮驱车出城，又骑马奔到他哥哥傅迪的墓地，终被抓获。宋文帝派人告诉他：“你有从江陵迎皇上入建康之功，可以保全儿子的性命。”事已至此，傅亮慷慨激昂地说：“我受先帝恩德，身为顾命大臣，废昏立明，皆为国家长远打算。欲加之罪，何患无辞？”傅亮当即被处死。

谢晦起兵“清君侧”

消息传到了谢晦处。谢晦见已无退路便决心起兵。他首先为徐羡之、傅亮发丧，接着部署精兵三万。

世界大事记

阿提拉卒，匈奴帝国内乱。呎哒人大败波斯，乘势南下侵入印度。

宋文帝 徐羡之 傅亮

《宋书·檀道济传》《宋书·徐羡之傅亮谢晦传》《宋书·傅亮传》

分化 权术

人物 关键词 故事来源

祖冲之

南北朝时的南朝刘宋人，其在数学方面的贡献是圆周率的计算，祖冲之得到的圆周率后面七位有效数字在世界领先达千年之久。天文学方面创制了《大明历》、测量冬至时刻的方法，他还制造过水碓磨、指南车、千里船等。

上表称说："臣等如要篡权，废营阳王之时陛下远在江陵，武帝有幼子，大可拥立他发布号令，谁敢反对？

历史文化百科

〔圆周率〕

祖冲之（429—500）是南朝宋齐时的大科学家，范阳道县（今河北涞水）人。宋孝武帝时历官娄县令、谒者仆射，转长水校尉，领本职。他的主要贡献是计算出精密度很高的圆周率。圆周率就是圆的周长与直径的比例，在两汉以前，一般用"周三径一"，即圆周率为3。曹魏的刘徽用"割圆术"即从圆内作正六边形，一直计算到内接正192边形，算出了圆周率为3.1416。祖冲之经过艰苦的努力，把圆周率计算到3.1415926到3.1415927之间，又求得约率为22／7，密率为355／133。这一密率在世界上是第一次提出，有人主张称它为"祖率"。直到1573年德国的奥托才得到这一结果。在天文历法、机械制造等方面，祖冲之也有很多创造发明。

何必不远千里迎陛下入京？此皆是王弘、王昙首、王华等谗构成祸。今日起兵实为君王清除身边奸臣。"

各路大军相继到达荆州。不久宋文帝也亲自出征。初战，谢晦两次打败到彦之。然而皇师兵船不断到达，前后相接，布满江面。谢晦士兵军心动摇，终被打败，谢晦连夜出逃，在安陆被人擒获，押回建康斩首。

早先谢晦为右卫将军时，权势已重，宾客盈门。其兄谢瞻对他说："我家向不求荣耀，不干预时事，交游不过亲朋。你势倾朝野，决非家族之福！"谢瞻临终时又对谢晦说："我能全身而死，复有何恨，你当居宠思危，好自为之。"谢晦的结局果然被谢瞻不幸言中了。

青瓷刻花莲瓣鸡头壶

南朝，高32.6厘米，腹径20厘米，上海博物馆藏。

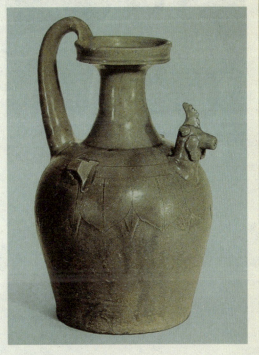

027

元嘉之治

宋文帝在刘裕改革的基础上继续实行改革，宋初出现了三十年政治稳定经济繁盛的时期，史称"元嘉之治"。

奖励生产，清查户口

刘裕采取的加强中央集权、精简机构、抑制大族、减轻农民负担、发展社会经济等一系列措施，使宋初的经济得到恢复和发展。

宋文帝继续实行刘裕的政策。他多次下令奖励农业生产，要全国官吏好好带领农民耕种。缺少种子的，政府借给他们；生产搞得不好的

古朴的陶犀牛

南京中华门外出土，南朝的陶塑作品。犀牛除了头上有一只前倾的角外，身上也有三只前倾和一只后倾的角，造型奇特，风格朴实粗犷。南京博物院藏。

历史文化百科

〔两晋南北朝时期南方开始种麦〕

东晋以前，江南地区基本上是单一的稻作农业。西晋灭亡前后，北方流民大量进入长江流域，带来了他们的生产技术和面食的生活习惯，于是南方种麦得到了推广。东晋大兴元年（318）下诏在徐、扬二州种三麦，南朝宋元嘉二十一年（444），下诏在徐、兖、豫、扬各州"悉督种麦，以助阙乏"。陈天嘉元年（560）下诏"麦之为用，要切斯甚，班宣远近，并令播种"。可见，从这一时期起，麦已成为南方地区重要的粮食作物。与麦同时在南方推广的还有菽、粟、黍等北方旱地作物。

地方，官吏要受处分。他还亲自带领文武大臣去京郊锄地，给大家做出榜样。有一年，江南闹旱灾，水稻种不上，他就下令改种麦子。为了保证粮食丰收，他特别重视兴修水利，修复了很多堤、堰和陂，像芍陂、六门堰等都是当时修建的。元嘉十二年（435），丹阳、吴兴一带发大水，他一次就拨出数百万斛大米，赈济五郡灾民。

他继续清查户口，把大地主侵吞隐藏的户口清出来，登记在政府的户籍上，这样，大大增加了国家的赋税收入。由于户口清查得比较彻底，元嘉年间的户籍就成为后来齐、梁王朝的依据。

重视宗室的教育

宋文帝还很重视对宗室的教育。其弟刘义恭当时任荆州刺史，宋文帝写信告诫他说："创业艰难，守成也不易。国家兴衰责任尽在我们肩上。你应深感到自己责任重大，时时控制自己，注意节俭，不求奇服异器，一月开支不可超过三十万。勿游玩过度，勿酗酒打猎。审讯务虚心听取各种意见，切不可以个人喜怒定是非。对亲近之人不宜多赏赐，但当经常交谈，彼此不亲密也办不好事。"元嘉二十二年（445），宋文帝送弟刘义季去南兖州，在广莫门外武帐冈为他饯行。他通知儿子们都到那里去吃饭。大家到了那里，候到日过中午，仍不见摆宴，个个饥饿难当。宋文帝就趁机教育大家说："你们从小生活优裕，不知百姓生活艰难，现在体会到了饿肚子的滋味，以后生活更应俭朴才是。"

惩治贪污

宋文帝也十分重视官吏的任用和考核。对于有才能的人加以重用，对于贪官污吏严惩不贷。南梁郡太

世界大事记

汪达尔人攻陷罗马，使许多文物和艺术珍品被毁；汪达尔主义成为毁灭文化的同义语。波斯遣使至中国北魏。此后常有使节往来。

宋文帝 刘义恭 庾炳之

《资治通鉴》《宋书·文帝纪》·宋纪三七》

改革 德政

人物 关键词 故事来源

守刘遵考，是宋文帝的堂叔，此人贪财好利，竟然侵吞朝廷拨来的救灾粮，文帝得知后丝毫不徇私情，罢去了他的官职。庾炳之任吏部尚书时常受贿索贿，有一次，他向一个姓夏侯的人索贿，问："有好牛吗？"夏侯说："没有。"又问："有好马吗？"答说："没有，只有一头好驴。"庾炳之连连说："这正是我所要的。"宋文帝知道此事，立即罢了庾炳之的官。

由于刘裕父子实行了一系列利国利民的政策，使宋初的政治比较稳定，经济也逐渐繁荣起来。宋文帝在位三十年，以"元嘉"（424－452）为年号，历史上被称为"元嘉之治"。

宋文帝刘义隆
此图出自唐代阎立本
《历代帝王图》。

山水诗人谢灵运

山水诗人谢灵运虽然能写好诗，但却不善做官，最终丧命。

未参机要，常怀愤慨

谢灵运（385－433）是南朝的著名诗人，陈郡阳夏（今江南太康）人，出身于世家大族。堂曾祖父是东晋宰相谢安，祖父是北府兵名将谢玄，父亲谢瑍早死。他从小天资聪颖，又读了很多书，所以也比较骄傲。初任刘毅记室参军，宋建国后被任为散骑常侍，后调任永嘉郡（今浙江温州地区）太守。任职不过一年多，他就推说有病，辞官回到家乡会稽始宁墅，即今浙江上虞南。

宋文帝杀顾命大臣徐羡之、傅亮等人后，要笼络一批名士。他重新召谢灵运出任秘书监，任务是整理藏书，撰写《晋书》。不久，又任侍中，常在皇帝左右，受到优厚的待遇。但是皇帝只是把他当作一个文人朋友，谈谈诗文，从来没有在重大政治问题上和他商讨，真正信任的是王华、刘湛、王昙首、殷景仁四人，称之为"四贤"。这四人和谢灵运一样同为侍中，但他们却参与机密，在朝廷上举足轻重。谢灵运对此愤愤不平，于是又推说有病不去上朝。他出城去郊外游玩，常常十天半月不回家，既不请

假，事后也不奏报。宋文帝虽不满，因为他颇有名声，不愿公开罢他的官，就让人转达旨意希望他自动去职。谢灵运本来就不热衷官场，便立即上表章请求回家休养。宋文帝自然照准。

被告谋反，未予追究

谢灵运回到家乡会稽，整天游山玩水，招朋友饮酒作乐。他爱登山，尤其欢喜在没有山路的地方攀登。在树木参天的崇山峻岭中，经常可以看到他穿着一种特制的木屐，带领几百名僮仆，向荒山上攀缘。遇到树丛挡路，就命人砍伐。这样，从始宁（今浙江嵊州北）南山出发，一直来到临海郡的地界。当地居民看到山上突然来了那么多人，以为是山贼来了，马上禀报给稽太守孟𫖮。孟𫖮与谢灵运素有怨仇，就趁机向朝廷禀报谢灵运心怀异志，企图造反。谢灵运知道后十分生气，赶到建康向宋文帝上表辩白，他说："抱病回乡，与外界隔绝三年有余，安分守己，以享余年，不知何罪之有？所谓造反，必聚集党徒，舞刀弄枪，从未听说文弱书生山林隐士也有此举！"宋文帝知道他是冤枉的，就未予追究，仍要他出来当官，任命为临川（今江西抚州）内史。

受到指控，最终丧命

谢灵运再度出山，仍不改旧习性，还是整天游山玩水，不管政务，受到监察御史的指控。朝廷派人去拘捕他，他

山水诗的开创人：谢灵运

谢灵运因仕途坎坷，常放浪山水，探奇览胜，因此其诗歌多为描绘自然景物，山水名胜，其中不乏名句。谢灵运以他的创作极大地丰富和开拓了诗的境界，使山水的描写从玄言诗中独立了出来，从而扭转了东晋以来的玄言诗风，确立了山水诗的地位，从此山水诗成为中国诗歌发展史上的一个流派。此图出自《历代名臣像解》。

〈宋书·谢灵运传〉

骄傲 冤狱

谢灵运 宋文帝 孟颚

人物 关键词 故事来源

大气的青瓷划花壶

这只壶是南朝的器物，上部和下部都雕有莲花纹，中部雕有花草纹，双耳，壶嘴短小斜向上，提柄呈弧形比较独特。整件作品大方雅量，有宰相般的气度。故宫博物院藏。

反而把拘捕他的人抓了起来，准备一走了之。走前，他写了一首题为"临川被收"的诗说："韩亡子房奋，秦帝鲁连耻。本自江海人，忠义感君子。"他以历史上张良、鲁仲连不愿为秦民的典故，表示自己是晋臣不愿事宋。可是鸡蛋碰不过石头，在宋军的追捕下，谢灵运还是被抓住了。廷尉奏谢灵运反叛朝廷，按律应该处斩。宋文帝爱他的文才，想免去他的官位算了，

〉历史文化百科〈

〔山水诗〕

山水诗是以描写山水风景为目的并讲究词藻和对偶的诗风。由于出现在宋文帝元嘉年间，又称"元嘉体"。谢灵运是著名"山水诗人"，后人称他为山水派的祖师。他的诗观察入微，笔法细腻，语言富丽而精巧，但也夹杂有哲理玄言。此后，齐梁时沈约、谢朓也写出不少歌颂自然风光的诗篇。唐代王维、孟浩然深受谢灵运的影响，把山水诗推向了更高的艺术境界。

捧博山炉侍女和捧妆奁侍女

南朝画像砖，江苏常州出土。

但是彭城王刘义康坚决反对，认为谢灵运罪大不宜宽恕。于是，宋文帝就将谢灵运降死一等，流放到广州。

不久，有人告发谢灵运派人购买武器，招集健儿，打算在三江口谋反。这个莫须有的罪名，使谢灵运罪上加罪。朝廷终于下令将谢灵运斩首，一代诗杰就此丧命，时年四十九岁。

天才诗人

谢灵运是一个天才诗人，他写了很多描写山水风景的诗，大都形象生动，意境高雅，如在《游南亭》中写道："时竟夕澄霁，云归日西驰；密林含余清，远峰隐半规"诗中的"半规"是指夕阳西下时的太阳，对黄昏村野风光的描绘，真可以说是诗中有画，韵味无穷。《登池上楼》中的"池塘生春草，园柳变鸣禽"，更是流传千古、人所共知的名句。谢灵运恃才傲物，仕途失意，但他在诗歌创作，特别是山水诗创作上的光辉却是抹不掉的。他不愧是中国山水诗的创始者。

坚守悬瓠

元嘉年间，经过休养生息，宋国力有很大增强。元嘉二十六年（449）五月，宋文帝提出出兵北伐，收复中原。大臣们为迎合皇上旨意争着献计献策，御史中丞袁淑慷慨激昂地说："陛下今当席卷河北，然后赴泰山封禅祭天，臣下得遇此千载难逢之机，实为万幸，愿为陛下撰写封禅书。"宋文帝听了十分高兴，于是任命广陵王刘诞为雍州刺史，作为北伐的重要据点。

南朝仪仗画像砖

这块画像砖1958年出土于河南邓县，高19厘米，长38厘米，厚6厘米，人物造型极为生动，富有动感，仿佛在步伐整齐的行进中。

宋魏大战

宋魏大战是继淝水之战后南北方之间的又一次重大战争。由于宋朝军民英勇战斗，使宋未被魏灭掉，但宋损失重大。这场战争结束了南朝的"元嘉之治"，开始了北强南弱的局面。

州，宋失去碻磝（今山东茌平西南）、滑台（今河南滑县东）、洛阳、虎牢（今河南荥阳氾水镇）等重镇，边境退至淮北。拓跋焘统一北方后又连年出击柔然和西域诸国，获得大量人畜；特别是大破柔然后，解除了北方的威胁，便把注意力转向南方。他听说宋文帝要北伐，决定先下手为强。元嘉二十七年（450）二月，魏太武帝拓跋焘亲自率领十万大军，向宋朝发动进攻。不多久，北魏兵马已出现在颍水地区，即今河南漯河市、沈丘一带。

北魏军兵来势汹汹，当时宋文帝的四子南平王刘铄任豫州刺史，镇守寿阳，他命陈宪率领城中不足

宋初国力逐渐发展的时候，北方的北魏在拓跋嗣、拓跋焘统治下也正值兴盛时期。永初三年（422），北魏趁刘裕去世的机会，占领黄河以南的青、兖二

千人的兵力苦守悬瓠，即今河南汝南。拓跋焘以强大的兵力包围了悬瓠。他们在城外筑起高高的楼牢，推近城墙，对着城内扫射，矢如雨下；又用大钩套住城

宋文帝 臧质 陈宪 拓跋焘 王玄谟

《资治通鉴·宋·臧质文帝纪七》《宋书·臧质传纪》

坚守 爱国 壮烈

人物 关键词 故事来源

神道风貌
南朝梁文帝萧顺之建陵的神道和石雕。

堞，以大车猛拉，南城很快被拉坍了。但陈宪在兵临城下的危急关头，仍然沉着冷静，指挥若定，守军和百姓很快又在城内架设了新的城墙，并在城墙外端打了许多木栅，悬瓠城依然坚如磐石。

魏军攻城不下，又想出新招：他们用牛皮做的一种名叫大蛤蟆车的兵车，运载泥土填平城外沟堑，然后命士兵架设高梯强行登城。陈宪寸步不让，指挥将士坚决抵抗。战斗打得十分激烈，城外魏军尸体越堆越高，魏军兵士便踩着尸体爬上城来，与宋军短兵相接展开肉搏。陈宪身先士卒，带领将士们与魏兵殊死拼搏，战士们个个一以当十，奋不顾身，杀死杀伤上万敌兵。

宋文帝得到悬瓠吃紧的战报，派南平内史臧质到寿阳，会同安蛮司马刘康祖一起率军救援悬瓠。北魏派出殿中尚书乞地真阻击援军，被臧质打败，乞地真当场毙命。

拓跋焘攻打悬瓠四十二天，毫无结果，反而死伤一万多人，只好灰溜溜地撤兵回到平城，即今山西大同。

悬瓠保卫战，显示了汉族人民反抗外族入侵的英雄气概，给宋朝举国上下反抗北魏侵略以极大的鼓舞。

王玄谟贪财失民心

北魏悬瓠失利，被迫退兵，宋文帝调兵遣将，准备北伐。他下令青、冀、徐、豫、兖各州家有三丁征发一人，五丁征发二人，又减百官俸禄三分之一，以充军用。魏太武帝得知宋北伐的消息，派人送了封信给宋文帝，挖苦说："听说你年已五十未出过远门，怎么能和我马背上长大的鲜卑人相比？现特地派人送上十二匹马和毡子、药品等物。你们远道而来，可用我马，水土不服，可服我药。"

宋文帝看了信，勃然大怒，下令立即发兵。军分两路，东路军由王玄谟统率，兵精器利，作为主力，向北渡河攻碻磝、滑台；西路军由柳元景统率，西攻关中，即今函谷关以西地区。

> ### 历史文化百科
>
> **〔郡望〕**
> 魏晋南北朝时期盛行门阀制度。每郡显贵的门阀贵族，称为郡望，意即世居某郡为当地所仰望，如清河崔氏、太原王氏等。又称望族、郡姓。

033

公元459年

东路军主将王玄谟贪财好利，进攻滑台时，部下建议用火箭焚烧城内草屋，他说："攻下城后，这些房屋都是我们的，怎能烧掉？"不久，城内撤掉房上茅草，住进地洞，再想火攻已来不及了。北方汉族人民受尽鲜卑人的蹂躏，见宋军到来，争着送粮，不少青年还带着武器参军。王玄谟不但不很好接待反而强迫每户出布一匹、大梨八百个慰劳宋军，又把投军的青年全分配给部下做差役，北方人民大为失望，纷纷逃走。

宋军攻打滑台，数月不下，为此魏军赢得了时间。魏太武帝率领八万主力，号称百万，渡过黄河，直指滑台城外。王玄谟见魏军来势威猛，竟不战而逃。魏军收获的战利品堆成一座小山。

宋军主力虽然失败，但由柳元景率领的西路军却进展顺利，由河南卢氏北进，攻下弘农（今河南三门峡西南）、陕城，进逼潼关。可惜东路军失败无法策应，只得撤兵。

魏军二围盱眙

魏军乘胜南下，攻打今属江苏的盱眙（xū yí）。盱眙太守沈璞知道盱眙是军事要冲，早就修固城墙，准备矢石、粮草，作守城准备。魏军南下后，有些守将想弃城南逃，还有人劝沈璞速回建康。沈璞说："敌人如因我城小而不顾，固无可惧，如来攻，正是我报国之秋，诸君封侯之日。新莽昆阳之战，刘秀以少胜多，史有明证，为何要逃？"听他一说，大家定下心来。正在此时，辅国将军臧质受宋文帝派遣也来到盱眙，沈璞大喜，立即开门迎接，共同守城。

北魏军见盱眙城防坚固，一时难以攻下，就留下韩元兴带数千人在城下以兵相守，魏太武帝自率大军继续向南，直抵长江北岸的瓜步，即今江苏南京六合一带，准备进攻建康。

宋文帝见魏军来势甚猛，命令封锁长江。从采石（今属安徽马鞍山）到暨阳（今江苏江阴东）六七百里的江岸上，

南朝仪仗画像砖（局部）

处处烽火。江南人民为保卫家乡，纷纷自动拿起武器协助守卫江防。军民同仇敌忾，长江成为无法飞越的天堑。

魏太武帝一连多日无法渡江，前有长江天险，后有宋军坚守的城池，如此孤军深入，十分危险。拖到第二年春天，拓跋焘权衡利害，不得不再次撤兵。

魏太武帝虽然退兵，心犹不甘，归途中重新围攻盱眙，甚至异想天开派人向臧质要酒喝，臧质送了他一坛尿。魏太武帝受此侮辱，下令疯狂攻城。他写信给臧质说："此次攻城的不是鲜卑人，攻东北城的是丁零人和匈奴人，攻南城的是氐人和羌人，你杀得越多，将来对我们越有利。"臧质马上把这封信向攻城兵士宣读，号召他们掉转矛头指向北魏统治者，并宣布斩下太武帝头颅者可封万户侯。双方激战三十多天，魏兵尸体堆得高如城墙，军心动摇，军中又流行瘟疫，太武帝本人也病倒了，只好狼狈退兵。

这场战争，刘宋王朝虽未被北魏灭掉，但损失惨重。经过这场战争，南朝的"元嘉之治"也结束了，从此，开始了北强南弱的局面。

《宋书·元凶劭传》
《宋书·始兴王濬传》
《资治通鉴·宋纪八、九》

刘劭 宋文帝
犹豫 恶行
当断不断·反受其乱

人物 典故 关键词 故事来源

"巫蛊"之事被告发

宋文帝的长子刘劭，六岁拜为皇太子，长大后喜欢舞刀弄枪，广交朋友。文帝宠爱他，让东宫统兵与皇宫中的羽林军相等。元嘉二十七年文帝北伐时命刘劭统率水军，出镇石头城。

有个女巫严道育，自称能辟谷、服食法术。元嘉二十九年(452)七月，刘劭之姊东阳公主的奴婢王鹦鹉把严道育介绍入宫，深受公主信赖。刘劭和弟刘濬也对她视如神灵，他俩有不少过失怕文帝知晓，就要她代为祈神，甚至勾结公主之奴陈天与和黄门陈庆国要严道育作"巫蛊"之术。所谓"巫蛊"，就是用玉琢出文帝形象，埋在含章殿前，咒其早死。历史上汉武帝的儿子也曾用此法咒过汉武帝。

王鹦鹉早先认陈天与为养子，后又与他私通。下嫁刘濬府佐沈怀远后，怕私通之事被丈夫知道，要刘劭把陈天与杀了。陈庆国得知后怕陈天与死前说出"巫蛊"之事，就赶紧向宋文帝和盘托出。宋文帝大惊，立即下令逮捕王鹦鹉，又派人发掘出所埋的玉人。文帝严厉责备刘劭和刘濬，二人恐惧万状，只是叩头谢罪。文帝痛心地对潘淑妃说："太子贪图富贵，犹可理解，虎头也这样做，真是想不到！"他说的虎头就是刘濬。

"当断不断，反受其乱"

宋文帝对太子刘劭"巫蛊"之事没有及时处置，"当断不断，反受其乱"，结果被刘劭所杀。

口。此事被人揭发，文帝派人去抓，只抓到她的两个婢女。文帝知道劭、濬二人还在与严道育往来，就决定要惩治二人。

文帝被杀

文帝打算废去太子，赐死刘濬。他先与侍中王僧绰、尚书仆射徐湛之、吏部尚书江湛等大臣商量，大家意见一致，但在立谁为太子的问题上却有分歧：江湛主张立刘铄，因刘铄之妃是他的妹妹；徐湛之主张立刘诞，因刘诞之妃是他女儿。王僧绰说："立太子事应由圣上来定，只是当前之事须急速决定，'当断不断，反受其乱'。"宋文帝因刚处死弟弟刘义康，再处死太子怕被人说无慈爱之心，因而还有些犹豫不决。王僧绰见他如此，叹气说："臣怕千年之后，人皆议论陛下只能制裁弟，不能制裁子。"

文帝日思夜想这件事，总是拿不定主意，就把自己的想法告诉了宠爱的潘淑妃，不料潘淑妃又告诉了刘濬，刘濬再告诉刘劭。刘劭立即与心腹商量，

严道育得到风声立刻逃跑，她先化装成尼姑，藏匿在东宫太子住地，后又随刘濬去京

带盖青瓷莲花尊
南朝，瓷质，高35.8厘米，口径11厘米，湖北省博物馆藏。

035

公元462年

贵妃出行图画像砖

此块南朝时期的贵妃出行图画像砖于1958年出土于河南省邓县学庄村。画面上描绘的是贵族妇女盛装出行的情景。虽是石刻，但其中的人物线条流畅优美，颇有东晋著名画家顾恺之的风格。

▶历史文化百科◀

〔范晔与《后汉书》〕

范晔（398—446），字蔚宗，是《后汉书》的作者。南朝宋南阳顺阳（今河南淅川西南）人。出身世家大族。任性放纵，不拘礼节。官至左卫将军、太子詹事，掌管禁旅，参予机要。他自恃有才，嫌职位太低，对宋文帝暗暗不满，因与孔熙先等密谋迎立刘义康为帝，入狱被杀。

元嘉九年（432），范晔左迁宣城太守时，在郡数年，始撰《后汉书》。此书记述东汉一代的历史。范晔删众家后汉史书为一家之作，仅成"本纪"、"列传"，后人取司马彪《续汉书》八志补入，合为一书，传于今。《后汉书》文字简洁，叙事明白，刻画人物有独到之处，还独创了一些新的类传，如"党锢"、"文苑"、"独行"、"方术"、"逸民"、"列女"等。此书问世后，众家所修后汉史书都告废弃。

决定先下手为强。太初元年（453）正月二十一日深夜，刘劭执刀率东宫士兵二千余人入宫，上一夜文帝正好又与徐湛之商量立太子之事直至天明，烛还未熄灭，门外士兵都在睡觉。文帝见刘劭执刀闯入，心知有变，举起茶几抵抗，五指都被斩断，随即被杀。徐湛之逃向北门，也被追兵砍死。不久，刘劭便即位称帝。

刘骏起兵即位

文帝第三子武陵王刘骏闻讯，在大臣沈庆之帮助下起兵讨伐刘劭。刘骏从寻阳（今江西九江）东下，荆州刺史南郡王刘义宣、雍州刺史臧质等都起兵响应，不到一月，义兵四起，建康乱作一团。在建康的江夏王刘义恭此时也逃奔刘骏。刘劭一怒之下把刘义恭的十二个儿子全都杀了。刘骏至新亭即位，是为孝武帝。不久，孝武帝攻入建康，杀刘劭和他的四个儿子，又杀了同党刘濬及其三个儿子，一场宫廷内乱在一片血腥气中结束。

前废帝 刘义恭 沈庆之

残忍 荒淫

《宋书·江夏文献王义恭传》《资治通鉴·宋纪二》

人物　关键词　故事来源

荒淫暴虐的刘子业

大明八年（464）五月，孝武帝去世，十六岁的太子刘子业即位，历史上称前废帝。刘子业坐上皇位，对父亲去世毫无悲痛之情，吏部尚书蔡兴宗看在眼里，对人说："春秋鲁昭公

鬼目粽

前废帝刘子业对父亲的去世毫无悲痛之情。他荒淫暴虐，极其残忍地杀害叔公刘义恭。

蔡帝伯宗在位二年

唐代阎立本《历代帝王图》中的宋废帝刘子业

即位之时居丧不悲，人皆知他不会有德政。今国家灾祸恐怕即将到来了。"前废帝即位伊始，就把孝武帝定下的制度一一改变，蔡兴宗又说："孔子说三年不改为父之道，现殡宫刚撤，即不论是非悉改旧制，昔日禅代也不至于此。天下有识之士能从中看出此人的为人。"不久，前废帝的母亲王太后病重，派人去请前废帝，前废帝说："病人处有鬼，不能去。"太后愤慨地对侍臣说："快拿刀来凿我肚子！怎么会生出此等孽子！"不多日，太后就含恨而死。

刘子业荒淫暴虐，竟看上了姑母新蔡长公主，便杀死姑父何迈，假称姑母死去，改为谢贵嫔，纳入后宫。他命叔伯、兄弟之妻和自己的姐妹聚集堂上，强迫左右臣下上前侮辱。南平王刘铄的寡妻江氏加以抗拒，刘子业一怒就杀了她的三个儿子。他还在华林园竹林堂命宫人裸体互相追逐，不从即杀。他的姐姐山阴公主对他说："妾与陛下男女虽殊，都是先帝所生。陛下六宫以万计，我只有驸马一人，太不公平。"刘子业竟荒唐地为她配了三十个"面首"（面，取其貌美；首，取其发美。即男妾）。

残酷杀害刘义恭

孝武帝死时，遗诏刘义恭、柳元景、沈庆之，颜师伯、王玄谟等人辅政。由于孝武帝性多猜忌，动辄杀

人，王公大臣都重足屏息，不敢多说。刘义恭怕遭祸，总是曲意附会。孝武帝死后，他才感到松了口气，与大臣互相庆贺说："现在可以免遭横死了。"他们没有想到，继位的前废帝更是残暴成性，喜怒无常。中书通事舍人戴法兴、巢尚之没有照办前废帝要做的某些荒唐事，前废帝恨之入骨，对戴法兴免官发配边郡不说，不久又加以赐死；巢尚之也被免去了官职。这使大臣们又不安起来，生怕哪一天灾祸也降临到自己头上。柳元景、颜师伯等便秘密策划废去刘子业，立刘义恭为帝。柳元景将此事告诉了沈庆之，沈庆之早先与刘义恭有矛盾，而颜师伯又常专断朝事不与沈庆之商量，沈庆之心中暗暗痛恨，就把柳颜密谋废帝的事揭发出来。

永光元年（465）七月，前废帝亲自率领羽林军讨伐刘义恭，抓住刘义恭后，先斩断手足，再破开肚子，拉出肠胃，又挖出眼睛，用蜜拌和，称之为"鬼目粽"，手段残忍到了极点。刘义恭早先已有十二个儿子被刘劭所杀，剩下的四个儿子这次又一起被杀死。前废帝又派使者带了诏书和羽林军去召柳元景进宫。柳元景知道大祸临头，镇定地穿好朝服进屋告辞老母，便乘车与使者一起进宫。其弟车骑司马柳叔仁要求带领左右士兵抵抗，

玉器精品：透雕龙纹玉鲜卑头（局部）

被柳元景阻止。不久，柳元景被斩首，他的儿子、兄弟和许多侄子无一幸免。颜师伯知道情况后想逃跑，结果在路上被抓获，和六个儿子一同被杀。刘义恭的世子刘伯禽时任湘州刺史，前废帝也不放过，派专人到临湘（今长沙）去执行死刑。从此以后，公卿以下的文武官员无不整日提心吊胆，朝廷上下出现了万马齐喑的局面。

唐代阎立本《历代帝王图》中的宋废帝刘子业（局部）

▶历史文化百科◀

〔粽子的产生〕

端午节又称端阳节，是我国民间传统三大节（春节、端午、中秋）之一。农历五月称午月，端则为初，故五月五日称端午节，纪念的是大诗人屈原。梁吴均的《续齐谐记》记载，屈原五月初五投汨罗江死后，人们用竹筒装米在每年这一天投入江中祭奠他。

粽子最早称角黍，因形状有楞角，且早收的黍，性黏，宜于包裹。在晋周处《风土记》中说角黍是顺应节气的做法。到梁宗懔《荆楚岁时记》中开始出现粽子的说法。南北朝时有益智粽、黄甘粽等名称。竞渡的习俗也是在南北朝时广泛地传播开来。

公元466年 ＞ 公元466年

世界大事记

尤里克任西哥特国王（466－484），在位时王国达到全盛。疆域占西班牙大部、高卢西南部，并编纂《西哥特法典》。

○○九

前废帝 刘彧 寿寂之

凌辱 恶行 密谋

《资治通鉴·宋纪一二》

《宋书·明帝纪》《宋书·前废帝纪》

人物　关键词　故事来源

多次要杀三个叔父

前废帝杀了刘义恭、沈庆之等大臣后，更加肆无忌惮。有一天夜晚，前废帝睡在竹林堂，梦见一个女子骂他："皇帝暴虐无道。"他醒后在宫中到处寻找，最后找到一个与骂他者相像的女子，把她杀了。后来又梦见这被杀的女子骂他说："我已经诉之于上帝了。"巫师说"竹林堂有鬼"，第二天一早，前废帝赶快搬出了华林园。

前废帝十分顾忌几个叔父，怕他们在地方上构成对自己的威胁，就把他们聚集在建康，拘留于宫廷中，任意殴打凌辱。湘东王刘彧，是文帝第十一子，建安王刘休仁是十二子，山阳王刘休祐是十三子，三人都很胖，前废帝就把他们关在竹笼中，分别称作"猪王"、"杀王"和"贼王"。东海王刘祎是文帝第八子，生性比较愚蠢，兄弟们都看不起他，前废帝就称他为"驴王"。第十八子桂阳王刘休范和十九子巴陵王刘休若因为年幼，才被放过。前废帝曾在地上挖了个坑，坑中注满泥水，让刘彧赤裸身体蹲在坑内，坑前放个木槽，盛了一些猪食，要他把嘴伸进木槽吃食，像猪一样，前废帝觉得十分有趣。他还曾多次要杀三王，刘休仁聪明，善于讲笑话，每当前废帝要杀他们时，他就讲笑话，转移了前废帝的思路，这样才保住了性命。

恶贯满盈

前废帝刘子业把叔父当成猪一样来凌辱、虐待，历史上少有。这个暴君最终恶贯满盈，自取灭亡。

有一次，前废帝又打算要杀刘彧，他让刘彧光着身子，缚住手足，然后命人用木棍贯穿中间抬着，他说："今天要屠宰一头猪。"正在这时，宫中一个妃妾要生孩子，前废帝想迎她入后宫，等她生了男孩就立为太子。刘休仁见这是个机会，就对前废帝说："这头猪还不到死的时候。等皇子生下来后，可杀猪取出肝肺。"前废帝说："好，暂且关到牢里。"不久，妃妾生了个儿子，立为皇子，发布了大赦令，刘彧又一次逃过了死运。

恶有恶报

前废帝自知作恶多端，怕手下人图谋自己，故而对率领禁卫军的直阁将军宗越、谭金、童太一、沈攸之等人特别看重，赏赐给大量财宝美女，引为心腹亲信。宫廷卫士中大多数人对前废帝都十分不满，但慑于宗越等人不敢有所行动。当时刘彧、刘休仁、刘休若三王已被关了很久，命运难卜，刘彧便暗地里与他的主衣阮佃夫和直阁将军柳光世等人密谋杀害前废帝。

宫中的主衣寿寂之一直对前废帝不满。阮佃夫就把密谋告诉了他，怂恿他一起行动，还拉拢了宫中的外监典事朱幼等人。当时前废帝想到南边巡游，亲信宗越等离宫外出准备行装，只有队主樊僧整防守华林园。柳光世与樊僧整是老乡，

笑容可掬的高髻女俑

这件女俑出土于南京西善桥。头挽高髻，呈山字形，双手交于腹前，笑容可掬，形象亲切。南京博物院藏。

中国大事记

北魏文成帝死，太子拓跋弘即位，是为献文帝。丞相乙浑专权。

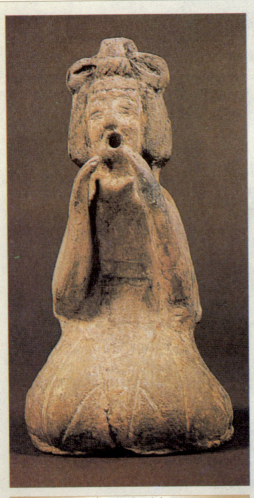

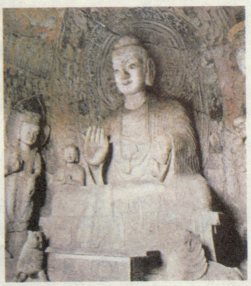

北魏龙门石窟宾阳中洞主佛

丹田用气的形象显示（左图）

草厂坡北朝墓歌唱俑，1953年出土于陕西西安草厂坡北朝墓。此墓总共出土有男女陶俑一百二十余件，图中歌唱俑高24.5厘米。从造型上看，该歌唱女俑头梳双鬟髻，结于顶上，呈十字形高髻，两侧贴鬓发，下垂过耳。身穿长袖短衣，下着长裙。此女呈歌唱状，两臂曲举胸前，口呈圆形，似正运丹田之气，全身心投入歌唱中。这位歌唱女俑面容的塑造，具有声乐演唱中运腔共鸣所特有的典型性。

就把密谋的事告诉了他，要他一起干，樊僧整同意。这天晚上，前废帝单独与几百个宫女和一些巫师在竹林堂捉鬼，寿寂之、姜产之等人拔出刀来进入宫中，前废帝见寿寂之等人执刀而来，知道事情不妙，赶快拿下挂在墙上的弓箭向寿寂之射去，未中；宫女纷纷向外奔逃，前废帝也跟着逃，一边大叫："寂之谋反！"刚叫三声，后面寿寂之已经追上，一刀砍下去，把前废帝杀死。他那年才十七岁。这个荒淫暴虐、毫无人性的昏君，终于恶贯满盈，死于非命。湘东王刘彧即了帝位，即宋明帝。

历史文化百科

〔南朝民歌〕

南朝的乐府民歌主要指吴声和西曲。吴声现存有三百多首，产生在以建康为中心的吴地。西曲产生于长江中游的荆州、襄阳一带。南朝民歌大多数都是情歌，体裁短小，多为五言四句，语言清新自然，喜用双关语。

世界大事记　汪达尔王盖塞里克大败西罗马一拜占庭联合舰队。

宋明帝 刘休仁 刘休祐

《宋书·明帝纪》
《宋书·晋平剌王休祐传》
《宋书·巴陵哀王休若传》
《宋书·始安王休仁传》

恶行　猜疑

人物　关键词　故事来源

猜忌多疑，迷信鬼神

明帝当初做诸侯王时，宽仁平和，可是一旦当上皇帝，竟变得猜忌多疑，残忍暴虐，而且十分迷信鬼神。他不允许语言文书中出现"祸"、"败"、"凶"、"丧"等字，一有犯忌立即处死。民间把宣阳门叫作"白门"，明帝认为"白"不吉利，不准再叫。宫中平时移床、修壁都要先祭祀土神，并让文人写文辞祝策。因违犯他的忌讳被杀的人越来越多，他的生活也越来越奢侈，一切所用器皿，都要同样造三十副。一些出身寒微的中书通事舍人像阮佃夫、王道隆、杨运长等人就趁机大受贿赂，这些人也都参预政事，拥有大权。

对兄弟子侄痛下杀手

宋明帝刘彧平定孝武帝三子刘子勋后，将子勋的兄弟子绥、子顼、子元全都赐死，对孝武帝的其他儿子则一如既往。刘休仁从寻阳回来对明帝说："子房等兄弟尚在，将来恐对朝廷不利，应早作打算。"明帝认为很对，泰始二年（466）十月，就把子房、子仁、子真、子孟、子产、子舆、子趋、子期、子嗣、子悦也都赐死，立了皇子刘昱为太子。至此，孝武帝的二十八个儿子已斩尽杀绝。

接着，明帝又对自己的几个兄弟施加毒手。

泰始五年（469）二月，河东人柳欣慰谋反，想拥立太尉、庐江王刘祎。刘祎自以为是皇兄而不被重视，心有不满，就与柳欣慰通谋。事败，柳欣慰被处死，刘祎降为车骑将军、南豫州刺史，出镇宣城。不久，明帝下诏逼其自尽。

晋平剌王刘休祐性格刚强，常顶撞明帝。他原任南徐州刺史，明帝偏要他留在建康，任长史、司马代行州中政事。泰始七年（471）二月，刘休祐随明帝去岩山打猎，时近黄昏，明帝密令寿寂之等数人引刘休祐到一僻静处，出其不意将其打死，然后报告说"骠骑将军不幸落马身亡"。明帝假装十分震惊，回建康后为他举行了隆重的葬礼。

建康民间纷纷传说荆州刺史、巴陵王刘休若有贵人之相，明帝将这话传给刘休若，同时调任他为南徐州刺史。刘休若十分害怕，心腹将吏都认为他此次回朝，定遭灾祸，中兵参军王敬先说："皇上病重，正想剪除旁支以巩固太子，殿下

骨肉相残

宋明帝为保太子皇位不惜杀害兄弟和侄子，宋王朝的骨肉相残是中国历史上少有的。

精致的石砚
这方精美的北朝石砚出土于山西大同，是同类器物中的精品。墨池四边雕以联珠纹和莲瓣，四角有供搁笔用的圆台和插笔的莲花台。侧边四面各以联珠纹划为七格，浅雕出鸟、兽、人形，四足方形，大方持重。大同市博物馆藏。

受诏入朝恐有去无回。荆州有大军十万，地数千里，上可匡佐天子，下可保全自身，怎能坐等受死呢？"刘休若假装称是，过后却出卖了王敬先，将他的话报告了明帝，结果王敬先被处死。刘休若原想讨好明帝，然而搬起石头砸自己的脚，他仍未逃脱"赐死"的厄运。

忘恩杀刘休仁

始安王刘休仁与明帝关系是最亲密的。前废帝多次要杀明帝，全靠刘休仁的机智一次次化险为夷。刘子勋起兵时，四方响应，形势危急，也全赖刘休仁率军平叛，才保全了明帝的皇位。刘休仁见兄弟一个接一个被处死，更加担心自己的安危。明帝与亲信杨运长商量自己的后事。杨运长怕将来刘休仁执政时对自己不利，极力怂恿明帝诛杀刘休仁。当时明帝病重，内外官吏估计刘休仁将会掌权，都去巴结其亲信，这使明帝更加难以容忍，便命人拿了毒药到刘休仁住处相逼。

南朝古今地名对照表

古地名	今地理方位
峥嵘洲	湖北鄂城
南兰陵	江苏常州西北
悬瓠	河南汝南
巴陵	湖南岳阳
磝磝	山东茌平西南
郢城	湖北江陵西北
滑台	河南滑县东
钟离	安徽凤阳东北
弘农	河南三门峡西南
寒山	江苏徐州东南
虎牢	河南荥阳汜水镇
涡阳	安徽蒙城
盱眙	今属江苏
吴郡	江苏苏州
瓜步	江苏六合
江陵	湖北沙市西
采石	安徽马鞍山南
高要	广东肇庆
湓口	江西九江北

刘休仁破口大骂说："皇上得天下是谁之力！孝武帝杀兄弟使子孙断绝，现在还要如此，宋代还能长久吗？"说罢，就将毒药一饮而尽。明帝下诏称刘休仁是因勾结禁兵谋乱事败畏罪自杀的。其实明帝原来与刘休仁关系不错，杀了他十分难受，对人说："我和休仁年龄相差无几，自小和好，但为了大事，不得不如此。"

明帝兄弟中要杀的都杀了，只剩下一个桂阳王刘休范，因为能力太差，不被疑忌，总算活了下来。

南朝青瓷莲花灯台（右页图）
高17厘米，1952年由民间藏品中征得。此灯台造型优美，繁简相间，点上蜡烛，定会满堂生辉，在注重实用的前提下，尽可能地美化，很自然地流露出制作者自得的心态。通过这盏灯台，我们可以看出当时的环境一定是相对平静的，一盏灯台能把人们的心头照得亮堂堂的。此件藏于湖南省博物馆。

桂林王寻阳起兵

泰豫元年(472)四月，明帝病死，太子刘昱即位，历史上称后废帝。当时刘昱年仅十岁，顾命大臣有褚渊、刘勔(miǎn)、袁粲、蔡兴宗、沈攸之等人。褚渊又推荐萧道成任右卫将军、卫尉，掌管宫内禁军。

江州刺史、桂阳王刘休范平庸无能、又不善言谈，正因如此，众兄弟皆被猜忌致死，唯他得以幸免。刘休范虽无能，但并不糊涂，刘昱即位后，他身为皇叔，却未能入朝当宰相，也常流露出不满情绪。谋主典签许公舆劝他折节下士，他这样做了，远近有才能的人果然纷纷来投，一年几近万人。他还搜罗了不少有武功的壮士，同时准备武器，修治城墙。

南京栖霞山石窟外景
南齐建元年间，处士明僧在今南京栖霞山建栖霞寺。随后于永明二年(484)在寺后开凿石窟造佛像。现存主要为千佛岩造像，大小佛龛近三百个，造像逾五百尊。图为栖霞山石窟外景。

元徽二年(474)五月，刘休范终于在寻阳（今江西九江）造反了。他征用民船，率领两万多士兵，沿长江东下。同时写信给朝廷说："杨运长、王道隆蛊

呆子造反

刘休范寻阳起兵，萧道成用张敬儿使诈降计，平定了这场叛乱。

惑先帝，使建安、巴陵二王无罪被杀，望逮捕二人，以谢冤魂。"

朝廷集中大臣在中书省商量对策，萧道成说："过去刘义宣、刘子勋等谋反，皆因发兵迟延而失败，刘休范定会吸取教训，轻兵急下，乘我不备。现唯一应变之方法便是不宜远出，可屯兵新亭、白下（即今江苏南京南），坚守宫城、东府和石头城，以静待动。叛军长途跋涉，后备不足，求战不得，势必瓦解。我愿去新亭以挡其锋，诸位只须稳坐宫中，等候佳音。"

萧道成巧施诈降计

萧道成刚到新亭，刘休范前军已到新林（即今江苏南京西南）。屯骑校尉黄回与越骑校尉张敬儿建议萧道成用诈降计谋。萧道成对张敬儿说："你能办成此事，定任你本州刺史。"于是，二人出城南，来到刘休范营前，声称萧道成要求投降。刘休范十分高兴地接见二人。亲信李恒、钟爽劝刘休范多加提防，刘休范不听，竟让二人常陪在身旁。有一次，刘休范喝醉了酒，黄回向张敬儿施一眼色，张敬儿立即夺下刘休范的防身刀，一刀把他杀死。张敬儿取了刘休范首级，飞马逃回新亭，将首级交给萧道成。萧道成立即派陈灵宝送回宫中，不料半路碰到刘休范的军队，他情急之下把首级扔到水里，奔回宫中。陈灵宝说刘休范被杀，但无证据，无人相信；刘休范军队也

世界大事记

贡迪巴尔德为勃艮第国王（474－516）。在位时王国臻于全盛。汪达尔与拜占廷签订条约。

刘休范 萧道成 张敬儿

平庸 狡诈

《宋书·桂阳王刘休范传》
《资治通鉴·宋纪一五》

人物　关键词　故事来源

伎乐天人与供养天人
北魏云冈石窟16窟龛楣浮雕。

不知就里，战争仍在继续。刘休范大将杜黑骡急攻新亭，萧道成亲自率军冒雨对抗，自傍晚一直战斗到天明。不久，杜黑骡进到朱雀桁（héng），人们传言"皇宫已被攻下"，宫中则传说"新亭已沦陷"，乱作一团。

萧道成派陈显达、张敬儿等人渡河从承明门进入城中保卫皇宫。袁粲在城中也披甲上马投入战斗。最后，陈显达大破杜黑骡军，张敬儿在宣阳门杀死了杜黑骡。一场乱事终告平定。萧道成带领军队凯旋建康。百姓夹道欢迎聚观，都说："保全国家全靠此人！"

元徽二年（474）六月，朝廷任命萧道成为中领军、南兖州刺史，留在建康，他与袁粲、褚渊、刘秉等四人隔日到朝中处理国事，被称为"四贵"。

▶历史文化百科◀

〔灌钢冶炼法〕

两晋南北朝时期人们发明了灌钢冶炼法。它是半液态炼钢与热处理技术相结合的产物，就是利用生铁的熔液灌入未经锻打的熟铁，使碳分较快地、均匀地渗入。只要配合好生铁和熟铁的比例，就能得到适合钢的含碳量，然后反复锻打，挤出杂质，成为质量较好的钢铁。梁朝道教领袖陶弘景说："钢铁是杂炼生𫓯作刀镰者"。"生"是生铁，"𫓯"是熟铁。这是最早具体记载的灌钢冶炼法。这种炼钢法一直至明代是我国炼钢的主要方法，是一项了不起的成就。

"四贵"辅政，实为"一贵"

"四贵"分化

萧道成使用分化手段，拉拢褚渊，杀袁粲、刘秉，"四贵"成为"一贵"。

后废帝刘昱也是个品质恶劣、残暴成性的人，弄得朝廷内外人人自危。萧道成暗中联合亲信，于元徽五年（477）七月一天夜里杀了刘昱。年仅十一岁的刘准即帝位，就是宋顺帝。萧道成、袁粲、褚渊、刘秉四人辅政，号称"四贵"。萧道成任司空、录尚书事、骠骑大将军，独掌大权。袁粲任中书监，褚渊为开府仪同三司，刘秉任尚书令，加中领军。褚渊一向依顺萧道成，刘秉和袁粲也不敢与萧道成对抗，"四贵"实际上成了"一贵"。

北魏云冈石窟10窟前室天窗上的石质圆雕和高浮雕

世界大事记

西哥特王尤里克宣布为独立王国，解除与西罗马之同盟关系。

萧道成　谋略
袁粲　胆怯
褚渊

《资治通鉴·宋纪一六》
《南齐书·宋纪》
《宋书·袁粲传》高帝一纪

人物　关键词　故事来源

褚渊告密

八月，朝廷让袁粲出镇石头城。袁粲过去遇到任命总是谦让，这次却立即走马上任。这是因为他知道萧道成要篡权，想以后利用石头城作据点，推翻萧道成。

十二月，荆州刺史沈攸之首先起兵反萧。萧道成去与褚渊商量，褚渊说："西部叛乱不会得逞；你应注意的是内部。"他是指袁粲等人有可能谋乱。

事情果然如褚渊所说，袁粲决定要发动政变。他想把计划告诉褚渊，部下劝阻说褚渊与萧道成关系密切，不可告诉。袁粲却说："褚渊虽与萧道成关系不错，但也不能容忍他的所作所为。"还是告诉了他。不料褚渊转身就去告诉了萧道成。

书生造反，不能成事

萧道成早已得到情报，并作了周密安排：他派亲信王敬则为直阁将军，与袁粲的党羽、直阁将军卜伯兴一起掌握禁军；又派军主苏烈、薛渊、王天生去石头城，表面上帮助守城，实际上暗中控制袁粲。

袁粲打算用太后名义，命同党领军将军刘韫、卜伯兴率领禁军在朝堂向萧道成发动攻击；黄回等率部响应，刘秉、任侯伯等到石头城共同指挥。原定发动的时间是十二月二十三日晚。谁知刘秉胆怯，时间未到就惊慌不安，早早准备好了行装，天还未黑就用车子载了女眷和物品奔向石头城，后面跟着数百名士兵，一路招摇过市，引得行人议论纷纷。

丹阳丞王逊把消息告诉了萧道成。萧道成派人通知王敬则赶快出宫，到中书省抓刘韫。这时刘韫刚穿好衣服准备出发，见王敬则到来，大吃一惊说：

"王将军这么晚来此有何贵干？"王敬则大声喝道："我来抓你！"两人扭打在一起，毕竟王敬则力气大，一拳把刘韫打倒在地，手起刀落将他杀了。接着又杀了卜伯兴。萧道成派往石头城的苏烈，占领了仓城，不让袁粲进入。

王敬则得手后，萧道成随即派军主戴僧静带领数百人去石头城支援苏烈，与他合力进攻袁粲。袁粲将孙昙瓘骁勇善战，与苏烈打了一个夜晚，双方相持不下。戴僧静派兵进攻西门，在西门放起火来。袁粲、刘秉在城东见到火光，大惊失色。刘秉和两个儿子爬下城来准备逃走，被追兵杀死。袁粲与儿子袁最也一起下城，用蜡烛照着路径，感叹地对袁最说："不是不知独木难撑大厦，为了忠于朝廷不得不如此。"说话间，戴僧静已杀进城来，袁最用身体护卫着父亲，被戴僧静杀死。袁粲对着儿子说："我不失为忠臣，你不失为孝子。"话音未落，也被戴僧静杀死。当地百姓知道袁粲父子战死后，传出了一个民谣："可怜石头城，宁为袁粲死，不为褚渊生。"

袁粲平时喜欢饮酒诗诗，部下有事向他请示，他往往也吟诗作答。然而，终究是一介书生，成不了什么大事。有人评论他说："智不足以除奸，权不足以处变"，看来失败也是必然的。

▶历史文化百科◀

〔佃客〕

魏晋南北朝豪强大族荫庇下的依附农民，是当时的主要劳动者。"客皆注家籍"，即依附于地主户籍上，人身依附关系较强。有的佃客不负担政府赋役，但受豪强剥削却十分严重。南朝的私附、乐属，北朝的荫附，其性质与佃客相似，均为合法与非法之依附者。

烛中手令

荆州刺史沈攸之有"烛中手令"和"衣角手书"，起兵讨伐"叛臣"萧道成。萧道成早有防范，安排张敬儿出任雍州刺史。沈起兵后不久即兵败自杀。

张敬儿暗防沈攸之

萧道成平定袁粲后，朝中又出了个沈攸之。

宋明帝死时，沈攸之是顾命大臣之一，后废帝即位不久，他被任命为都督荆襄等八州诸军事、荆州刺史。去荆州上任时，他把原先的部下、士兵、器仗都带了去。到了那里，又以讨蛮为名招兵买马，养了两千多匹战马，造了近千条战船，仓库中囤满粮食。

朝廷知道沈攸之有异心，元徽二年（474）七月，要他来京师任职。他以缺乏做朝官的才能而加以推辞。次年一月，萧道成安排亲信张敬儿任雍州刺史。雍州在荆州上游，可以与朝廷互为表里制约沈攸之。沈攸之知道这一点，所以对张敬儿很戒备。不过张敬儿十分乖巧，他表面上对沈攸之恭敬亲近，事事禀报，还不时送礼，慢慢地取得了沈的信任；暗地里却把沈的一切动态都一五一十密报给萧道成。

后废帝被杀后，沈攸之的僚佐劝说他起兵。沈攸之因长子元琰在建康，没敢轻举妄动。不久，萧道成派元琰拿了杀死后废帝的刀具给沈攸之观看。沈攸之对此虽然不满，但见元琰回来了也很高兴。于是，一方面假惺惺地向朝廷庆贺，一方面加紧筹划起兵的事。

张敬儿与沈攸之的司马刘攘兵关系甚好，他悄悄地向刘攘兵打听沈攸之起兵的事，刘攘兵没有回话，却寄给他一只马镫，意思即将上马，张敬儿心领神会，也在暗中做好准备。

荆州起兵，兵败自杀

据说，沈攸之有一封信藏在背心衣角里，说是明帝的手书，秘密嘱咐他保卫社稷、消灭叛臣。沈攸之妾崔氏知沈有起兵之意，说："官人已老，何以不为全家百口人安危着想？"沈攸之指指背心衣角。又称太后派密使赏赐给他一支蜡烛，剖开乃见太后手令，上书："社稷之事，一以委公。"这烛中手令和衣角手书，便是沈攸之起兵的誓约。究竟是真是假，人们无从知晓。

沈攸之发出檄文，邀张敬儿和豫、梁、湘各州一起起兵。张敬儿和豫州刺史斩了他的使者，另三个州的态度模棱两可。沈攸之同时写信给萧道成，指责说："即使少帝昏狂，也应与诸公密议，请示太后，下令废去，怎可自行诛杀，又不殡葬？"

萧道成此时已作了周密布置。他让长子萧赜（zé）离郢州回建康，萧赜临行对留守的司马柳世隆说："沈攸之叛军沿江东下，不必阻拦，让其攻郢城（即今湖北江陵西北），这样即可上下夹击。"

阿修罗天像
甘肃泾阳北石窟寺165窟。

沈攸之兵到夏口，自恃兵力强大，原认为区区郢城，无须主力攻取，打算只留偏帅在郢，自率大军东下。但柳世隆不断派人挑战，用十分难听的语言骂阵，沈攸之一怒改变计划，令大军登岸，筑起长围，昼夜进攻郢城。柳世隆则坚守城池，两军相持不下。

一连三十多天攻不下郢城，司马刘攘兵把降书射进城去，请求投降，柳世隆表示接纳。刘攘兵便烧营而去，军中士兵一见火起，争相抛弃盔甲纷纷逃亡，一时大乱。沈攸之大怒，把刘攘兵的家人全都杀了。过后，集中了两万人马，向江陵进发，准备退回老巢。但是在襄阳的张敬儿早已趁沈攸之东下时袭击江陵，杀死了他的两个儿子和四个孙子。沈攸之到达离江陵百余里时，听说城已被张敬儿占据，士卒又重新四散逃走。沈攸之无处可去，与儿子文和走到华容（即今湖北潜江西南），在栎树林中上吊自杀了。张敬儿杀死沈攸之的亲党，把这些人的数十万家财全部据为己有。

〔点评诗歌与诗人的著作：《诗品》〕

《诗品》，梁钟嵘撰，是一部对汉魏以来的五言诗带总结性的文学批评著作。它把从汉至梁一百二十二位作者分为上中下三品，上品十一人，中品三十九人，下品七十二人，对每位作家都给以扼要的评语，直率褒贬。

钟嵘认为评价诗的标准必须兼有充实的内容和华美的文采，耐人玩味，受到感染，这才是诗歌的高峰。他反对贵族文坛的诗歌一味追求声律，滥用典故，违反了自然的真美与和谐，认为真正好的诗歌必须有真实的感情。

沈攸之作乱之初，萧道成曾问江淹："天下纷乱如此，你看形势如何？"江淹说："早先项羽、袁绍都比刘邦、曹操强大，而最终失败，这就是所谓'在德不在鼎'。公有何可怀疑的？"事实正如江淹预料的那样。

吹笙引凤画像砖
1958年河南邓县学庄村南朝墓出土。高19厘米，宽38厘米。画面以嘴含灵芝仙草的凤鸟为中心，右边站着披发持麈尾的浮丘公，左边是吹笙的王子乔。反映的是周武灵王太子乔吹笙引凤，后游于伊洛之间，被道士浮丘公引往嵩山修炼，在缑氏山驾白鹤升仙的故事。

〇一四

"愿后世勿生帝王家"

萧道成掌握实权后终于称帝，建立齐朝。宋顺帝在禅位前说："愿后世勿生帝王家。"

王俭劝说称帝，褚渊不通人情

萧道成平了沈攸之叛乱，觉得称帝的时机已经成熟，但不便开口，须拉拢一批名士为自己捧场。他首先选中的是出身名门的谢朏（fěi），他是谢安的后代，十岁就写得一手好文章，才能首屈一指。萧道成任命他为骠骑长史，一夜招他来谈话，谈了半天，谢朏未置可否。萧道成以为他是因侍儿在旁话不便说，就命侍儿退下，谢朏还是不说。萧道成这才知道他不赞成自己称帝。

吏郎王俭，是世家大族王僧绰之子，好学博闻，相貌堂堂，萧道成很看重他，任他为太尉右长史。王俭看出了萧道成的心思，有一天与萧道成单独相处时进言道："自古以来，功高不赏。以公今日的地位，能一直保持下去吗？"萧道成假惺惺地说："你怎能讲这种话？"但神色很温和。王俭说："我承蒙公提拔，所以讲了难于开口的话。宋氏失去人心，不是公哪有今日！但人情浅薄，不能

持久；公如一再推辞，别人就会抢在前面，到那时不但大功不成，连七尺身躯也难保全。"王俭见萧道成没有反对，又说："此事宜先让褚公知道。"萧道成默默点头。过了几天，萧道成来到褚渊家，寒暄一番后说："我做梦又将升官。"褚渊说："刚加太尉、都督，恐一两年内不会再升；再说吉梦未必应验。"萧道成回来告诉王俭。王俭笑褚渊不通人情。

禅让前奏

升明二年（478）九月，由王俭倡议，又由萧道成的亲信任遐去说通褚渊不加反对，朝廷下诏加萧道成太傅，这样，他共有了十个头衔。次年三月再封齐公，加九锡，九锡往往是"禅让"的前奏。四月，萧道成又进爵为王。

在此前后，萧道成为儿孙都安排了重要职务。长子萧赜任尚书仆射，进号中军大将军，开府仪同三司，领南豫州刺史；长孙萧长懋任雍州刺史；次子萧嶷都督荆湘等八州诸军事，荆州刺史；孙子萧子良为会稽太守。善解人意的王俭被任为齐国尚书右仆射，领吏部，当时年仅二十八岁。

宋顺帝禅位，齐朝建立

不久，年仅十三岁的宋顺帝刘准的禅位诏书就下达了。他在位还未满两年。举行仪式时，刘准躲在佛堂的宝盖下不肯出来。

忠诚的守墓者
这件北魏彩绘镇墓兽长22厘米，高15厘米。张嘴、竖耳、怒目、竖鬃，四蹄蹲地，十分凶恶，忠诚地为主人镇守着墓地。

谢朓　王俭　萧道成　　虚伪

《资治通鉴·宋纪一六》《资治通鉴·齐纪二》《宋书·顺帝纪》《南齐书·高帝纪》

人物　关键词　故事来源

陶弘景

陶弘景（456—536），字通明，晚年号华阳隐居，丹阳秣陵（今南京）人。他经历了南朝的宋、齐、梁三个朝代，是继葛洪之后我国古代又一个著名的炼丹家和医药家。陶弘景知识渊博，在药物、冶炼、天文、地理、生物、数学等方面，都有一定贡献。如他曾经制造过能够演示天象的天文仪器"浑天象"。而他的最大贡献是在医学上。他总结了自《神农本草经》问世后几百年间药物知识的发展，编成《本草经集注》七卷，在本草学的发展史上具有承上启下的重要地位。

王敬则要带兵搜索，太后怕王敬则加害于他，自己带着宦官找到刘准交给王敬则。王敬则要顺帝上车，顺帝问："要杀我吗？"王敬则摇摇头说："到别的宫去住。你祖先早先取代司马氏天下时也是如此。"刘准不禁哭着说："愿后世勿再生帝王家。"宫中人都哭了，百官也泪如雨下。

镏金铜辟邪

北朝，高3.6厘米，长3.5厘米，中国国家博物馆藏。

司空褚渊率领文武百官，拿着皇帝玉玺到齐王宫劝进。萧道成装模作样推辞一番，第二天才正式即位。齐王朝于公元479年四月正式建立，萧道成成了齐高帝，改元建元，下令大赦。然而仅隔一月，宋顺帝就被诛杀。

太子萧赜请求杀谢朓，萧道成说："杀他倒成就了他的名声，不如置之不理。"后来找个借口，罢了他的官。

历史文化百科

〔药物学著作：《本草经集注》〕

我国现存最早的药物学著作是汉代的《神农本草经》，共收药物三百六十五种，分上中下三品，上品无毒或毒性小，中品有的有毒，有的无毒，下品有毒，不能久服。该书成书后，经辗转传抄，有不少错误混乱。陶弘景决定对它进行校订和整理，写成《本草经集注》。他结合自己的经验，对药物作了鉴别和补充，收的药增加到七百三十种。对药物的性味、产地、采集、形态、鉴别诸方面的论述，有显著提高。把药性分为八种，即寒、微寒、大寒、平、温、微温、大温、大热。在分类方面，从原来上中下三品，改为七大类，即玉石、草木、虫兽、果、菜、米食、有名无用（未经验证之药）。书中又提出了一个"诸病通用药"的列记表，如治黄疸有茵陈、栀子、紫草等。此书对后世影响很大。唐《新修本草》，明李时珍《本草纲目》都是在其基础上发展起来的。

〇一五

"当使黄金与泥土同价"

群臣畅谈时政得失

萧道成提倡节俭，以身作则，采取一些改革措施使社会进步。

萧齐代宋，从历史的角度看，是一种进步，因为齐的政治和社会状况比宋后期好。萧道成即位后就向学问渊博的刘瓛(huán)请教治国的经验教训。刘瓛说："凡是造成宋朝灭亡、陛下得天下的都是经验教训。陛下如能以前车之覆为戒，虽危可安；如重蹈宋亡的覆辙，虽安必危。"萧道成叹道："儒者之言，真是万世之宝！"他便命群臣畅谈时政得失。淮南、宣城二郡太守刘善明说："请清除

像天平的等臂秤
这幅描绘佛教经变故事"尸毗王割肉贸鸽"的北魏敦煌壁画中，有一副完整的等臂秤，和现代的天平秤有些相似。这也是我国现在发现的最早的等臂秤图形资料。

宋孝武帝以来苛繁条文，崇尚简易；交州地区偏远，宋末苛政曾激起怨叛，现应待之以恩德，不宜再讨伐。"给事黄门郎崔祖思说："不学习不懂理乃祸乱发生的根源，应开办文武学校，令员外官入学。成绩优者予以官职，劣者送回老家。"会稽太守萧子良说："过去朝廷多派台使征督物资，出使者作威作福，营私纳贿，引起种种矛盾，应废止。朝廷有需征办，下达诏书，规定期限即可。"员外散骑郎刘思效说："宋大明以来，经济凋敝，朝廷贫弱，小民困苦，而贵族富室相互攀比，生活豪奢。应制定新法，改革前朝之弊。"大臣们提出许多意见和建议，凡是正确的，萧道成都认真听取，让有关部门去实施。

改变奢侈风气

为了改变奢侈风气，萧道成在即位前一年就上表要求禁止民间的奢侈装饰，共有十七条。如：不得以金银为箔；不得用金银镀马乘具；不得织绣裙；不得着锦履；不得剪彩帛为杂花；不得以绫作杂服饰；不得用彩帛作屏障；不得私作器仗；不得以七宝饰乐器；不得铸金铜为像，不得以金银为饰物等等。萧道成个人也十分节俭。衣帽库中存有一种头上装饰用的玉制品"玉导"，萧道成认为这对提倡节俭不利，就命人将其击碎。同时检查类似无实用价值的奇异物件，也按此办理。他常说："我如能治理天下十年，当使黄金与泥土同价。"有人称颂萧道成的德政，他说："风俗败坏已二十余年，我一时无法全都改变，唯有尽力做出些成绩来。然而，圣人治理天下也需好帮手，大家都能各自努力，不愁不能拯救苍生。"这都说明萧道成有改变荒淫奢侈风气的抱负。在战乱的南北朝，这样的皇帝是不多的。

限制世家大族

中国古代山林川泽一向归国家所有，但东晋南朝以来，世家大族通过凿山浚湖，把一些山林川泽开辟为庄园。这样，不仅国家掌握的土地越来越少，且使劳动人民失去在林中打柴、湖中捕鱼的自由，最后只得投靠依附世家大族。萧道成在位时明确规定皇室不得封山占水，这对世家大族和贵族官僚起了很大的限制作用。限制世家大族的另一个措施，就是改变宋以来户口混乱的状况。萧道成命黄门郎虞玩之检查户口，以元嘉二十七年（450）的户口为标准，确定可以免役的户口，防止假冒。这对增加国家财政收入也很有利。

萧道成虽然有所作为，可惜好景不常，他当皇帝不过四年，建元四年（482）就病死了，死时五十六岁。他在遗诏中说："我本布衣素族，想不到当了皇帝。我死后你们事奉太子要如对我一样，让太子委任贤才，崇尚节俭。"

齐宣帝永安陵辟邪石兽

齐宣帝萧承之（383－447），字嗣伯，南齐开国皇帝萧道成之父。他生前未做皇帝，萧道成建立南齐后，追尊萧承之为宣皇帝，葬永安陵。该陵位于今江苏丹阳东北胡桥北狮子湾。

历史文化百科

〔南北朝时期的度量衡〕

南北朝时期度量衡有两大特点：一是增长速度快；二是制度混乱，各时期和地区相差悬殊。以尺度论，南朝宋一尺为24.5厘米，齐梁陈相同。北朝尺度增长迅速，北魏前期尺长27.8厘米、中期尺27.9厘米、后期尺29.5厘米；到东魏、北齐、北周一尺达30厘米。

量衡之制，梁陈每升约为200毫升，北魏每升400毫升，到隋则达每升600毫升。衡制梁陈每斤约250克，齐约为375克，北朝则每斤合500克。河南省博物馆藏北魏铁权两枚，重515.5克、593克，当为一斤。到隋初一斤达750克。

增长迅速的原因是魏晋以后，以绢、布等实物为国家征收的调，官吏怕其短少，又想多收。北朝由于是鲜卑族所建立，其制度不健全，更是任意加大尺斗秤度。孝文帝改革曾禁止使用长尺大斗重秤，但过后又继续使用。

移床远客

门阀制度就是按门户等级，区别士族和庶族在政治、经济、社会、文化上的不同地位，以维护贵族特权。

士庶间不能同座

魏晋南北朝时期盛行门阀制度，门阀贵族是地主阶级中有身份有地位的特权阶层，称为士族或世家大族；一般地主称为寒门庶族。"士庶天隔"，就是形容这两个阶层在社会地位、婚姻、生活方式等方面都存在着一道又宽又深的鸿沟。两者之间不但车服式样有别，而且不能同座交往。宋士族张敷是正员中书郎，庶族出身的中书舍人秋当、周纠与他是同僚，秋、周商量去拜访张敷。周纠有些顾虑，说："他若不招待我们，岂不难堪？不如不去。"秋当却说："我们也已有相当地位，既是同事，随便坐坐总也无妨！"这样，两人便决定前去拜访。进了张家，二人正要入座，张敷见了，忙呼左右说："快把我的座床移开。"表示不愿意和寒人共座。秋当、周纠大窘，只得退出。中书舍人纪僧真颇受齐武帝宠爱，一天，他对齐武帝说："臣出身武吏，幸逢盛世，始有今日荣耀，现在只想从陛下处讨得一个士族身份。"齐武帝说："此事须找

抚琴女俑
1953年出土于陕西西安草厂坡北朝墓。这位弹琴的女乐俑，正跪坐于地，膝上横置一琴，左手按弦，右手抚弹，弹奏时头微上仰，目视上方，这种外在的神态，透露着沉浸于音乐中的内心，传神地表现了演奏状态。所塑之琴，呈长方形，琴面上还刻有弦纹。

都官尚书江斆（xiào），我也无能为力。"江斆是士族，纪僧真便硬着头皮前去拜访，进入江府刚刚落座，江斆马上吩咐下人："快把我的座椅移开！"纪僧真碰了一鼻子灰，只好悻悻然回家。他把这件事告诉了齐武帝，齐武帝摇头喟叹说："士族也非皇帝下令可做的。"

士庶间不能通婚

士庶之间不仅生活方式有严格区别，而且不能互相通婚。南朝齐士族王源将女儿嫁给富阳庶族满璋之之子。满璋之以钱五万为聘礼。这桩婚事被士族认为玷辱了同类，顿时舆论哗然。御史中丞沈约上表弹劾说："王源人品虽平庸，但为士族，与庶族满氏通婚，唯利是求，玷辱士族，实骇人听闻！"要求皇帝革除王源官职，剔出士族队伍，永远不能做官。

官职的清浊

魏晋南北朝评定门第高低的标准就是"婚"和"宦"。婚就是看通婚的对象，宦是看官职的清浊。当时官职中有"清"、"浊"之分，这"清"与"浊"不是通常说的清官和贪官，而是另有所指。所谓清官就是待遇好、事情少的官

世界大事记

罗马教皇菲利克斯三世以与一性论派妥协为由，指斥君士坦丁堡宗主教阿卡西乌为"异端"。东西方教会首次分裂（阿卡西乌分裂）。

《资治通鉴·齐纪二》
《文选·沈约·奏弹王源文》

张敷　王源　沈约

王源　士庶天隔

等级　婚姻　特权

人物　典故　关键词　故事来源

位，这是专为门阀士族保留的职位，如士族入门的阶梯秘书郎、著作郎、黄门侍郎、散骑侍郎以及宰辅中的文职等等。高门子弟，向来只当清官，不当浊官。梁时流行一句民谚："上车不落则著作，体中何如则秘书。"意思是说士族子弟只要到在车上掉不下来的年龄，就可以当著作郎，只要会写几句"身体如何"的客套话，就可当秘书郎。浊官的品级有的要比清官高，士族也决不愿当，因为这要失去他们的士族身份。士族把清官当作自己的禁脔(luán)，决不让庶族寒门插进来。

门阀制度到东晋达到顶峰，东晋末开始衰落，南朝以后士族地位继续下降，虽然用了上面所说的通婚等各种办法来维护自己的特殊身份和地位，也终于不能挽救衰落的历史必然趋势。

屋形龛窟群的建筑石雕装饰
北齐，河北邯郸响堂山石窟。

北齐王仁造石佛像

> ### 历史文化百科

〔两晋南北朝时期的阶级结构〕

两晋南北朝的阶级结构大致可分为三个等级。第一，皇室和高门士族属于贵族等级。皇室在政治经济地位上均优于士族地主。第二，良民等级。有三个阶层，一是寒门庶民地主，内含地方豪强、寺院地主、富商巨贾；二是少数民族酋帅；三是编户个体农民和个体手工业者如金户、银户、盐户等。这里前二类属于统治阶级营垒，第三类属被统治阶级营垒。三是贱口等级。有两个阶层，一是佃客、部曲、军户、屯田户、僧祇户、吏家、百工户、杂户等级。其身份介于个体编户农民和奴婢之间。二是奴婢和佛图户，这类身份最低，是奴隶制的残余形态。以上三个等级共有六个阶层。前三阶层属统治阶级营垒，后三阶层属于被统治阶级营垒。

〇一七

斩尽杀绝

两面派萧昭业

齐武帝虽然经常游玩宴饮，但他还是有作为的。他留心政事，劝课农桑、减免赋役、崇尚儒学；刘宋时因北伐曾减百官禄田俸禄，此时又加以恢复，因而官吏们也能安心做好工作，百姓也能过上比较安定的生活。史书说他"以富国为先"，称他在位的永明年间为"永明之治"。

永明十一年（493）一月太子萧长懋死，四月，齐武帝立孙子萧昭业为皇太孙，东宫

萧昭业阴险狡诈，他会掩饰自己，矫揉造作，是个典型的两面派。萧鸾也是两面派，却更狠毒，为了皇位，不惜大杀亲族。

属官归为太孙属官。七月，武帝病重，次子竟陵王萧子良在旁侍候。萧子良爱好文学，有许多文人朋友。其中中书郎王融为萧子良谋划继承帝位，但被武帝侄子萧鸾破坏，没有成功。

武帝原来要萧子良与萧鸾共同辅政，但萧子良生性淡泊，不爱处理政务，所以武帝遗诏中说："事无大小，皆与萧鸾商量。"萧昭业幼年由萧子良妃袁氏抚养，所以对萧子良很有感情。但自从王融企图立萧子良为帝后，便对他产生猜忌。不久，任萧鸾为尚书令，萧子良任太傅。

萧昭业心地阴险狡诈，但长于口才，善于掩饰自己。早先其父节制他用钱，他就秘密向富人索取，富

鱼沼飞梁桥（修复）
北朝，山西太原晋祠内。

《天际识归舟》（明·文伯仁绘）
南朝齐著名诗人谢朓(464－499)，字玄晖，陈郡阳夏（今河南太康）人。其著名的《之宣城郡出新林浦向板桥》诗云："江路西南永，归流东北骛。天际识归舟，云中辨江树。旅思倦摇摇，孤游昔已屡。既欢怀禄情，复协沧洲趣。嚣尘自兹隔，赏心于此遇。虽无玄豹姿，终隐南山雾。"此图正出自此诗意。

▶历史文化百科◀

〔西邸之会〕

南朝齐武帝次子萧子良，爱好文学，永明五年（487）移居鸡笼山。与范云、萧琛、任昉、王融、萧衍、谢朓、沈约、陆倕，以文学相交，号曰"八友"。萧子良又在鸡笼山西邸，集学士抄五经、百家，依《皇览》体例撰《四部要略》一千卷。萧子良笃信佛教，招引名僧，讲说佛法。西邸之会是一个重要的文人集会活动，对发展学术文化作出了贡献，产生了深远的影响。

世界大事记

法兰克人首领克洛维在苏瓦松打败高卢罗马军队，奠立法兰克王国，以苏瓦松为都，墨洛温王朝开始。

萧鸾　萧锵　萧子懋

残忍　虚伪　犹豫

《南齐书·明帝纪》《资治通鉴·齐明纪五》

人物　关键词　故事来源

人不敢不给。他又在门上加锁，与左右在后阁喝酒淫乱。他的老师史仁祖和侍书胡天翼十分为难，说："如把真相告诉皇帝和太子，不好办，直接制止也有大祸。你我年已七十，不如一死了之！"于是二人相继自杀。

萧长懋病重和去世前后，萧昭业满面忧愁，容貌憔悴，见到人就要流泪；但一到家中，就立刻开怀痛饮，兴高采烈。他常常命女巫杨氏为他祈祷早日即位。太子去世，他认为是杨氏的功劳，对她更加相信。武帝有病时，他又命杨氏祈祷，希望他早死。后来武帝病危，他情不自禁地在给何妃的信中写了一个大"喜"字，周围围着三十六个小"喜"字。

萧昭业很会矫揉造作。侍奉武帝时，他常常话讲到一半就哽咽而止。武帝见他那样孝顺，以为将来定能承担重任，对他说："五年中你可委任宰相办事，五年后勿再委任他人。"谁知武帝死后，大殓刚结束，萧昭业就叫来女妓，令其奏乐跳舞，棺木未出端门，萧昭业就迫不及待赶回宫中饮酒作乐。武帝时库中积钱数亿万，金银布帛无数，不到一年几乎全部被萧昭业花光。

萧昭业没有忘记王融欲立萧子良为帝的事，即位立即逮捕王融，以诽谤朝廷罪斩首。第二年（494）萧子良也忧闷而死。掌握宫中大权的萧鸾，早就有野心，乃于隆昌元年（494）与萧湛、萧坦之等策划，先杀了萧昭业的亲信，七月，又入宫杀死萧昭业。以太后名义立萧昭业之弟萧昭文为帝，萧鸾自任骠骑大将军，录尚书事，扬州刺史，进一步掌握了朝政大权。过了不久，萧鸾又废杀萧昭文，于建武元年（494）十月，自己称帝，就是齐明帝。

萧鸾杀人如麻

萧鸾掌握大权后，因为自己不是正统的皇位继承人，儿子幼小，而高帝、武帝的子孙日渐长大，深感威胁，于是蓄意清除障碍。但是为了掩盖自己的真面目，他表面上装得十分善良谦虚。

萧鸾杀萧昭业后，对萧道成的儿子鄱阳王萧锵仍然恭敬有加。萧锵每次拜访，他总像是受宠若惊

珍稀的道教造像：隆绪元年王阿善造像（上图）
这尊隆绪元年王阿善造像是道教造像，捐造者王阿善是位女信徒。隆绪是南齐明帝萧鸾第六子萧宝夤的年号，隆绪元年为公元527年。南北朝时佛教盛行，因此这尊道教造像十分罕见珍稀。

"伏羲女娲"造型彩绘陶俑
1998年陕西长安县韦区镇北原出土，陕西长安县博物馆收藏，北魏器物。两端为男女各一的人面头相，躯体相连绘有龙纹，专家推测可能是神话传说中的"伏羲女娲"造型。

地在车旁迎接。讲到国家前途的艰难，于是声泪俱下。萧锵对他十分信任。当时朝廷的人都拥护萧锵，希望他入宫辅政。制局监谢㷤对萧锵和随郡王萧子隆说："二王入宫请皇帝到朝堂发号施令，我关上城门，禁军武装戒备，即可一起逮捕萧鸾。"萧子隆同意，萧锵却犹豫不决。马队主刘巨单独晋见萧锵，叩头劝他立即发动。萧锵这才同意备车入宫，但因回宅与母亲辞别，延误至傍晚。结果萧鸾得到消息，

齐宣帝永安陵石兽（局部）

立即派兵把萧锵杀了，又把萧子隆、谢㷤及参与此事的人全部处死。

江州刺史、晋安王萧子懋听说鄱阳王、随郡王被杀，打算起兵，他说："成功则宗庙获安，不成则不失为义鬼。"他派人送密信给在建康的母亲阮氏。阮氏与同母异父的哥哥于瑶之商议，想不到于瑶之向萧鸾告了密。萧鸾立即派王玄邈、裴叔业等讨伐江州。萧子懋被内奸所杀。

接下来，萧鸾又派人杀了南兖州刺史、安陆王萧子敬，湘州刺史、南平王萧锐，郢州刺史、晋熙王萧铣，南豫州刺史、宜都王萧铿，衡阳王萧钧，江夏王萧锋，建安王萧子真和巴陵王萧子伦。

桂阳王萧铄与萧锵齐名，都爱好文学，当时人称为鄱、桂。萧锵死后，萧铄心中不安，去见萧鸾，回来，对左右说："萧鸾殷勤接待，依依不舍，但我看他脸露惭愧之色，这次恐要轮到我了。"果然，当天晚上他就被杀。

经过萧鸾大肆屠杀，齐高帝十九子中尚有的八个全部被杀；武帝二十三子中尚余的十六个也已一个不留。武帝的孙子除萧昭业、萧昭文已被杀外，巴陵王萧昭秀、桂阳王萧昭粲也为明帝所杀。武帝次子竟陵王萧子良的儿子萧昭胄、萧昭颖也都被杀。齐高帝之后，仅有豫章王萧嶷有后代于梁，其余都已绝后。这些人被杀时，小的仅七岁，较大的是鄱阳王萧锵，也不过二十六岁。

荒唐皇帝

萧齐末代皇帝东昏侯萧宝卷是一个荒唐皇帝，他身上集中了一切罪恶，真是"磬竹难书"。他的亲信、弄臣和宦官，为虎作伥，更加重百姓的灾难。

磬竹难书

明帝萧鸾心狠手辣，但内心却充满恐惧，妄想鬼神能赐福给他，因而特别相信、重用那些与鬼神打交道的巫师。由于心虚，他每次出门都要算卦、占卜。明明南去，则称西行；明明东游，则说北往。病重也秘而不宣，强打精神上早朝，批奏章。直到宫中传出求故纸旧书中银白色蠹鱼治病，外面才得知他的病情。由于萧昭业除萧鸾犹豫不决，才

金莲布地

齐东昏侯萧宝卷是中国历史上最荒唐的皇帝之一，他为了讨宠妃潘玉儿的欢心，凿金做成莲花铺在宫中地板上，让潘玉儿在上面行走，美其名曰：步步生莲花。此图出自《帝鉴图说》。

致使萧鸾得手；所以萧鸾临死前对儿子萧宝卷谆谆教导说："切切记住隆昌的教训，做事不可人后。"

永泰元年（498）七月，明帝在位四年而死。一个月后太子萧宝卷继位，是为东昏侯。这位东昏侯从小就不爱读书，通宵达旦捕鼠作乐。明帝刚死，他不乐意灵柩放在太极殿上，吩咐快快下葬。大臣徐孝嗣进谏说这不合礼制，才拖延下来。萧宝卷临丧并无半点悲伤，每当按规定要到灵前哀哭时，他总称喉痛不去。太中大夫羊阐是个秃头，入宫祭奠时哀号恸哭，帽子落地，萧宝卷见了竟放声大笑，连呼："秃鹫哭起来了！"

萧宝卷即位后，常常外出游玩，为了不让人看见，从万春门至东宫以东直至郊外，街道两旁高挂布幔，派士兵防守，称为"屏除"。所经道路，居民必须回避，违者格杀不论。有的人要去马路左边的亲戚家，往往要在城中绕大圈子方能到达。每天清早三四更鼓声四起，布幔剑戟就列到路上，百姓见要"戒严"，赶紧赶路。萧宝卷出游无一定去处，东西南北，无处不往，有时甚至夜出昼归，鼓乐吹打，火光烛天。不论寒暑风雨，都要外出，动辄数十骑左右随从加上无赖小子，前呼后拥，不下四五百人。百姓被折腾得无法正常生活：开店的关门打烊，打柴的不能上山，生孩子的只好寄居远地，死了人也没法出门送葬，弄得民怨沸腾。

萧宝卷生活上同样奢侈荒淫。他大起宫殿，不仅刻画雕彩、锦幔珠帘，更以麝香涂壁，无不穷极绮丽。阅武堂筑起的芳乐苑，山石都涂上五彩；楼观壁上则画满男女私亵之像。他宠爱潘贵妃，潘妃的服饰上需要珍宝，皇家库里的不够用，就用高价向民间购买，一个琥珀钏，价值高达一百七十万。他还下令用金制成莲花贴在地上，让潘妃在上面行走，说是"步步生莲花"。

东昏侯可以说是中国历史上最荒唐的皇帝之一，《南齐书》记载他的罪恶说"罄楚、越之竹，未足以言"，就是说用尽楚、越两地的竹片也书写不完。当时是用竹代纸的。这就是成语"罄竹难书"的来历。

"刀敕"

萧宝卷不依靠朝廷大臣，专门亲信宦官和弄臣。这些弄臣被称为"刀敕"，刀即"捉刀"，是在皇帝左右提刀的卫士；敕即"应敕"，是皇帝左右传达诏命的人。会稽人茹法珍、吴兴人梅虫儿等就是这帮人的代表，他们口中吐出的每一句话，都不啻是皇帝的诏书或指令。时都下有语云："欲求贵职依刀敕，须得富豪事御力。"萧宝卷是"刀敕"们家中的常客，这些人家中有婚丧大事，他必亲自去庆贺或吊唁，还亲自打水，下厨操作。

萧宝卷把茹法珍和潘贵妃的父亲潘宝庆称为"阿丈"，把梅虫儿称为"阿兄"。潘宝庆因而就仗势欺人，经常把一些富人诬陷为罪犯，乞求皇帝把他们的土地住宅和家财赏给自己。为了防止报仇，又把这些人家中的男口全部杀死，有时甚至殃及亲戚和邻居。

有一个小宦官王宝孙只有十三四岁，最受萧宝卷宠爱，外号叫"伥子"。据说"伥"是被老虎吃的人变成的鬼，这个鬼不敢离开老虎，反而给老虎帮凶，专门引导老虎去吃人，"为虎作伥"。王宝孙仗着皇帝宠爱，任意改变诏令，控制大臣，甚至骑马闯入金銮殿，公卿大臣见到他也只得屏息而立，不敢声张。

当时这些弄臣差不多都有"鬼"的外号。有一个叫"赵鬼"的，能读《西京赋》，他对萧宝卷说："柏梁台火灾之后，兴筑建章宫。"萧宝卷于是大兴土木，工人们通宵达旦地劳动，他还嫌造得太慢。为了满足妃子们的打扮，下令人民缴纳仙鹤翎毛、白鹭绒毛、野鸭毛等代替赋税。弄臣们又利用这个机会大肆贪污，往往课税一份而要缴纳十份。他们甚至直接派人

到各州县收取，不通过地方政府，郡县守宰们谁也不敢吭声。文武官员和广大百姓怨声载道，说朝廷变成了"刀敕"的天下，这个政权怎不早日垮台！

荆江大堤

荆江大堤位于荆江北岸荆州市，上起荆州区枣林岗，下至监利县城南，全长182.35公里，是长江最为险要的堤段。始筑于东晋，被称为金堤。

>历史文化百科<

〔古体诗向律诗的转变：永明体〕

南朝齐武帝永明（483—493）年间，周颙发现了汉字的平、上、去、入四种声调，诗人沈约提出作诗要音韵协调，指出了平头、上尾、蜂腰、鹤膝等八病，这种强调声韵格律的新诗体被称为"永明体"，是中国诗歌史上格律诗的开创之体。谢朓的永明体诗歌成就较高，多描写自然景色，时出警句，风格清峻，后世将其与谢灵运并举，称小谢。永明体诗对五言古体诗向律诗的转变有一定的影响，但过分强调声律，对诗歌创作规定了许多不必要的禁忌。

〇一九

短命王朝

齐末，萧衍在雍州起兵。他见荆州萧颖胄犹豫不决，就利用两封空函，使计策让荆州和雍州联合推翻王朝。

萧衍举义旗

萧衍（464—549），字叔达，南兰陵（今江苏常州西北）人，本是齐皇帝的同宗，父亲萧顺之是萧道成的族弟。萧衍博学通达，谋略过人，他见齐王朝越来越腐败，在雍州任上就招兵买马，把成捆的木材、长竹沉在襄阳附近的檀溪里，他的参军吕僧珍也私自准备了许多船橹。

齐景帝修安陵石麒麟

齐景帝萧道生，字孝伯，明帝萧鸾之父。刘宋时为奉朝请，死在任上。齐立国后，追封为始安贞王。萧鸾称帝后，追封为景皇帝，葬修安陵。修安陵位于今江苏丹阳胡桥仙塘湾鹤仙坳南麓。

萧衍见萧宝卷荒淫昏聩无可救药，朝中六个主要大臣王遥光、徐孝嗣、江祏、萧坦之、江祀、刘暄等即所谓"六贵"矛盾冲突不可避免，就劝在郢州的长兄萧懿起兵，萧懿未听。萧懿后来遭到萧宝卷宠臣们忌恨，被赐药自杀。萧宝卷赐死萧懿后，又派郑植刺杀萧衍，郑植的哥哥郑绍叔在萧衍手下任宁蛮长史，与萧衍关系极好，就把实情告诉萧衍，又劝弟不要执行皇命，萧衍总算逃过了难关。

南齐永元二年（500）十一月，萧衍召集张弘策、吕僧珍、长史王茂、别驾柳庆远等人在家中商讨对策。萧衍说："昏君的暴虐，比殷纣王有过之而无不及，我准备与大家一起同心协力共兴义师，除掉这个暴君，如何？"大家一致赞同。当天萧衍就建立大本营，竖起义旗，集结部队，共集士兵万余人，马一千多匹，船三千艘。他把沉在檀溪的竹木取出，建造船舰。可是橹桨不够，吕僧珍立即把早先准备好的橹全拿出来，每船两根，困难迎刃而解。

两封空函定一州

当时，萧宝卷之弟南康王萧宝融任荆州刺史，他年仅十三岁，大权落在行府州事萧颖胄手里。荆州在雍州之南，与雍州唇齿相依，又是兵甲聚集之地，地位十分重要。萧宝卷派刘山阳带三千人马去江陵（荆州治所）拉拢萧颖胄，要他一起攻打襄阳（雍州治所）。萧衍得知他的计谋，就派参军王天虎到江陵，给荆州的官吏们各送一封信。信中说："刘山阳西上，是为了进攻荆、雍二州。"萧衍对自己的将佐们说："荆州人向来害怕襄阳人，加以荆、雍唇齿相连，怎能不暗中与我们同心！我们有了荆、雍二州之兵，鼓行而东，一定能打败昏君！"萧颖胄得到萧衍的信，有些犹豫不决，这时刘山阳已到了巴陵（今湖南岳阳）。萧衍又及时派王天虎带了两封信，分别给萧颖胄和其弟萧颖达。这两封信内都只有"天虎口具"四字，而事实上萧衍并未交待天虎什么话。结果萧颖胄问王天虎时，王天虎讲不出内容来。天虎是萧颖胄的亲戚，荆州人以为两人都隐瞒了什么事，人人产生疑问。

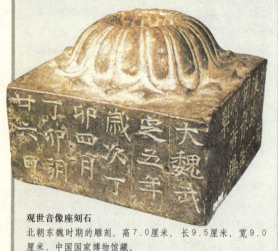

观世音像座刻石
北朝东魏时期的雕刻，高7.0厘米，长9.5厘米，宽9.0厘米，中国国家博物馆藏。

东方"蒙娜丽莎"
在敦煌石窟中，北魏259窟有一禅定佛像造型清丽，表情恬静淡泊，又显睿智光芒，嘴角微露笑容，既含蓄又神秘，令众人倾倒，禅定那顿悟时含蓄莫测的笑意，着实令人叹为观止，被称为"东方的蒙娜丽莎"。

刘山阳得知此事，开始猜忌萧颖胄。军队到了江安（今湖北公安），就停止不前，一停就是十多天。萧颖胄心怀疑惧，无计可施，晚上召来参军席阐文等商量。席阐文说："江陵人一向惧怕襄阳人的骁勇善战，加上众寡不敌，进攻襄阳一定失败。即使得胜，最终也不会为朝廷所容。现在如杀刘山阳，与雍州一起起兵，立天子，号令诸侯，就可成就霸业。刘山阳怀疑不进，正是不相信我；唯有斩王天虎，才能一举打消他的疑虑，诱使其前来，到时加以控制，定能一举成功。"萧颖达也在一旁劝说应与萧衍联合，萧颖胄终于下了决心。次日一早，萧颖胄对王天虎说："现在没有办法，只能借你的头一用。"于是杀了王天虎，把他的头送到刘山阳处，答应一起攻打襄阳。刘山阳大喜，立即带数十人来到萧颖胄处。萧颖胄二话不说，就把他杀了。萧颖胄用萧宝融的名义下令戒严，赦免罪犯，又任命萧衍为使持节都督前锋诸军事，自己又任都督行留诸军事。萧颖胄还把长安寺庙用黄金铸造的数千两的金龙从地中取出，充作军费。

萧颖胄与萧衍约定立即进兵。十二月，荆州军发表檄文给各地，列数萧宝卷和梅虫儿、茹法珍等罪恶，大军浩浩荡荡，沿着长江东下，直指建康。

南齐灭亡

荆州大军东下后，将佐们劝南康王萧宝融称帝，萧宝融未同意。雍州的僚属对萧衍说："现在将南康王放在别人手中，他们挟天子以令诸侯，我们为别人所指使，不是长久之计。不如把他迎来襄阳称帝。"萧衍说："大事如不成，无论贵贱都是一死，如胜利，必威震四海。我也非碌碌无为受人指使之人！"言下之意，众人一听就明白了。

中兴元年（501）正月，萧衍从襄阳出发。七月，鲁山（今湖北汉阳东北）和郢城（今湖北江陵西北）的守军相继投降。萧衍军沿江而下直达建康。萧宝卷派征房将军王珍国率十万大军守城，宦官王宝孙督战，并拉起朱雀桥，断绝退路，以示决一死战。萧衍大将王茂跳下马背，手持大刀，身先士卒向前冲杀，士兵见主帅如此，也跟着冲锋。吕僧珍趁势放起火来，一霎间军营火光冲霄，喊声震天。王珍国大败而逃，秦淮河上堆满了尸体。

此时宫内还有六七万士兵。萧宝卷以为过去陈显达、崔慧景包围宫城，最终都告失败，萧衍也不过如

此，仍然存着侥幸心理。王珍国战败，担心"刀敕"们挑唆萧宝卷杀害自己，便派人向萧衍献上一块明镜，表示投诚。他暗地通过中兵参军张齐，与张稷等合谋发动政变。

十二月六日夜晚，王珍国、张稷率军进入内殿，萧宝卷正躺在含德殿听歌，发现情况，翻身爬起，跳出窗户，打算逃到后宫，但后宫门已关闭。宦官黄泰举刀就砍，砍中萧宝卷膝盖，萧宝卷顿时倒地，张齐上前一步砍下了他的脑袋。这个作恶多端的昏君，死时年仅十九岁，历史上称为东昏侯。齐王朝从建立到灭亡，仅二十三年，是南朝最短命的一个朝代。

诸天神像
敦煌莫高窟西魏时期壁画。

有所作为的梁武帝

梁武帝采取了一些有利于社会和进步的措施，他举兵除暴、任用贤相良将、发展经济、重视文化建设，梁朝前期出现了一段相对稳定的局面。

萧衍称帝

萧衍到达新林（今江苏南京西南），齐朝百官都从小路赶来投诚，杨公则率领士兵在东掖门外维持秩序，张弘策入宫清点库房，封存档案，同时逮捕了潘妃和幸臣茹法珍、梅虫儿等。萧衍不等齐和帝萧宝融到达，就以宣德太后名义任命自己为中书监、大司马、录尚书事、骠骑大将军、扬州刺史，表明他已不把齐和帝放在眼里。

中兴二年（502）正月，宣德太后入宫临朝称制。萧衍被提升为都督中外诸军事，特许带剑上殿，奏事时司仪不传姓名。这是臣下的最高待遇，往往也是篡位的前兆。事实上，萧衍起兵之初就有此意。沈约看出他的心事，先在谈话中试探，萧衍未加否认。沈约便进一步明白地说："古今不同，不可以古风要求今人。现今连三岁小孩都知道齐气数已尽，天心不可违，人情不可失，明公当接受天意，不可推让。"萧衍说："让我再想想。"沈约又说："明公襄阳起兵就应有所考虑，现今王业已成，还想什么！

如不早定大业，只要有一人节外生枝，就会损害明公威望。且人非金石，时局发展更难预料，一旦天子到京，这时君臣名分已定，君明于上，臣忠于下，还有何人去做不忠君王之事？"萧衍认为这话很对。沈约走后，萧衍又找范云商量，范云意见与沈约一样，萧衍高兴地说："正是英雄所见略同。"

三月，齐和帝到了姑孰，下诏书将皇位禅让给梁王萧衍。四月，萧衍在南郊登上皇帝宝座，是为梁武帝。他发布大赦令，改年号为天监元年；把齐和帝改封巴陵王，不久派人把他杀了。

萧衍新政

萧衍建立梁朝后，下令在公车府设立两个信箱。公车府即宫门管理处，两个信箱一个设在"谤木"旁，

舍身事佛的皇帝
萧衍即梁武帝，南朝梁的开创者，字叔达，南兰陵人。齐高帝族弟，曾为雍州刺史，镇守襄阳。乘齐国内乱，起兵夺得帝位。重用士族，推崇佛教，曾四次舍身佛寺。中大同二年（547年），接受东魏将侯景归降。次年冬侯景作乱，都城被攻破，他饥病而死。擅长文学，精音律。

世界大事记

东哥特人攻陷拉仑那，杀奥多亚克，建立东哥特王国（493－554），领土包括意大利和达尔马提亚一带。狄奥多里克统治时多沿袭罗马传统，任用罗马官吏学者。

范云 徐勉 周捨

法制革新安定 萧衍 沈约

《资治通鉴·武帝纪一》《梁书·武帝纪上》《梁书·范云传》

人物 关键词 故事来源

六朝都城遗址

三国时期吴国孙权建都建业，故址位于今南京鸡鸣寺之南，周二十余里。东晋南迁后，在吴旧都的基础上建都，改称建康。后来的南朝四朝均无大的改动。这六个建都今南京的朝代后来并称为"六朝"。图为今南京鸡鸣寺后的一段六朝的都城城墙遗址。

一个设在"肺石"旁。有人对朝政有意见，可写信投入"谤木"信箱；有人受压制或有冤屈，可把申诉投入"肺石"信箱。这说明他很重视听取意见和法制建设。四月，他重新恢复周、汉用钱赎罪的法律条文。八月把王植之编辑注解的《齐律》经过增删，再经尚

>历史文化百科

〔第一个有据可查的特大城市〕

相比于北方频繁战乱社会动荡不定的局面，南方社会相对处于稳定，这给城市发展带来了便利条件，建康就是一个典型。东晋南朝时期，在建康周围陆续建起了一批卫星城，有宰相治所的东府城，有王府和刺史治所的西州城，还有丹阳郡城、石头城等。在这种局面下，以建康为中心的城市群渐渐形成，大城市带来了大量人口，专家测算，南朝梁时的建康，是世界上第一个有据可查的人口超过百万的特大型城市。

书令王亮、侍中王莹、尚书仆射沈约、吏部尚书范云等九人研究确定，称为《梁律》，共二十卷，另有《令》三十卷，《科》四十卷，正式颁布施行。

萧衍也很重视文化建设。天监四年（505）正月，下诏设置五经博士各一人，广开馆宇，招纳学生，测试优秀的任命为官，一时间各地来学习儒学者络绎不绝。他又派博士祭酒巡行州郡学校。萧衍自己很懂音乐，他想制定"雅乐"，就先制造了准音器四具，称之为"通"，另外还制造了长短十二种笛，以应十二律。

选拔地方官员，萧衍要求廉洁公正，他规定：小县县长有才干，升为大县县长，大县县长有才干，升为郡守。他派了使者到各地"访贤举滞"，并下诏在各州郡设置州望、郡宗、乡豪各一人，"专掌搜荐"，对于庶族寒门也一视同仁。

重视发展农业生产，也是萧衍采取的一个重要措施，他亲耕籍田，允许流移他乡的农民回乡，恢复原有田宅，又屡次下诏减免"三调"，就是减免按产征收的调粟和绢布。他自己生活也十分俭朴，身穿洗过的衣服，吃饭时饭桌上往往只有蔬菜。梁武帝建国初年，采取的各种积极措施，说明他是很想有所作为的。

梁初贤相

南朝社会动乱，朝代更迭迅速，一般皇帝在位时间都不长，宋八个皇帝五十九年，齐七个皇帝二十三年，陈五个皇帝三十二年，梁四个皇帝五十五年，但梁武帝萧衍一人却在位四十八年。他在位之长，在中国历史上是少有的，除春秋周平王，战国周赧王，西汉武帝，清康熙、乾隆皇帝等几人外，没有人能与他相比。

梁武帝能做近半个世纪的皇帝，外部原因是北方的北魏后期动乱，无暇南顾，因而局势相对稳定。从

北魏司马金龙墓石刻棺床纹饰细部

内部来说，除了他前期很想有所作为，在政治、经济、文化等方面采取了一些积极措施外，与他任用几位贤相也是分不开的。

梁初建时的宰相是范云，任散骑常侍、尚书右仆射。他早在梁武帝灭齐时就劝他不要纳萧宝卷余妃。梁武帝刚即位时说："我今日十分惶恐，如

道教造像碑

这块道教的石碑模仿了佛教造像的形式，上面还刻有北周保定元年的铭文。

用腐烂之绳驾驭六匹骏马。"范云马上说："但愿陛下永远如此小心谨慎。"范云做宰相后，尽心尽力为朝廷办事，知无不为，虽宾客盈门，却从不耽误公务。

天监二年（503），范云去世，梁武帝任用徐勉和周捨同时主管国务大事。这两人可以说是名副其实的"贤相"。

徐勉任侍中时整日忙于工作，几十天才回家一次，以致看门狗不识主人，对着他狂叫不停。任吏部尚书后，他时与朋友、学生小聚。一次有人向他提出要求给予安排一个官做，徐勉一本正经地说："今晚只可谈风月，不宜谈公事。"这事传出后，人人都钦佩他没有私心。徐勉虽然身居高位，但对钱财看得很淡，从不聚积个人财产，因而家里也无积蓄。亲友有困难时，他就将自己的俸禄分送亲友，有人劝他为子孙留一些财产，他说："人传子孙以财产，我传子孙以

清白。子孙有才，自会发达；子孙无才，纵有财产也会化为他人所有。"

周捨是西晋周颙的后代，从小聪明。父亲周颐任齐中书侍郎，死时对儿子说："你不怕不富贵，但一定要做有道德之人。"范云把周捨推荐给梁武帝，梁武帝很器重他，凡是起草诏书、制定礼仪法律和军事计划，都要和他商量。周捨为人诙谐，言谈风趣，但从未泄漏过国家机密。他像徐勉一样，生活也很俭朴，衣食及家用器物，一如贫寒人家。他死后，梁武帝在诏书中称颂说："义该玄儒，博穷文史，奉亲能孝，事君尽忠，历掌机密，清贞自居。食不重味，身靡兼衣。终亡之日，内无妻妾，外无田宅，两儿单贫，有过古烈。"

"萧娘"与"韦虎"

梁朝前期还出了一些名将，其中最有名的是韦睿。韦睿，字怀之，京兆杜陵（今陕西西安西南）人，出身世家大族。他体弱不能骑马，但勇敢有谋略，善于出奇制胜，北魏人对他十分畏惧，称他为"韦虎"。

天监四年（505）十月，梁举兵伐魏。梁武帝任命六弟萧宏为主帅。这次出征，规模盛大，为了筹备军费，王公以下都把封国田租交出了一部分。北魏派中山王元英率领十万大军对抗。第二年九月，梁军到达洛口（今安徽怀远西南），前军昌义之一举攻克梁城（今安徽寿县东）。将领们想乘胜追击，但萧宏生性怯懦，竟不同意。北魏命邢峦渡过淮河，与元英合攻梁城，萧宏又十分紧张，召集将领商量。吕僧珍提出"知难而退"的主张极合萧宏的心意，但却遭到许多将领的反对。萧宏不敢违众将领的意见，又不敢出战，只是原地按兵不动。北魏知他怯懦无能，就派人送了花头巾来羞辱他，并且唱着歌谣："不怕萧娘和吕姥，但怕合肥有韦虎。"将士们个个怒火满腔，要求

与北魏军决一死战，萧宏坚决不同意，下令有向前者斩！一天夜里，洛口下了一场暴雨，萧宏以为敌人攻来了，慌忙抛下大军，自己带了几个随从逃回建康。将士们找不到主帅，纷纷溃散，兵器盔甲抛得遍地皆是，兵民损失近五万人。

北魏元英乘胜进军东南，以数十万大军围攻钟离（今安徽凤阳东北）。钟离城中仅三千人，但在守将昌义之率领下死守抗敌。魏军昼夜苦攻，一日战数十回，尸体堆得高如城墙。梁武帝命韦睿率兵救援钟离。韦睿部队从合肥出发，部下有人怕魏军强大，劝韦睿慢慢行军，韦睿说："钟离现在人都住在地下洞中，抬着门板取水，我们奔走还嫌太慢，怎么还能再慢？"赶到后，城中守军见有生力军增援，顿时勇气倍增，信心更足。

北魏派名将杨大眼率万余骑兵来攻，韦睿见来势凶猛，不以步兵出战，而是聚集战车为阵，用两千强弩手同时向敌骑兵猛射，飞矢如雨点般落入敌阵，杀伤大量敌人。杨大眼右臂被箭射穿，狼狈逃回。第二天，北魏统帅元英亲自出战，韦睿乘坐白色木轿，手拿白角如意指挥战斗。双方从早上战到下午，元英见无法取胜，只得收兵。北魏军在淮河上造桥作为给养线，韦睿见了，就造了大船。待淮水暴涨时，韦睿令大船迅速出发，另用小船装满干草，灌浇油膏，然后点火烧桥，狂风怒吼，火势炽盛，不一会桥就烧断，士兵们个个奋勇向前，呼杀声震天动地，北魏军彻底溃败。元英见桥已断，偷偷溜走，魏军落水而死的十多万，被斩首的也有十万，余下数十万纷纷向梁军投降。梁军缴获物资牛马无数。城中昌义之又悲又喜，大叫："我们胜利了，我们胜利了。"梁武帝派中书郎周捨前去慰劳，韦睿把战利品堆放在车门外，周捨高兴地说："战利品可与熊耳山共比高了。"韦睿因退敌有功，晋升为侯爵，增封食邑七百户，任为右卫将军。

江苏丹阳南朝陵墓石麒麟

公元497年　公元497年

世界大事记

拜占庭正式承认东哥特王狄奥多里克对意大利的统治。

《梁书·武帝纪下》

梁武帝　博学　宗教

人物　关键词　故事来源

〇二一

梁武帝舍身同泰寺

梁武帝是虔诚的佛教徒，他不仅自己撰写佛教著作，还舍身同泰寺，自愿入寺为僧众执役。在他的倡导下，梁朝的佛教大为发展，他提倡的素食一直影响到现在。

在中国古代帝王中，能文能武的并不多见。梁武帝可算是突出的一个，他既懂军事，又有较高的文化素养。

梁武帝自幼酷爱读书，至老手不释卷，对经学、史学、文学、书法、音乐、天文都有研究。他曾撰《群经讲疏》二百多卷，主编《通史》六百卷。他的诗也写得很好，"洛阳女儿名莫愁"就是他的名句。此外，对阴阳纬候、卜筮占决、草隶尺牍、骑马射箭等也很熟悉，可算是个博学之才。连北方东魏统治者高欢也佩服地说："江南有个老头萧衍，专门讲究衣冠礼乐，中原士大夫都把他看作正统所在。"

舍身佛寺

梁武帝由信佛发展到佞佛，为表忠心事佛，四次舍身入同泰寺，前后耗费几亿钱，方才将身赎出。这种昏聩腐朽，最终导致了"侯景之乱"，葬送了梁王朝。此图出自《帝鉴图说》。

舍道事佛

梁武帝更是一个虔诚的佛教信徒。他即位后不久就写了一篇《舍道事佛文》，宣布舍道归佛。实际上他

寒山寺

位于苏州城西枫桥镇的寒山寺因唐代诗人张继的一首《枫桥夜泊》而闻名天下。实际上，寒山寺始建于南朝梁天监年间，初名妙明普利塔院。相传唐代贞观年间寒山子曾居于此，遂改名寒山寺。

对道、儒也不压制，仍然注意发挥其巩固封建统治的作用。梁武帝说老子、周公、孔子都是佛祖释迦牟尼的弟子，这就是说道、儒都源于佛。道、儒低于佛，是因为它们只能求世间的善，而佛能使人成为出世的圣人。梁武帝还把佛比作月亮，道、儒比作众星；众星烘托月亮。梁武帝所创的三教同源说，对中国文化影响很大。

公元489年

齐范缜不信佛,与竟陵王萧子良辩论因果问题,著《神灭论》。

在梁武帝的提倡下,梁朝佛教风靡一时。建康内外寺院五百多所,一座连着一座,比较知名的有智度、仙窟、光宅、萧帝、解脱、同行、开善、天光、大敬爱等寺院。苏州枫桥镇的寒山寺也建于梁朝。当时名妙明普利塔院,后因唐人寒山居此改名寒山寺。梁武帝还花费大量人力物力,大造金、银、铜、石佛像,举办斋会,讲经说法。有时一个经题要讲七天,自皇太子以下,王侯、僧尼以及外国使者上万人听讲,盛况空前。梁武帝除了亲自撰写佛教著作外,还请了不少名僧翻译注疏佛经。这些佛经至今还很有学术价值。

提倡素食

梁武帝十分重视戒律。原先在汉朝时佛教徒对不是自己所杀、不为自己而杀和自然死亡的动物肉是吃的,称作"三净肉",梁武帝决心改变这种习惯,提倡僧尼一律素食。为此,他写了四篇《断酒肉文》。从此,形成了汉族出家僧尼吃素的传统。

▶历史文化百科◀

〔梁时佛教与同泰寺〕

佛教自汉朝传入中国后,到魏晋南北朝有了很大的发展。东晋时全国有寺庙1768座,僧民24000人。到南朝宋齐梁陈时全国有寺庙分别为1913、2015、2846、1232座,有僧尼分别为36000人、32500人、82700人、32000人。可见南朝佛教比东晋又有发展,而南朝又以梁朝寺院和僧尼最多,这是和梁武帝崇佛分不开的。

梁武帝曾多次舍身至同泰寺。寺在今南京市鸡鸣山东麓,大通元年(527)为梁武帝所建,有大殿六座,小殿及佛堂十余座,还有高达七层大佛阁和九层宝塔,为南朝四百八十寺之首。后在侯景之乱战火中被毁。明洪武二十年(1387)重建,更名为鸡鸣寺。

《达摩渡江》(清代年画)

公元420年,印度佛教高僧达摩从印度乘船经海上丝绸之路,于现在的广州市荔湾区登岸,并搭建草棚面壁和传教。后来,梁武帝萧衍把他接到南京,以礼相待。但是武帝是一个佛教信徒,主张自我解脱。达摩是禅宗大乘派,主张面壁静坐,普度众生。由于两人的主张不同,达摩便告辞萧衍,渡江北上。达摩行至江边,怎奈无船,他将化缘来的一棵芦苇放在江面上,只见一朵芦苇花昂首高扬,五片芦叶平展伸开,达摩脚踏芦苇之上,飘飘然渡过了长江。达摩渡江到北魏的嵩洛一带传法,创立了佛教禅宗,成为禅宗的创始祖。

为了强调不杀生，梁武帝穿的衣服质料全是木棉制品，不用丝绸，因取丝要杀死众多的蚕；衣料上也不能有仙人鸟兽图形，以免裁剪时有失仁恕；他又下诏宗庙祭祀不用牺牲，改用面和蔬果。

飘逸自得的理想美

目前，我国保存较好的雕塑大多存在于石窟中，要想领略早期雕塑的风采，麦积山石窟中造像当为翘楚。它们褒衣博带，秀骨清相，衣袂飘飘，神采奕奕，优雅的造型表达出了宁静智慧的意境。此西魏佛像在麦积山石窟20窟中。

两晋南北朝佛教发展概况			
朝代	京城内寺庙数	全国寺庙数	全国僧尼人数
西晋	180		3700
后赵		893	近10000
东晋		1768	24000
宋		1913	36000
齐		2015	32500
梁	都内700	2846	82700
陈	300	1232	32000
北魏太和元年(477)	平城100余	6478	77258
北魏末(534)	洛阳1367	30000	近200万
北齐	邺4000	30000	近200万
北周		10000	近100万

晚年迷信到荒唐的地步

梁武帝为表示对佛教的极端虔诚，竟然在公元527年、529年、546年、547年四次舍身同泰寺。所谓舍身，就把身体舍给佛，自愿入寺为僧众执役。第一次舍身四天，第二次十六天，到第四次已达三十七天。朝廷不能没有皇帝，于是大臣每次都花一亿钱把他赎回来，共花了大约四亿，同泰寺顿时成为巨富。这些钱都是老百姓的血汗，他却毫不顾惜地用来奉佛。梁武帝晚年迷信佛教甚至到了昏庸腐朽的程度，结果招致"侯景之乱"，终于使梁朝灭亡了。

北魏司马金龙墓石刻棺床（局部）

〇二二

劳民伤财修筑浮山堰

寿阳，即今安徽寿县，是淮南重镇，自齐末失守后，梁武帝一直想收复此地。天监十三年（514），北魏降人王足建议筑堰拦住淮水，灌寿阳城，梁武帝接受了这个建议，派水工陈承伯和材官将军祖暅（gèng）去视察地形。视察后报告说淮河沙土轻漂，在上面筑堰很难成功。梁武帝不

听，一心要在淮水上筑堰。他下令在徐、扬二州征发壮劳力，规定每二十户出五人，一共征发了二十万人，除了民工外，还有不少士兵参加。派太子右卫率康绚为都督淮上诸军事，主管这项工程。筑堰地点设在钟离以南，南起今嘉山县北的浮山，北抵浮山对岸的巉（chán）石，故名浮山堰，又名淮堰。沿着淮河岸堆土，到淮河中流合龙。天监十四年（515），堰快要合龙时，忽然下了一场大雨，淮水暴涨，堰被冲垮。大家十分沮丧。有人说淮河中多蛟龙，蛟龙怕铁，只要把铁沉到河中，就能阻止它乘风雨兴风作浪。梁武帝

浮山堰

梁武帝为收复寿阳，不惜动用大量人力物力修筑浮山堰，结果堰被冲垮，损失惨重。

竞相信了这无稽之谈，命令把库存的铁全拿出来沉入河中，不够又把所有的铁，连锅子、锄头都搬了出来。数千万斤铁沉入河中，但并不能阻断狂流。又有人提出用树木做成"井"字形，中间放巨石和土，再沉入河中，梁武帝又同意了。于是尽伐淮河沿岸几百里内的树木，用尽大小石头。当时正值夏天，劳工们头顶烈日，饥渴难忍，疾病流行起来，死了许多人。天监十五年（516），浮山堰终于筑成了，长九里，下广一百四十丈，上广四十五丈，高十二丈，堰上种了许多柳树，军人的营垒也设在上面。有人向康绚建议说："水渍不能长久堵塞，应在堰上开一口，让水从这里向东流去，这样，水流就比较宽缓，也会给堰减少压力。"康绚觉得很对，就在堰上开了个口让水东流。

堰被冲塌，损失惨重

徐州刺史张豹子本来以为浮山堰在自己境内，筑堰的事应由自己掌管，见梁武帝任命康绚负责，十分

世界大事记

波斯联合嚈哒，攻拜占庭东境。波斯—拜占庭战争爆发（502—505）。新罗始用牛耕，颁禁止殉葬令。

梁武帝　康绚　张豹子

盲动　损失

《梁书·康绚传》《资治通鉴·梁纪三、四》

人物　关键词　故事来源

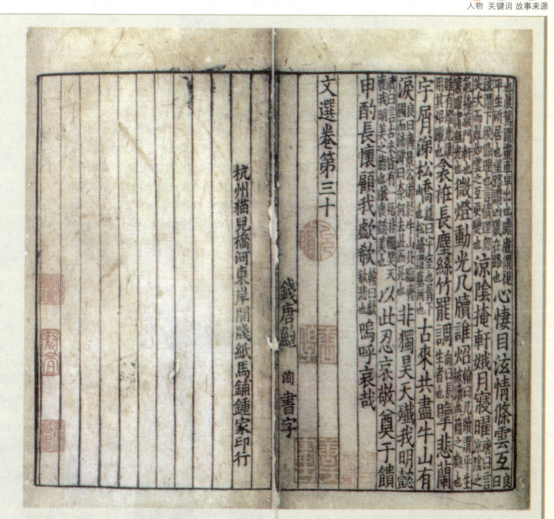

萧统《文选》（宋刻本）（上图及左页图）
图为萧统像（出自《历代名臣像解》）和宋刻本《文选》。

不满。他就诬告康绚与北魏勾结，梁武帝虽不相信，还是把康绚调任为司州刺史，这事就交由张豹子主管了。张豹子既不懂工程，又不加修缮，到了八月，淮水暴涨，大水汹涌而下，把浮山堰冲塌，淮河中下游成了一片汪洋，许多村落和十多万人都被冲漂入海。梁武帝本想修堰夺取寿阳城，打击北魏，结果反而使自己遭到惨重的损失。

　　在这之前，北魏已任命元澄为大将军，率领十万大军前来攻浮山堰。浮山堰冲坏的消息传到北魏，胡太后大喜，马上下令元澄停止发兵。

073

○二三

梁武帝对亲族特别宽容，甚至包容他们的为非作歹。这是由于他看到宋、齐两朝都因骨肉相残而丧失政权，便想用骨肉恩爱来巩固统治。他对宗室诸王不但给以实权，而且犯法也只施"家教"，不予法律制裁。

萧宏的库房

梁武帝想用骨肉亲情来维持内部团结，结果适得其反，梁宗室背叛他的大有人在，梁社会也更加腐败。

"阿六的家当不小"

梁武帝的六弟临川王萧宏天监五年（506）兵败洛口，百万之师一朝崩溃，单骑逃回后，不但没有被追

历史文化百科

〔高贵身份的凭据：谱牒学盛行〕

两晋南北朝的门阀贵族为了保护自己的尊贵地位，非常重视修订自己的家谱、族谱，即把祖先的世系源流，上代做过哪些大官，都明确记载下来。这是他们高贵身份的凭据。有了谱牒，可防止假冒。宋齐以后政府专门设立谱局，找一些精通家谱、族谱的人任职。谱牒学成为一种专门的学问，称为"谱学"。最有名的是贾氏、王氏的谱学。贾氏谱学是东晋贾弼之所撰的《十八州士族谱》，共一百一十六郡，七百一十二卷。王氏谱学是指南齐王俭增广贾弼之书为《百家谱》，后来梁武帝又命王僧孺改定，共七百一十卷。

究责任，第二年反而升为司徒、领太子太傅，第三年又升至司空、扬州刺史，再后来更升为中书监、骠骑大将军。

天监十七年（518）五月，萧宏妾弟吴法寿杀了人逃到萧宏家藏匿起来，他仗恃萧宏的地位不把国法放在眼里，南台御史按法要免去萧宏官职。官司打到梁武帝那里，梁武帝只命萧宏交出凶手。他在报告上批道："爱宏者兄弟私亲，免宏者王者正法。"一方面标榜他维护王法，另一方面向萧宏表明他仍是爱他的。但即使这样萧宏还是怨恨梁武帝未照顾他，想把梁武帝置于死地。

有一晚，萧宏打听到梁武帝要到光宅寺去，派人埋伏在半路上准备行刺，由于

萧景墓前的石柱（左图及右图）

萧景（477—523），梁武帝的堂弟。梁武帝对他极为器重，"军国大事告与议决"。萧景死后，初葬于江夏，后迁葬建康。萧景墓神道仅存一石柱，是南朝陵墓石柱中保存最完好的一件。柱头为一饰有覆莲纹的圆盖，圆盖之上伫立着一只仰天长啸的小辟邪。柱身上方接近圆盖处，有一长方形柱额，其上反刻"梁故侍中中抚将军开府仪同三司吴平忠侯萧公之神道"二十三字，字迹清晰，令人耳目一新。

梁武帝临时改变了路线，行刺未成。后来事情被揭发出来，刺客招认是萧宏指使，梁武帝流着泪对萧宏说："我不是不能学周公诛弟管叔，汉文帝诛杀淮南王，只是可怜你太愚蠢。"萧宏一再叩头抵赖，最后仅以藏匿罪免去官职。

萧宏生活奢侈，聚敛财物贪得无厌。他家内堂后有上百间库房，平时总加两把锁。有人密报梁武帝说里面藏着武器。梁武帝决心去察看一下，便派人送了许多菜肴到萧宏家，说过一会皇上要来和他们一起进餐。接着，梁武帝就和射声校尉丘佗卿来到萧宏家，与萧宏及爱妾江氏开怀畅饮。酒过数巡，梁武帝突然对萧宏说："我想看看你的后房"，说着就径直往后堂走去，萧宏怕贪污受贿来的财宝被发现，顿时惊慌失色，梁武帝更加怀疑，每到一间都要萧宏打开观看，原来房内放的都是钱，每百万作一堆，每一库房约有一千万。梁武帝与丘佗卿一算，总数有三亿多，还有许多布绢丝绸等物。梁武帝一见不是武器，十分高兴，笑着对萧宏说："阿六，你家当不小，真会过日子！"于是重新入席，一直喝到深夜才回去。

萧纶逍遥法外

梁武帝的第六个儿子邵陵王萧纶代理南徐州刺史，喜怒无常，横行不法。有一天在街上游荡，问一个卖鳝鱼的小贩："现在刺史怎么样？"小贩不知他是刺史，回答说："暴虐不堪。"萧纶一听大怒，逼他把鳝鱼吞下去，小贩因此丧命。还有一次他在路上遇到人家出丧，突然异想天开强令孝子脱下丧服让他穿上，学着伤心的样子高声哭叫，以别人的悲伤为乐。梁武帝知道后派人取代了他的刺史职务。萧纶大为不满，找了个又矮又瘦的老头，穿上梁武帝的皇袍，坐在上面，自己在下叩头诉说无罪，然后把老头拉下来，剥去衣服加以鞭打，以此发泄心中不满。梁武帝难以容忍，要赐他自尽。太子萧统苦苦哀求，梁武帝就免了他的官职和封爵，但不久又重新任命他为扬州刺史。萧纶并不因此改过，仍是我行我素。他派人去街市赊锦采丝布，商店怕遭殃都关门不敢营业。府丞何智通把这件事报告梁武帝，梁武帝责备了萧纶。萧纶怀恨在心，竟派人在路上刺杀

何智通。何智通临死前支撑着用血在墙壁上写了"邵陵"二字。梁武帝再次免去萧纶官爵，可是不久，爵复原封，又被重新任为郢州刺史。

梁武帝想用骨肉恩爱的办法维系统治集团内部的团结，实际上枉费心机，梁氏宗室背叛他的仍大有人在。

武士俑（上图）
北朝，陶质，高39厘米，中国国家博物馆藏。

贺琛上书

贺琛上书力陈时弊，但梁武帝文过饰非，拒绝忠言。

贺琛直陈时弊

梁后期政治的腐败，浮山堰的巨劫，佛寺的大肆建造，官吏的贪污奢侈，都给百姓带来巨大灾难。一些正直的大臣看不下去，冒险向梁武帝进谏。但梁武帝一向刚愎自用，到了晚年，更听不进逆耳之言。

大同十一年（545），散骑常侍贺琛奏上一本，对时弊提了四条意见：一是如今北方臣服，正该休养生息积聚力量，而人民却不能安居乐业，户口减少，这皆因州郡牧守不得其人。二是官吏贪污成风，少有廉洁者，奢侈浪费的社会风气是其温床，应提倡节俭朴素风气，纠正奢侈浮华之风。三是官吏奏事，多为讨好皇上，求得封赏。对下则作威作福，陷害好人。四是朝廷大兴土木，百姓服役不停，以致国弊民疲，困苦不堪。

《二祖调心图》

图中表现慧可、丰干二位禅宗祖师调心师禅时的景象。慧可是南朝齐、梁间的高僧，禅宗的第二祖，俗姓姬，虎牢（今河南荥阳）人。画卷中，他双足交叉趺坐，以胳膊支肘托腮。另一幅画画的是唐代高僧丰干，他伏于温驯如猫的老虎的背上。前者突出一个"静"字，后者突出一个"酣"字，但皆以强劲飞动和毫不经意的草草逸笔表现出高僧微妙深邃的禅境。

公元507年　公元 5 0 7 年 〉

世界大事记　西哥特王阿拉里克二世在坎普斯·沃格拉登斯战役中被克洛维杀死。此后西哥特势力退出西班牙。

《梁书·贺琛传》
梁武帝　贺琛
昏庸　正直

人物　关键词　故事来源

梁武帝拒绝忠言，文过饰非

贺琛讲的都是事实，梁武帝看了奏本却大不以为然，逐条加以反驳。他说："朕有天下四十年，对正确意见一向听取。你所奏恐只为自己扬名。你说百姓不能安居乐业皆牧守之过，尧圣尚有四凶在朝，朕身边固非全是好人，也非全是坏人。你应明白指出某刺史横暴、某太守贪残，何人奸滑、何人受贿，朕方可依法处理。

"你说要提倡俭朴之风。圣人云：其身正，不令而行，其身不正，虽令不行。朕为一国之主，绝房事已三十余年，居处不过数尺之地，雕饰之物不入宫，此人所共知。朕不饮酒，朝中设宴从不奏乐。三更起床办公，傍晚始息，每日一餐，生病时或稍增加。过去腰腹大于十围，现消瘦仅二尺有余，腰带尚在，可作证明。朕如此岂非为提倡俭朴之风？

"你说百官奏事皆为讨好求赏。这实为不让百官们奏事。不让百官奏事，何人担当管理国家之重任？

"你说国弊民疲，必须有事实为证，否则乃欺罔朝廷。你有富国强兵之术，即应直陈不讳。"

梁武帝的一番宏论，吓得贺琛再也不敢说话，只能连连叩头谢罪。其他大臣也不敢再提意见。

梁法律对权贵宽，对百姓严

事实上，梁朝社会的确像贺琛所说的那样。例如鱼弘历任南谯、盱眙、竟陵太守，他对人传授当官经验说："我当郡太守有四尽，即水中鱼鳖尽，山中獐鹿尽，田中米谷尽，村里人庶尽。人生在世如轻尘栖于弱草，如白马之过隙，不及时享乐更待何时？"鱼弘尽情搜刮，侍妾百余人，车马饰品全用金银翠玉，珍贵无比。上行下效，其部下无不生活豪华。又如梁武帝的第五个儿子萧续，爱财好色，聚敛了大量财富，多得仓库都放不下。其子萧应白痴，查阅内库，见金

南京栖霞寺

栖霞寺位于南京市东北22公里处的栖霞山上，始建于南齐永明七年(489)。最初称栖霞精舍，唐时改名功德寺，五代十国时改为妙因寺，宋代又改名为普云寺、栖霞寺、崇报寺、虎穴寺。明洪武五年(1372)复称栖霞寺。梁僧朗于此大弘三论教义，被称为江南三论宗初祖。栖霞寺与山东临清的灵岩寺、湖北荆州的玉泉寺、浙江天台的国清寺并称为佛教"四大丛林"。

铤，问左右："这能吃吗？"回答："不能。"便说："既不能吃，就送给你们！"

梁武帝本人虽然生活朴素，但他大肆佞佛，每年需要大量钱财。地方官能按时送上钱财者方算称职，可受褒奖；否则即是懒惰，必受批评。这样，百官只能尽力搜刮百姓。百姓们不堪剥削只好逃亡，然而一人逃亡，全家受罚，全家逃亡，邻里连坐。结果往往一人犯罪，全村皆空。有一次梁武帝去郊区祭祀，一个老人拦着他的车子说："陛下法律，对百姓严，对权贵宽，非长久之道呀！"但是这样的话梁武帝怎会听得进去呢？

> ## 〉历史文化百科〈
>
> ### 〔寒人掌机要〕
>
> 南朝士族腐朽无能，丧失了统治能力。皇帝开始提拔寒人，让其充任中书省的中书通事舍人等官职，参预机要，出纳王命，行使实际政权和军权。寒人势力的上升，反映了门阀制度的衰落。

北魏镇压平城鲜卑贵族守旧派的叛乱，其头目穆泰、陆睿等被处死。

〇二五

江郎才尽

江淹贫穷时发奋努力，才华横溢，但有了一定地位后，生活富裕，不再进取，最终才思枯竭，再也写不出精彩的文章了。

一边砍柴，一边背书

江淹（444－505）是南朝的诗人和文学家，字文通，济阳考城（今河南兰考东）人。他从小失去父亲，家境贫寒，常上山砍柴。十三岁那年，他在山上捡得一只貂蝉，想卖掉换点钱养家，母亲知道后说："这是个好兆头呀！你如此用功怎会一直贫穷？说不定将来能做到侍中大官呢，就留着到那时用吧。"

从这时起，江淹读书更加用功，他不像一般人那样寻章摘句，死记硬背，而是注重研究文章的感情和

云冈石窟 18 窟
主像是三世佛，正中的披千佛袈裟的释迦佛，高 15.5 米。东壁上部的弟子群，雕刻技法十分熟练，堪称杰作。

文采。他特别崇拜汉朝的大文学家司马相如，希望有朝一日也能像他那样。他常常一边砍柴，一边背诵读过的书，他的文章进步很快。

地位越来越高

高平人檀超十分欣赏江淹的文章，常常请他吃饭，两人就成了莫逆之交。靠着檀超的宣扬，江淹的名气渐渐大了起来。

宋建平王刘景素喜欢结交有才学的人士。江淹很快得到他的赏识，做了官，随他一起到了南兖州。正当江淹时来运转时，广陵县令郭彦文犯罪连累了他，以致被关进监狱。他在狱中写了一封为自己辩解的信

北魏司马金龙墓石刻棺床（局部）

> **历史文化百科**

〔我国第一部文学批评专著：《文心雕龙》〕

《文心雕龙》由梁刘勰编撰，是一部总结性的文学评论著作。它对文体的起源和发展概况作了论述，总结了不同文体的特点和写作要领，论述了创作应遵循的准则，诸如素材的准备、想象和构思、文章结构、遣词造句等，指出文学批评的标准为既要注意内容如思想、主题，又要注意形式，如布局、造句、用典、声律等。《文心雕龙》针对当时形式主义风气，强调了文学的社会功能和内容，主张文学应经世改用，内容对形式起主导作用。这部书为我国第一部文学批评专著，在中国文学理论发展史上树立了一个里程碑。

世界大事记　入据印度的嚈哒王头罗曼约于此时进占埃兰，旋东进，一度占领华氏城。败于巴奴笈多。

江淹　檀超　萧道成

江郎才尽

勤奋　享乐

《梁书·江淹传》《南史·江淹传》

人物　典故　关键词　故事来源

给建平王，信用骈体文写成，极有文采，刘景素看了信，当天就放他出狱。

萧道成辅政时，听说了他的文才，任他为尚书驾部郎。不久，沈攸之作乱，萧道成问他："天下纷纷，你看今后形势如何？"江淹分析了萧道成有五个方面优势，沈攸之有五个方面劣势，认为萧道成稳操胜券，萧道成很是高兴。此后，朝中的表章奏疏以及军事文书便多由江淹执笔。萧道成知道他爱吃，常备酒菜请他吃饭，每每酒足饭饱时，文诰也就写好了。齐朝建立后，江淹和檀超共同担任史官。以后，江淹在三十五岁时，又担任了中书侍郎。

永明三年（485）江淹任尚书左丞时，襄阳发掘出一座古墓，得到不少竹简古书，大家都不识竹简上的文字。江淹认出这是蝌蚪文，是周宣王以前的文物。这样一来，他的名气更大了，官也越做越大，到梁朝建立时，他已是散骑常侍、左卫将军，封临沮县伯。就在这一年，他又被任为金紫光禄大夫。

生活富裕，不再勤奋

江淹功成名就，过上了富裕的贵族生活，他再不想刻苦学习，也不再苦思冥想去写文章了，因此他的才思逐渐枯竭。人们把他与才华横溢、妙笔生花的早年相对照，无限感慨地用"江郎才尽"四个字加以惋惜，还因此穿凿附会地编出了不少故事。

传说，江淹晚年从宣城太守任上退下回归故里，途中船泊禅灵寺岸，夜里做梦见一人自称张景阳，对江淹说："我从前寄在你处的一匹锦，今日能否还给我？"江淹把怀中的数尺锦给了他，那人不悦地说："如何截去了许多？"他转头对江淹身边的丘迟说："剩下几尺无大用，都送给你吧！"从此，江淹再也写不出精彩的文章。

又传说江淹停宿在冶亭，做梦见到了郭璞，他对江淹说："我有支笔在你处多年，今日可以还我了吧？"江淹就从怀中取出一支五彩笔还给了他，由于没有了五彩笔，江淹就再也写不出美丽的诗句。

锦和笔实际上就是生活和勤奋，江淹做了大官，不再深入生活和勤奋学习，所以写不出好文章了，但他年轻时的才文却是不能抹煞的。他年轻时的抒情小赋写得特别好，其中以《恨赋》、《别赋》最为著名。《别赋》写的是各种不同类型人物的离情别绪，刻画他们各自的心理状态，如仕宦之别、从军之别、出使之别、云游之别等等，都具有浓厚的抒情气氛。这些文章都收在《江文通集》中，是很珍贵的文学遗产。

卷子装

卷子装又称卷轴装，是编简、帛书的古书装帧形式。纸书盛行之初，也效法帛书，装帧亦是将写好的长条纸书，形成卷子形式，故称卷子装。这种书籍装帧方式流行于南北朝及隋、唐时期。现在中国画的装裱也用这种卷轴形式来保存作品。图为卷子装《大般若波罗蜜多经》。

○二六

梁武帝引狼入室

梁武帝听不进正确意见，引狼入室，被侯景玩弄，自作自受。侯景之乱是南朝历史的一个转折，给南方社会造成巨大的破坏。

侯景投梁

侯景是被鲜卑人同化了的羯族人，骁勇善骑射，本是北方怀朔镇镇兵，因助尔朱荣镇压六镇起义，成为东魏将领，深得高欢信任，让他带兵十万镇守河南。高欢死，高澄继位。侯景看不起高澄，无法与他相处，就背叛东魏，向西魏投降。与此同时，他又派行台郎中丁和到南方梁朝，上表要求以黄河以南十三州土地投降梁朝。

梁武帝接到侯景的信，召集大臣商讨。尚书仆射谢举等人说："我朝与魏友好相处，边境安宁，接纳其叛臣，不太相宜。"梁武帝说："话虽如此，但是接受侯景，北方可统一，机会难得。"梁武帝为什么这样说呢？原来一个月前他做了个梦，梦见北方州郡纷纷献出土地向他投降。第二天他把此事告诉中书舍人朱异，说："我很少做梦，有梦一定灵验。"朱异顺着他的意思说："这正是国家统一的征兆！"因此，他不大赞同谢举等人的意见。丁和来到后，称说侯景投梁是正月十七那天决定的，这正是梁武帝做梦的一天。这一来，梁武帝更加相信了，便决定接纳侯景，下诏封侯景为大将军、河南王、都督河南河北诸军事、大行台，与友好多年的东魏断绝关系。

东魏慕容绍宗大军进攻侯景，两军在涡阳（安徽蒙城）相持数月。太清二年（548）正月，侯景在慕容绍宗五千骑兵的夹击下被杀得大败，部众争着跳入涡水逃命，水为之不流。侯景最后只剩下八百残兵渡过淮河，来到寿阳。

吴老公薄心肠

侯景来到寿阳城下，寿阳守将韦黯不肯开门，侯景派人对他说："你不开门，魏兵追来杀了河南王，你岂能独存，又有何面目去见朝廷？"韦黯想想不开不好，就开了门，侯景立即杀死韦黯，占据了寿阳城。

建康原来传说侯景已全军覆没，大家都有些忧虑，只有太子詹事何敬容说："果真如此倒是朝廷之福。"太子问为什么？何敬容答道："侯景翻手为云覆手为雨，终要搞乱国家。"但是，他的看法并没有被朝廷所接受。后来，侯景派人来禀报梁武帝自己失败，要求贬官处罚，梁武帝不但没有贬他的官，还给他加上一个南豫州牧的官位。光禄大夫萧介进谏说："臣听说恶人本性难移，天下皆然。吕布杀丁原投董卓，后又杀董卓；刘牢之反王恭归晋朝，后又叛晋。侯景受高欢恩惠，高官厚禄，但高欢坟土未干，立即反叛；力量不足，投奔关西，宇文泰不容，又来投我。现亡师失地，不过匹夫一个。陛下爱匹夫弃邻国，实不值得！"梁武帝根本听不进这样的忠言。

高澄曾多次向梁朝表示要求通好，梁未同意。高澄对被俘虏的南豫州刺史、贞阳侯萧渊明说："先王与梁和好十多年，想不到现在关系坏到如此地步。我知道这决非梁主本心，而是侯景挑动所致。望能派使者前去说明，梁主如不忘旧好，我也不敢违先王之意。你等一律释归故里，侯景家属也可同往。"萧渊明立即给梁武帝写信，梁武帝读信不由泪下，与大臣商量，朱异表示"应当和好"；司农卿傅岐说："高澄要和纯系挑拨离间，是想让侯景自疑；侯景不安必要作乱。我

南朝梁释迦牟尼造像（右页图）

这一组造像高35.8厘米、宽30.3厘米，1954年出土于四川成都万佛寺遗址，庙宇虽逝，佛像犹存，真是一桩幸事。这件石雕称精美，绝无过分之嫌，在有限的体积内，完成了这么多的造像，竟有二十多个，大小不一，主次分明，形态各异，绝非随意之作，不知凝结了能工巧匠多少心血在内。今藏四川省博物馆。

080

世界大事记

法兰克王克洛维卒。他的国土以及在苏瓦松、巴黎、梅斯和奥尔良的宫廷由其四个儿子分享。

朱异
萧正德
萧纲

梁武帝
侯景

谎骗
狡诈

《梁书·侯景传》
《梁书·武帝纪下》
《资治通鉴·梁纪
一六〜一八》

人物　关键词　故事来源

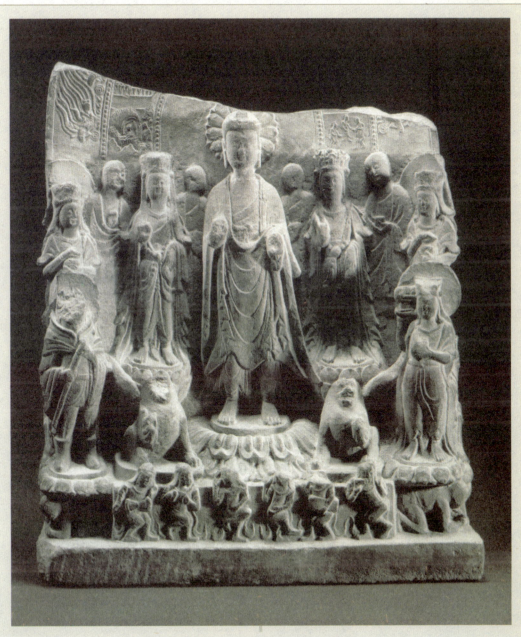

公元499年 公元 4 9 9 年 〉

中国大事记 北魏孝文帝死，时年三十三岁。齐萧宝卷任意诛杀大臣，太尉江州刺史陈显达在寻阳（今江西九江）起兵，后至建康战败而死。

如答应通好，正中其奸计。"朱异不同意他的看法，坚持要和，梁武帝也不愿打仗，就回信给萧渊明说："知高大将军对你不薄，十分安慰。我将派人与魏重修旧好。"

东魏使者返回经过寿阳时，被侯景得知，侯景向梁武帝启奏："高澄已穷途末路，故而请和。如果同意，实乃舍弃已成之功，纵容垂死之虏。"侯景又送给朱异黄金三百两，求他把信通给梁武帝。朱异收了钱却没有通告。侯景听说梁武帝派人去吊唁高欢，表示与东魏重修旧好，又启奏说："臣与高氏关系已经破裂，陛下再与高氏和好，将置臣于何地？"梁武帝回答说："朕与公大义已定，岂能成而相纳，败而相弃？现高氏求和，朕也想停止武力。进退之事国家自有安排，公但清静自居，不必劳虑。"

侯景万不得已，又伪造了一封东魏的来信，内容是要求以萧渊明换侯景。梁武帝看信后不辨真伪，竟同意了，回信说："渊明旦至，侯景夕返。"侯景这才看穿了梁武帝的心思，说："我早知吴老公薄心肠！"王伟对侯景说："坐听梁朝摆布是死，举大事也是死，王请选择吧！"侯景决定起兵反梁，把城中居民都召募为士兵。梁朝上空已是战云密布。

太清二年（548）五月，梁武帝派散骑常侍徐陵等人出使东魏，两国正式重归于好。侯景知道后反意更加坚决。

梁武帝修陵石天禄

梁武帝萧衍（464－549），父萧顺之，母张尚柔。公元502年，萧衍迫使齐和帝禅位于己，时年三十九岁，在位四十八年。后饿死，葬修陵。修陵位于江苏省丹阳市荆林乡三城巷，在其父文帝萧顺之建陵之北约100米处，现仅陵前存石天禄一只。

"自我得之，自我失之"

临贺王萧正德是梁武帝异母兄弟萧宏的第三子，梁武帝早年没有儿子，立他为太子。后来生了萧统，便改立萧统为太子，萧统夭亡，又立萧纲。萧正德失去太子地位，早有不满，又因贪暴曾被梁武帝免官削爵，心中更是愤恨。他暗养死士，储备粮食，一心盼望国家发生事变。侯景得知这些情况后，派与萧正德关系密切的徐思玉送信给他，说："天子年老，奸臣乱国，梁朝灾祸即将来临。大王本是太子，中途被废，四海人士都归心大王，侯景也愿为大王效劳。"萧正德得信大喜，立即回信给侯景说："朝廷之事，如公所言。仆之有心，为日久矣。今仆为其内，公为其外，何有不成！"

太清二年（548）八月，侯景在寿阳正式宣布反梁，打起诛中领军朱异、少府卿徐骥、太子右卫率陆验的旗号。朱异蔽主弄权，徐骥、陆验贪污苛刻，三人相互勾结，当时人称"三蠹"。侯景知道人家痛恨他们，故以诛此三人名义起兵。

侯景起兵后，梁武帝听说他攻下了几个要塞，笑着说："他有何能耐！我只须以鞭子责打几下，即可挫其锐气！"朱异也笑着在一旁附和，这时君臣昏庸骄傲到这个地步，灾祸已经来临仍麻木不仁。

梁朝廷在大臣羊侃等人的坚持请求下，终于派邵陵王萧纶率军讨伐侯景。侯景闻讯，问王伟如何是好？王伟说："彼众我寡，必为所困，不如弃淮南，直袭建康。"侯景同意，十月，他假称游猎，离开寿阳，直奔建康。到了历阳（今安徽和县），太守庄铁投降。侯景便顺利到达长江北岸。梁武帝问羊侃计谋，羊侃

侯景

侯景

说："派两千兵马占据采石，再命邵陵王袭取寿阳，使侯景进不得前，退失巢穴，必然瓦解。"朱异却大唱反调说："侯景不会渡江。"梁武帝于是不采用羊侃的计谋。羊侃无奈，只有摇头叹息说："这下完了！"

梁武帝任命萧正德为平北将军、都督京师诸军事，驻屯丹阳郡。萧正德派了几十艘大船假称运芦获，秘密把船送到侯景处，让他渡江。侯景怕在江上巡视的王质作梗，派人严密侦察他的动静。正好这时梁武帝派陈昕取代王质，王质先退，陈昕还未到达，侦察员马上禀报侯景，侯景大喜说："我的事成功了。"于是八千战士，数百战马，渡过长江安抵采石。当晚，朝廷得讯，才不得不惊慌失措地下令戒严。

太清二年（548）十月二十二日，侯景渡过长江，二十三日至板桥，二十四日到达秦淮河南岸，在萧正德的配合下，围攻皇帝所居的台城。台城军民在羊侃和太子萧纲的领导下坚决抵抗。侯景用火攻城，羊侃命人于门上凿孔，倒水灭火；侯景在城东城西堆起两座土山作为攻城高地，城内也筑起土山，比城外土山更高；最后，侯景决玄武湖水灌台城，台城内顿时一片汪洋。

这时台城中粮食、柴、盐都告缺乏。侯景的军队此时也同样没有粮食，四处抢掠毫无所获。侯景无法，听从王伟建议，放出和谈烟幕，说只要割给他南豫、西豫、合、光四州之地，让宣城王萧大器出送，他就不再反梁，率兵回江北。他指名道姓要人出送，实际上是企图把出送人当人质，要挟朝廷。梁武帝开始坚决不同意，说"和不如死"，但太子萧纲却坚持主和，他认为侯景围逼已久，援军又不战，不如先讲和，再作打算。梁武帝考虑半天，说："你看着办吧，不要让后人笑话才好。"于是双方和谈，封侯景为大丞相、都督江西四州诸军事、豫州牧、河南王。但侯景根本无撤兵打算，借口"无船，不能行"，又说"怕援军在后追击"，还

有"寿阳已被高澄占领，无处可投"等等。梁武帝给他五百条船，又下诏遣退勤王兵。勤王兵一退，侯景得到了粮食，他便翻脸不认账撕毁和约，接着公布梁武帝十大罪状，再次发起攻城。

这时，梁武帝既惭愧又愤怒，他再次宣布向侯景作战。但城中已十分困难，人多身肿气急，十多万人死了十之八九，尸体满街，臭不可闻。侯景昼夜攻城，终于在围城一百三十多天后，在太清三年（549）三月十二日攻下台城。梁武帝躺在床上问左右："还能打一仗吗？"答："已不可能。"梁武帝自知末日已临，叹道："自我得之，自我失之，亦复何恨！"侯景逼梁武帝下令城外勤王军听其指挥，勤王军一部分投降，一部分退回原地。梁武帝被软禁在台城，太清三年（549）五月活活饿死，死时年八十六岁，《南史》作者李延寿在论议此事时说："自古皇帝失败或用人失误，或后代不好，未有自己而得，自己而丧。"梁武帝不听忠言，接纳侯景，确是自食其果。

在侯景尚未攻下建康时，萧正德已于太清二年（548）十一月称帝。攻下建康后，他第一个率领兵吏挥刀入宫，要杀梁武帝父子，被侯景阻止。侯景重新给萧正德以侍中、大司马官位，萧正德十分不满，写密信给鄱阳王萧范，要他带兵入京除侯景，信被侯景所获，结果被侯景绞死。这就是一个叛徒的可耻下场。

侯景的下场

梁武帝死后，侯景立萧纲为帝，即简文帝。简文帝只当了两年傀儡皇帝，大宝二年（551）八月，就在侯景逼迫下，让位给昭统的孙子萧栋。太子萧大器和在建康的王侯二十多人都被侯景杀害。萧大器对侯景从不卑躬屈膝，有人问他原因，他说："盗贼如仍维持我地位，虽对他傲慢也不会杀我；如决定杀我，即使一日百拜也无济于事。"他死时年二十八岁。

八月，萧栋即位，改元天正。十月，侯景派人向萧纲进酒，萧纲知道末日来临，便放量畅饮，喝得酩酊大醉，来人用盛土的布袋压在他头上，使他窒息而死。十一月，侯景又迫萧栋禅位，自己称帝，国号汉。王伟请侯景立七庙。侯景问："何谓七庙？"王伟答："就是天子要祭祀的七代祖先。"同时请示七代祖先的名字。侯景说："爷爷以前我记不清，只知我父叫侯标，他远在朔州，怎来这里吃饭。"周围的人听了，无不暗暗好笑。

侯景占领建康后，又攻下吴郡、吴兴、会稽，大肆烧杀抢掠。其时江南发生大灾荒，人民饥寒交迫铤而走险，群起造反。为了镇压江南人民的反抗，侯景施行了更加残酷的刑罚。

侯景攻下三吴后，又向江陵（今湖北沙市西）进军。当时在江陵的梁武帝第七子湘东王萧绎握有重兵，派大将王僧辩与高要（今广东肇庆）太守陈霸先联合，迎战侯景。侯景战败东奔，三月到晋陵（今江苏常州），四月到嘉兴，最后退至松江。此时尚有船二百艘，残兵数千人，但再次被追兵击败。最后只剩下心腹数十人乘船逃跑，想从海上逃往北方。

侯景破建康时强占了羊侃之女为妾，任命其兄羊鹍为库直都督，羊鹍仇恨在胸，准备趁机对侯景下手。船下海后，侯景要船工开往蒙山，接着就倒头大睡。羊鹍要船工把船驶向京口。船到胡豆洲时侯景醒来，不由吃惊失色。羊鹍拔刀对他说："今天到此地步，只好借你的头去求富贵了。"侯景还未回答，刀已刺向他的胸口，侯景挣扎着想投水，羊鹍又刺上一刀，侯景顿时毙命。羊鹍在他肚中放了盐以防腐烂，然后把尸体送到建康。王僧辩把侯景的头割下送到江陵，又割下他的手送到北齐，然后暴尸于市。百姓满腔怒火地争食其肉，焚骨扬灰，以解心头之恨。侯景之乱使江南偏安积累起来的财富和文化受到严重破坏。建康城中原先有十余万人，陷落时仅存二三千人。这次事件是南朝历史的转折。

〇二七

江陵的陷落

梁武帝死后，其七子萧绎先后杀了六兄萧纶、八弟萧纪、侄子萧誉，在江陵称帝。他依附西魏除掉手足，后来却被西魏所杀。另一个依附西魏的萧詧也悒郁而死。

萧绎觊觎帝位

萧绎是梁武帝第七子，坐镇荆州。萧渊明寒山战败后，梁军几乎全军覆没，荆州兵力成为梁朝重要军事力量。但萧绎私心极重，他对台城之围并不着急；相反，他倒希望借侯景之手杀死父兄，好让他当皇帝。因此，当各地援军共赴建康时，他仅派出步骑万人，后迫于舆论，又派王僧辩率万余水军增援。

骨肉相残

梁武帝死后，萧绎兄弟中活着的还有三人：三兄萧纲、六兄萧纶、八弟萧纪。萧纲虽是皇帝，但在侯景掌握之中；萧纶原为北讨大都督，台城陷落后去郢州（治汝南，今武汉市），被推为中流盟主，准备力量再讨侯景，他是萧绎称帝的主要障碍。萧绎想除掉萧纶，便命王僧辩率水军进攻郢州。萧纶在军事会议上流泪宣布说："我本无他意，只想消灭侯景，萧绎疑我要与他争帝

位，前来攻我。今日要守则粮食不足，要战则被后人取笑。我不能无故受人绑捆，只好先到下游躲避一下。"他不顾战士们纷纷请战，逃向武昌又转到汝南，结果被西魏军破城杀死。

雍州刺史萧詧（chá）是梁武帝长子萧统的第三子，其二

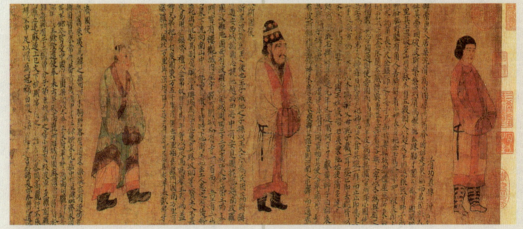

《职贡图》（局部）

随着绘画的发展，除文人（如顾恺之）参与绘画外，皇帝也加入了画家的行列。若以传世画迹来看，南朝梁元帝萧绎（508—554）应是中国历史上最早的皇帝画家。他是梁武帝萧衍的第七子，聪慧好学，自幼爱作书画。当时南朝与各国友好相处，来朝贡的使臣不绝于途。萧绎据其所见作《职贡图》，描述滑国、波斯、百济等十二国使臣像，并撰文述各国风情，以记其事。该画是研究、了解当时各国历史风俗与中外关系的宝贵资料。

兄萧誉原先是湘州刺史，早在侯景围台城时，因不肯受萧绎节制，与其交战，战败被围于长沙。萧詧为救二兄，与萧绎为敌，怕力量不足，就派使者向西魏求救，愿意做附庸，送了质子。西魏派杨忠进逼江陵。萧绎也送质子给西魏求援，西魏也同意了。在这期间，萧纶为救萧誉，曾写信给萧绎说："骨肉之战，愈

最早以军队比长城的人

檀道济是刘宋名将，一生南征北战，声名大震，所率军队常使敌军闻风丧胆。率兵攻打魏国，粮尽退兵，敌军竟不敢追来。檀道济功勋显赫，官至司空、都督、刺史等职，诸子皆善战，因而引起了宋文帝宠臣刘湛和司徒刘义康的妒忌而遭害。被逮捕时，怒云："乃坏汝万里长城！"北魏得悉名将被杀，便起兵伐宋，直逼宋都建康。宋文帝在发发可危之际，才后悔杀了檀道济等名将，意识到军队确实像万里长城一样重要。

胜愈酷，捷则非功，败则有丧。"但萧绎不听。大宝元年（550）四月，萧誉终于在长沙兵败被杀。

西魏渔翁得利

萧纶死后，萧纪成为萧绎的主要障碍。其时萧纪镇守梁、益，任益州刺史，有精兵四万，战马八千，在蜀地十七年，势力雄厚。萧纪认为萧绎不过一介书生，不能中兴皇室。便于天正二年（552）四月，在成都即位称帝。十一月萧绎也在江陵称帝，史称梁元帝，与萧纪遥遥相峙。

萧纪率水军沿江东下，萧绎心急如焚，便派人要求西魏出兵攻成都。西魏宇文泰召集群臣，说："取蜀制梁，在此一举。"于是派尉迟迥率步兵一万二千，骑兵一万，从散关伐蜀。

萧纪军还未到江陵，后方益州已被西魏攻入。萧纪被萧绎大将樊猛打败，八千多士兵投水而死。樊猛赶到萧纪住处，萧纪绕床而逃，将一袋金饼掷向樊猛，说："送我去见七官。"樊猛说："天子不可见！杀足下，这金子不也是我的？"于是把萧纪和他的儿子都杀了。萧绎虽然扫除了又一个称帝的障碍，但梁、益已失，襄阳被西魏控制，他的江陵也十分危险了。

萧绎对西魏的态度发生了变化，提出要收复梁、益二州。宇文泰大怒，承圣三年（554）出兵攻破江陵，萧绎投降，不久被杀。他在死前把十四万卷图书付之一炬，并把宝剑折断，说："文武之道，今夜都完了。"西魏封萧詧为梁王，成立了傀儡政权后梁。其实西魏已把江陵百姓十多万口驱至关中，分赏给将士作奴婢；老弱病残全被杀死，又抢走了许多珍宝，萧詧得到的只是一座空城。萧詧悔恨不已，最后也忧愤而死。

> ### 历史文化百科

〔按摩和气功疗法〕

陶弘景长期隐居于茅山（今江苏句容东南）华阳洞。在著书之余，他十分注意体育锻炼，并形成了一套按摩气功疗法。如搓手擦面法，使面有光泽，皱斑不生；擦掌熨眼法，有助提高视力；此外有按摩眼眶法、推额抹眉法、按捏耳廓法、击探天鼓法、推按鼻侧法、按捏鼻翼法、摩头顺发法、顺发摩颈法、摩搦身体法等。气功疗法有啄齿、咽液、搅海、吐纳、餐霞饮景、内视反听、服月精、服日气、五禽戏、自忘等。这些方法多能通气血、健身清脑、却病延年，至今仍很有参考价值。

陶弘景有关养生方面著作主要有《养性延命录》两卷，保存了秦汉以来直到魏晋时期不少宝贵的养生资料，如彭祖、列子的养生观，张湛的养生理论等。书中有《小有经》关于少思、少念、少欲、少事等"十二少"是道家养生要领。

《陈书·高祖本纪》
《梁书·王僧辩传》
《资治通鉴·梁纪二二》

陈霸先
王僧辩
萧渊明
侯安都

爱国　果断

人物　关键词　故事来源

〇二八

足智多谋的陈霸先

新势力的代表

陈霸先富有谋略，处世果断。他杀王僧辩以免南方成为北齐的附庸，建立陈朝使大乱后的南方经济得到了恢复和发展。

在平定侯景之乱中，有一股崭露头角的势力令人瞩目，这股势力的代表就是陈霸先。陈霸先家世寒微，祖居北方，永嘉年间南迁吴兴郡长城县，即今浙江长兴。他从小富于谋略，处事果断，特别爱读兵书，又练就一身武艺，大家都愿与他结交。初出仕只任乡里的里司，也做过建康油库的官吏。后在新喻侯萧映处做幕僚，随他至广州，任高要太守、督七郡诸军事。侯景之乱发生后，他起兵沿赣江而下，至湓口（今江西九江北）与萧绎大将王僧辩会合。王僧辩的荆州军缺粮，陈霸先原先贮有五十万石军粮，就分了三十万石给他，荆州军因此大振。承圣元年（552）二月，萧绎命王僧辩继续东下讨伐侯景，

陈武帝陈霸先

人马从寻阳出发。陈霸先也率战士三万，船舰二千，从南江（今鄱阳湖口）北上与王僧辩会师。不久，就平定侯景。陈霸先作战英勇，足智多谋，梁元帝任他为司空领扬州刺史，坐镇京口；以王僧辩为太尉，坐镇石头城。王、陈两家过从甚密，王僧辩要娶陈霸先之女为媳，因老母去世，推迟婚期。

不做北齐附庸

承圣三年（554）西魏攻破江陵，梁元帝被杀。王僧辩、陈霸先在建康拥立萧绎之子萧方智为梁王。这时，北齐南犯，并送回俘虏萧渊明，要将他立为傀儡皇帝。北齐高澄派人送信给王僧辩说："萧方智年仅十三，不能担当重任，萧渊明虽是梁武帝之侄，实同儿子无异，无论年龄、威望，都有利于朝廷。你应准备欢迎，同心协力，复兴梁朝。"王僧辩开始不同意，北齐军就南攻晋州皖城，即今安徽潜山，晋州刺史投降。王僧辩迫于形势，只得同意立萧渊明为帝。于是，萧渊明到建康即皇帝位，以萧方智为皇太子，任王僧辩为大司马，陈霸先为侍中。陈霸先对王僧辩接纳萧渊明十分不满，多次苦苦劝说，王僧辩就是不听。

北齐军队到了寿春又大举进攻，王僧辩派江旰去通知陈霸先，要他做准备。陈霸先扣留了江旰，召集亲信部将侯安都等率军出发，直指石头城。外面不知内情的人都以为是江旰征调兵力防御北齐。

侯安都的战船已近石头城，陈霸先的步兵还未赶来。侯安都一面埋怨陈霸先，一面鼓励士兵继续向前。其实陈霸先是在考验侯安都是否坚决，见他决死向前，十分高兴，就立即加速前进。侯安都和陈霸先

进入石头城后，直奔王僧辩居处。士兵报告有军队闯入，话音未落，侯安都的军队已闯进房来，王僧辩与儿子王颁逃到南门楼，陈霸先要烧楼，王僧辩只好下楼。当夜，王僧辩父子就被陈霸先绞死。陈霸先发布文告宣布王僧辩罪状，并宣告只处死其父子兄弟，其他一概不问。

接着，陈霸先废萧渊明，重新拥立萧方智为帝。陈霸先的这一行动使梁避免成为北齐的附庸，深得江南人民的拥护。

大败北齐军，建立陈王朝

王僧辩死后，他的党羽任约等起兵讨陈霸先，北齐也出兵南下，两股势力联合起来进攻建康。江南人民为了保家卫国，坚决支持陈霸先。陈霸先军队粮食不足，江南人民就用荷叶裹饭，里面夹上鸭肉，慰劳军队。相传南京板鸭就是由此演变来的。陈霸先依靠人民的支持，大败北齐军，升任为丞相、录尚书事。公元557年十月，经过一番禅让，陈霸先当了皇帝，建立了陈王朝，陈霸先就是陈武帝。宋、齐、梁三朝皇帝都是北方人，只有陈霸先是南方人，他任用的徐陵、周弘正、江总等大臣也都是南方人。

> **＞历史文化百科**
>
> **〔专咏妇女的诗集：《玉台新咏》〕**
>
> 　南朝陈徐陵撰。梁简文帝萧纲为太子时，好作艳诗，令徐陵选录自汉至梁有关妇女及男女恋情的诗，编成《玉台新咏》十卷。专咏妇女的诗编集成册，是编诗集的一种新形式。许多诗篇赖此诗集得以保存，从中可见封建社会妇女的生活状况。如西晋傅玄《苦相篇》叙述男女间不平等，妇女在父家、夫家身受的苦痛，表明作者对妇女的同情。名作《古诗为焦仲卿妻作并序》，被收入卷一中。所录诗多为《文选》所不载。但此书多数诗篇为"宫体诗"，即宫廷中描绘声色、反映统治阶级荒淫生活的艳丽诗篇。宫体诗在梁陈时盛行，其代表人物有徐摛及其子徐陵、庾肩吾及子庾信等。

陈霸先为政宽简，非军旅急需，不轻易向人民征发。他自己的生活也很俭朴，后宫无金翠装饰，不设女乐，常膳不过数菜。陈王朝的政策使遭受大破坏的南朝经济、文化得到恢复和发展。

《玉台新咏》（明刻本）

《玉台新咏》十卷，南朝陈徐陵编。徐陵（507—583）字孝穆，东海郯县人。南朝著名的文学家。博通经史，纵横有口辩。以写"宫体诗"和骈文闻名于世。《玉台新咏》书成于梁代，选录自汉迄梁有关女子及男女恋情的诗歌，按诗体编排，大多数作品风格绮艳，是继《诗经》、《楚辞》后出现的又一部具有代表性的诗歌总集。

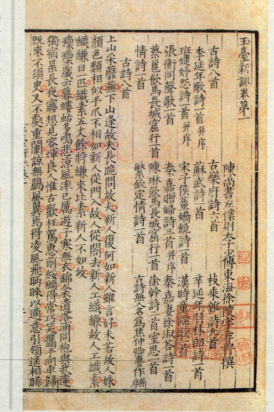

〇二九

《玉树后庭花》

张贵妃受宠擅权

陈后主宠爱张贵妃，任由她擅权；自己不恤政事，纵酒淫乐，终使国家灭亡。

陈叔凌的叛乱平定后，至太建十四年（582）正月，陈叔宝即位。他就是陈后主。

陈后主是有名的荒淫君主。他喜爱女色，后宫中最受宠爱的有张贵妃、孔贵嫔、龚贵嫔等人，又有

玉树新声

陈后主陈叔宝荒淫无度，每每宴饮，都让嫔妃、女学士与狎客相互赋诗赠答，从中选出艳诗，让人谱曲演唱，其中著名的有《玉树后庭花》。君臣经常这样通宵达旦地饮酒歌唱，不问国事，结果做了隋军的阶下囚。此图出自《帝鉴图说》。

王、李二美人，张、薛二淑媛，袁昭仪，何婕妤、江容等也受宠幸，唯对皇后沈婺华很冷淡，很少到她居室去。张贵妃名丽华，家中很穷，父兄都靠织席为生。后主为太子时，她被选入宫后先在龚贵嫔房内当侍儿，被后主看见，十分喜爱，就怀了孕，生下太子陈深。后主即位后，拜为贵妃。贵妃发长七尺，乌黑光亮，神态端

南朝陈货币

这两种钱币均为铜质。五铢钱为天嘉三年（562）铸造，其面、背有较宽的外郭，一枚当十枚鹅眼钱，六铢钱为陈太建十一年（579）铸造，面、背有内外郭，一枚当天嘉五铢钱十枚，后来减为一枚。

庄，容貌出众，回眸一笑，光彩照人；她聪明伶俐，善于察言观色，对后主百般逢迎献媚。她又善于拉拢手下人，每当后主宴会，她总是推荐宫女参加，因此后宫都争着说她好话。她还巧于用巫师鬼道等迷信手段迷惑后主，使后主听从自己，并聚妖女在宫中跳舞，讨后主欢喜。以致后主不再认真处理国家大事，凡有奏请，陈后主总是把张贵妃放在膝上，一起商量决定。后主自己记不起的事，贵妃却能一一回答，由此日渐擅权。外间有何消息，贵妃必先知道后再启奏，后主更加离不开她。她勾结宦官，拉拢贵戚，收受贿赂，卖官鬻爵，大臣中有不从命的，就滥加诬陷，结果不少朝官也不得不谄附于她。

梁昭明太子读书台　江苏镇江招隐山

陈后主大造宫室，在光昭殿前盖起临春阁、结绮阁和望仙阁，阁高数丈，连屋数十间，窗户、门槛、横梁都用沉香和檀香木制成，上面装饰金玉宝器，还嵌有珍珠、翡翠。房内有宝床、宝帐，外有珍珠卷帘，每当微风吹过，香飘数里。院子里堆积许多奇异山石，又穿通许多小湖水池，种植各种奇花异草。陈叔宝住临春阁，张贵妃住结绮阁，龚、孔二贵嫔住望仙阁，三阁有复道可以往来。

酣歌痛饮，通宵达旦

仆射江总，身为宰辅，不亲政务，却常与都管尚书孔范、散骑常侍王瑳等文士十多人入阁侍宴，称为"狎客"。每次宴会，妃、嫔、女学士与狎客共同赋诗，互相酬答。其中艳丽的诗句，就谱成歌曲，选宫女千余人学习演唱，边歌边舞。唐李商隐诗云："满宫学士皆颜色，江令当年只费才。"当时谱的歌曲有《玉树后庭花》、《临春乐》等。前者是陈后主自己写的，其中有几句是："丽宇芳林对高阁，新妆艳质本倾城。映户凝娇乍不进，出帷含态笑相迎。妖姬脸似花含露，玉树流光照后庭。"这类在宫廷中形成的描写荒淫艳丽生活的诗体称为宫体诗，梁陈徐陵编的《玉台新咏》便是其中的代表作。陈朝君臣酣歌痛饮，通宵达旦，早已把国家大事抛到脑后。唐朝诗人刘禹锡写道："台城六代竞豪华，结绮临春事最奢。万户千门成野草，只缘一曲《后庭花》。"杜牧也写诗讽刺道："商女不知亡国恨，隔江犹唱《后庭花》。"把陈后主后宫的靡靡之音喻为亡国之音。

> ▶历史文化百科
>
> 〔亡国之音：《后庭花》〕
>
> 《后庭花》即《玉树后庭花》，乐府《吴声歌曲》名，陈后主所作，其词有"玉树后庭花，花开不复久"语，后人看作亡国之音。

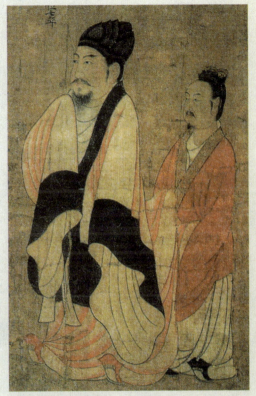

南朝陈亡国之君陈叔宝
此图出自唐代阎立本《历代帝王图》。

陈的灭亡

南朝统治集团日益沉溺腐败，费用不足，就加重对人民的剥削，赋税比过去多了数十倍。此时北方隋已代周，祯明二年（588）二月，隋文帝下诏说："陈叔宝据手掌之地，为满足其无底欲望，无限掠夺百姓，建造宫殿，昼夜劳作，又斩直言之臣，灭无罪之家，自古昏君，无人能与相比。"年底，隋发五十一万大军伐陈，势如破竹，于第二年的三月，灭了陈王朝，南北重归统一。

○二○

鲜卑拓跋起源的神话

220年，即曹魏建立的这一年，力微成为鲜卑拓跋部的首领。传说力微的父亲诘汾有一次在草原上狩猎，忽见一个美丽姑娘从天而降，诘汾问她是谁，姑娘说："我是天帝的女儿，受父命与你相配。"于是当夜诘汾就与她同宿一处，第二天一早，天女要回去了，临别时对诘汾说："明年此时我再来这里与你相会。"第二年这一天，诘汾来到原处，果然天女来了，同时带来一个小孩，交给诘汾说："这是你的儿子，好好抚养。以后子子孙孙传下去，代代为帝王。"说完飘然而去。当时民间流传的谚语说："诘汾皇帝无妇家，力微皇帝无舅家。"这个美丽的传说告诉我们，拓跋部当时还是原始社会阶段，没有一夫一妻制家庭，所以不知道妻子是谁。但到力微时，由于经济的发展，拓跋部开始向阶级社会过渡。

向阶级社会过渡

258年，力微把都城建立在盛乐，即今内蒙古和林格尔北，开始有了政治中心。他举行祭天大会，要各部落大人前来助祭，白部大人观望不来，力微就杀了他，从此，各部大人都归服了力微。力微也很有头脑，他总结前代的成败得失，对各部大人说："前代匈奴首领掠夺边民，虽有所得，但与自己死伤相比并无好处，反而增加仇敌，这不是长久之计。"

沙漠汗之死

鲜卑族拓跋部兴起于大兴安岭一带，后迁至阴山地区。力微时开始向阶级社会过渡，建立都城，收服各部，派儿子沙漠汗去南方学习。

他提出要与南方的汉人友好相处。在这个思想指导下，曹魏景元二年（261），他便派长子沙漠汗到曹魏都城洛阳去学习。沙漠汗身高八尺，英姿勃发，是洛阳魏国宾客中的佼佼者。他在洛阳学到许多汉族文化，成为拓跋部与魏国经济文化交流的友好使者。他在洛阳住了十二年，后因父老要求才回国，晋武帝送给他很多礼物，并派人护送。

错杀沙漠汗

两年后，沙漠汗第二次访问晋朝，当年冬天即回国，晋武帝派了上百辆车载运许多丝织品相送。当沙漠汗行抵并州（今山西太原西南），晋征北大将军卫瓘见沙漠汗聪明能干，怕有后患，就秘密启奏朝廷将他扣留，同时派人用金帛贿赂拓跋各部大人进行挑拨离间。拓跋部各部大人留恋鲜卑旧俗，对沙漠汗传播汉文化本有反感，受了卫瓘的贿赂后，便在力微面前不断讲沙漠汗的坏话。

镏金透雕人龙纹铺首（上图）
铺首是建筑的装饰构件，此件镏金透雕人龙纹铺首，为北魏时期遗物，表现了武士与龙进行生死搏斗的场景，代表了鲜卑民族征服自然的勇气。

▷ 历史文化百科 ◁

〔胡床的传入〕
胡床是西域民族常用的坐具，东晋南朝时传入了南方。胡床类似于今天的折叠椅，简便、实用、便于携带，传入后广受人们欢迎。胡床的传入改变了汉朝以来席地而坐的习惯。

力微　沙漠汗　卫瓘

谗言谋害

《资治通鉴·魏纪九》《魏书·序纪》

人物　关键词　故事来源

天女相配
传说鲜卑族拓跋部的祖先与天上的仙女结合，生育后代。此图出自明刊本《东西晋演义》。

北魏列女古贤故事画漆屏风（左图）
山西大同市附近的北魏司马金龙夫妇合葬墓，出土了一批罕见的艺术珍品，从保存较好的五块漆画木屏风残段中，可知彩画内容大部分采自汉代刘向《列女传》故事，人物淡彩劲线，有东晋顾恺之笔意，题榜字体具有晋隶向楷书过渡阶段的特点。

弹丸飞出，飞鸟应声落地。大家惊奇得目瞪口呆。因为拓跋族从来未见过弹弓。宴席结束后，一些受过卫瓘贿赂的部落大人煽动说："太子已与汉人一样，又有这样的绝世奇术，如果继承皇位，一定要改变我们的生活习俗，不如国内的几个儿子本性淳朴。"大家都说："对啊！"于是决定谋害沙漠汗，先派人飞马回国向力微报告说："太子才艺非常，能用弹丸打落飞鸟，好像学得晋人的异法怪术。这是乱国害民的兆头，望陛下详察。"自从沙漠汗去晋后，力微的另外几个儿子日夜在身边，已得宠爱，再加年迈思考能力衰退，就答道："如果我国不能容忍这样的人，就应当除掉。"来人听了，立即赶回，用力微的名义把沙漠汗杀了。

过后，力微越想越后悔，一病不起，不久就死了。

咸宁三年（277），晋武帝决定送沙漠汗回国。力微听说沙漠汗回来，最初十分高兴，派诸部大人到阴馆（今山西代县西北）去迎接。在欢迎宴会上，当大家喝得醉醺醺的时候，沙漠汗站起来说："我来表演一个节目，猎取天上的飞鸟为大家助酒。"说完，取过弹弓和弹丸，抬头凝视空中飞鸟，"啪"地一声

〇三一

代国的灭亡

鲜卑族拓跋部到什翼犍时已建立起完备的国家机构。代国已是一个奴隶制国家，但不久被前秦所灭。

代王即位

从拓跋力微开始，鲜卑拓跋部有了重大发展。此后经过猗卢，到什翼犍，终于完成了从原始社会末期向阶级社会的过渡。

什翼犍是拓跋部的杰出首领。他的父亲郁律在内乱中被杀，哥哥翳槐被拥立为代王，他把什翼犍送到后赵做人质，使他在那里学到不少中原的典章制度。公元338年，翳槐去世，遗嘱要迎回什翼犍继位。国内部落大人以为什翼犍远在邺城，后赵又不一定肯放他回来，就另立翳槐另一弟拓跋孤。孤为人厚道，他不愿登基，跑到邺城要求替换什翼犍，后赵石虎十分赞赏他的义气，就把二人都放回代国。什翼犍即代王位后把代国的一半分给了拓跋孤。

什翼犍英武强悍，足智多谋。他以盛乐为都城，发展国家机构，设左右近侍，宣传诏命，又设内侍长四人，备顾问，参与政务。他任用汉人燕凤为右长史，许谦为郎中令，许多官号仿向晋朝。他又制定了新的法律，发展了军事力量，军队已有百万。

讨伐刘卫辰

北魏二十三年(360)，什翼犍的妃子慕容氏去世，匈奴族首领刘卫辰前来参加葬礼。他向什翼犍求婚，什翼犍把一个女儿嫁给了他。但是这位女婿反复无常，忽而投降前秦，忽而归附代国，什翼犍决定去讨伐他。战斗中，什翼犍的眼睛中了流矢，将士们抓到射箭的人要处死，什翼犍说："战争总要搏斗，他有何罪？"下令释放。

北魏三十年(367)十一月，什翼犍再次出击刘卫辰。当时黄河还未冰封，什翼犍命人将苇草撒在河流中，冰与草很快合在一起，凝结成路。刘卫辰没有料到鲜卑兵突然来到，无力对抗，只能率领宗族西逃。什翼犍俘获了他的十分之六七的部众，回到了盛乐。

苻坚灭代国

北魏三十四年(371)，代国将领长孙斤阴谋刺杀什翼犍，太子拓跋寔奋起保卫，与长孙斤格斗，虽然杀了长孙斤，但自己也受重伤，不治而死，留下了一个遗腹子。什翼犍对这个孙子倍加钟爱，为他取名涉圭，就是后来北魏的建立者拓跋珪。

刘卫辰被什翼犍打败后，投靠了前秦。376年，苻坚平定前燕、前凉后想进一步消灭代国，就派苻洛为北讨大都督，率二十万大军进攻盛乐。刘卫辰作为向导，带领大军前进。什翼犍派外甥刘库仁率十万骑兵抵御，结果战败。什翼犍因病不能作战，就率领部众逃到阴山之北。后来听说秦兵稍退，又回到云中，即今内蒙呼和浩特西南。

拓跋孤去世后，儿子拓跋斤失去继承权，心怀不满，就鼓动什翼犍一个非嫡系的儿子寔君说："大王要立慕容妃的儿子为太子，打算先杀你，每夜派兵在你帐篷周围打转，准备伺机动手。"实际上每夜加派士兵

公元524年

公 元 5 2 4 年

世界大事记

法兰克奥尔良王克洛多默殁于韦译龙斯之役，其子旋被杀，领地为其三兄弟所瓜分。

狗卢　什翼犍　刘卫辰

《魏书·序纪》《资治通鉴·晋纪二三~二八》

义气　恶行

人物　关键词　故事来源

魏灵藏造像碑拓片

全称《魏灵藏薛法绍造像记》，位于洛阳龙门石窟古阳洞北壁，为"龙门二十品"之一，北魏刻石，无年月。高89厘米，宽40厘米，书法纵肆，方重峻拔。

巡逻是因为与秦作战加强警戒的缘故。寔君信以为真，就找个机会杀掉了父亲什翼犍，又杀了几个弟弟。秦军得知消息，发兵来攻，国中顿时大乱。拓跋珪的母亲贺氏带着珪投奔到兄弟贺讷处。代国就此被苻坚灭亡。

尉迟造像碑

全称《长乐王丘穆陵亮夫人尉迟为亡息牛橛造像》，在洛阳龙门石窟古阳洞北壁，为"龙门二十品"之一。北魏太和十九年（495）十一月刻。高64厘米，宽33厘米，书法端方峻整。

　　苻坚从代国长史燕凤那里了解了代国内乱的真相后，感叹地说："天下恶人都是一样的坏。"下令把寔君和拓跋斤车裂而死。拓跋氏部民无不拍手称快。

拓跋珪建立北魏

拓跋珪是北魏的建立者，他在经济上促使拓跋部由游牧向农业过渡，在政治上建立起比较完备的封建政权，在思想上推崇儒学和佛教。他是推动鲜卑社会进步的杰出人物。

苻坚把代国一分为二

苻坚杀了寇君和拓跋斤后，打算把拓跋珪迁到长安，燕凤请求说："代王刚死，部下叛散，遗孙年幼，无法统领。代国别部大人刘库仁，勇而有智谋，刘卫辰狡猾多变，皆不可单独任用，当把拓跋部众一分为二，分由二人统帅；二人素来有仇，可互相牵制。待后拓跋珪长大，引立为王，此是安边良策，也是陛下对代国的恩德，使其子孙永为不叛之臣。"苻坚觉得很对，就把代国人民分为两部，黄河以东归刘库仁管辖，以西归刘卫辰管辖。贺氏带着拓跋珪投奔了刘库仁部。刘库仁十分尊重拓跋珪，对几个儿子说："此儿有远大前途，定会恢复祖业，应好好待他。"苻坚见刘库仁治理有方，加封为广武将军。

《八公图》（唐·陈闳绘）（局部）
据《魏书·长孙嵩传》记载，北魏明元帝拓跋嗣即位后，长孙嵩"与山阳侯奚斤、北新侯安同、白马侯崔宏等八人，坐止车门右，听理万几，故世号八公"。《八公图》描绘的即是这八人。现存画卷仅存六人，卷首二人已不存。

拓跋珪统率贺兰部

淝水之战后刘库仁被部下所杀，由弟刘眷统领部众，不久，刘库仁之子刘显杀刘眷自立，并要杀害拓

公元525年　公元５２５年

世界大事记　拜占庭为控制海上商路，怂恿阿克苏姆国王埃拉·阿斯贝哈（加勒布）出兵，渡红海攻占也门，灭希木叶尔王国。

拓跋珪　贺讷　张衮

集权　革新

《魏书·太祖纪》

人物　关键词　故事来源

北魏时期的鲜卑铁刀

北魏时期的鲜卑铜柄铁刀

跋珪，拓跋珪只得逃往贺兰部依附舅舅贺讷。贺讷惊喜地说："复国之后，勿忘老臣。"拓跋珪说："果如舅舅所说，决不敢忘记舅舅。"不久，南部大人长孙嵩、中部大人庾和辰等也都离开刘显投奔拓跋珪所在的贺兰部。

贺兰部的许多酋长纷纷请贺讷奉拓跋珪为主。贺讷欣然同意。386年正月，拓跋珪在牛川（今内蒙古呼和浩特东）召开部落大会，重新登上代王之位，改年号为登国。任命长孙嵩为南部大人，叔孙普洛为北部大人。以汉人张衮为左长史，许谦为右司马。拓跋珪在都城盛乐附近让拓跋部民定居下来从事农业，大家都很乐意。四月，拓跋珪改称魏王。这便是北魏的开始。

进军中原

拓跋珪建立北魏后，向高车、柔然、库莫奚等四周部落发动兼并战争，获得大量马牛羊，扩大了领土，加强了自己的力量，成为塞外的唯一强国。北魏登国十年（395）他又在参合陂（今内蒙古凉城西）消灭了后燕的主力，这是拓跋珪进据中原有决定意义的一战。

北魏太元二十一年（396），拓跋珪称帝，改元皇始。这一年，他率领四十万大军进军中原，占领了后燕的大片土地，为结束北方分裂局面奠定了基础。

拓跋珪建立北魏后，促使拓跋部由游牧经济向农业经济转化，由奴隶制向封建制过渡。打败后燕后，把境内的汉族、徒何族等十余万人迁到代北，实行"计口受田"，发展了封建的农业经济。在政治上，拓跋珪于北魏天兴元年（398）把都城迁到平城，即今山西大同，改称代都，建宫室、宗庙，同时制定官爵、朝仪、法律，建立起较完备的封建政权。拓跋珪很重视任用汉族士大夫，对前来投靠的汉族士人都亲自接见，量才录用。张衮、崔玄伯等都成了他的主要谋士。拓跋珪在积极任用汉族士人的同时，对汉族文化也同样重视，他一方面肯定儒家的思想地位，设太学，置五经博士，祭祀孔子；一方面也不排斥法家思想，对韩非子的集权思想特别赞赏。他说："慕容垂诸子分据要职，造成王权旁落，以至灭亡，因此，一定要加强集权。"

拓跋珪十四岁即位，在位二十五年，可以说是一位推动鲜卑社会前进的杰出人物。

〉历史文化百科〈

〔寒食散〕

两晋南北朝时期，在道家和玄学思想支配下，在名士和文人中间服石风气很盛。所谓服石，就是服用一些石性药物，主要有五种，即紫石英、白石英、赤石脂、钟乳石和硫磺。故称"五石散"。服后身体发热难受，需要散发，宜吃凉食，故又叫"寒食散"。三国时玄学家何晏始服此药，说此药不但能治病，且觉神明开朗。相传此药还能美化容颜、补肾壮阳、延年益寿，故魏晋士大夫靡然效之，遂成风气。实际上，因石有毒性，很多人为此丧生，或得痼疾。西晋司空裴秀、北魏道武帝拓跋珪都是为此丧生。服石是当时医药发展史上的一股逆流。

○三三

虎牢之战

明元帝时北魏强大起来，决定进攻南方宋王朝的虎牢等地，但遇到了强烈的抵抗。虽然最后攻下虎牢等城，但自己损失也很惨重。

战前的争论

永兴元年（409）明元帝拓跋嗣即位后，劝课农桑，笼络汉族士人，整顿吏治，加强统治集团的团结，安抚邻国，使国家实力大为增强。泰常七年（422）五月，宋武帝刘裕死，明元帝认为这是夺取刘宋国土的大好时机，便与大臣商讨出兵进攻洛阳、虎牢、滑台的计划。崔浩进谏说："刘裕新死，古人说'礼不伐丧'，现乘宋遇丧事攻伐，得之不足为美，徒有伐丧之名。应派人前去吊祭，待其内部强臣争权，再命将出师，定可兵不疲劳，坐收淮北。"明元帝不以为然，说："当年姚兴死，刘裕不正是乘机攻伐的吗？"崔浩说："那时姚兴之子发生内乱，现在江南并无这种状况。"明元帝还是不听，决心南伐。

过后，明元帝又召集公卿大臣讨论先攻城还是先略地？鲜卑贵族以司空奚斤为首，都主张先攻城，独有崔浩反对，他说："南方人善守城。过去苻坚攻襄阳，久攻不下。如今我大军攻小城，久攻不克，定挫士气，敌援军如不断到来，更为不利。不如分军略地，止于淮河，设守宰，收租谷，洛阳、滑台、虎牢皆在我北，孤立无援，必南逃，或可被我攻下。"但贵族们都坚持己见，明元帝就同意了他们的意见。

十月，以奚斤为统帅、大将公孙表为先锋，率步骑二万渡过黄河，直攻滑台，即今河南滑县南，当时宋滑台守将是东郡太守王景度。奚等久攻不下，要求增援，明元帝亲率大军五万前去支援。又攻了一个多月，才把滑台攻下。王景度出走，其司马阳瓒被魏军俘虏，不降而死。

离间成功

接着，魏军进攻虎牢（今河南巩义东北）、洛阳。洛阳守将河南太守王涓之弃城逃跑，而虎牢的战斗却进行得十分激烈。

泰常八年（423）三月，奚斤、公孙表攻打虎牢，宋虎牢守将毛德祖坚决抵抗。他在城内挖了六条地道，直通城外魏军后方；召募敢死队四百多人通过地

珍贵的刺绣佛像供养人（局部）
北朝的刺绣以这件作品为代表，是在敦煌莫高窟发现的。这是现存最早的满地施绣制品，也是最早的绘画性挂品刺绣。色彩丰富协调，人物有导引法师、广阳王和眷属供养人，形象规整，造型简朴。敦煌文物研究所藏。

奚斤　公孙表　毛德祖

《资治通鉴·宋纪二》《魏书·崔浩传》

离间

人物　关键词　故事来源

道袭击魏军。魏军没有防备，惊慌失措，急忙退兵，攻城云梯被烧，数百人被杀。接着毛德祖从城内出兵，与公孙表大战，从早上一直打到下午，奚斤的军队来援，宋军也损失惨重，毛德祖又关起城门固守。

公孙表是北魏很有谋略的将领，毛德祖决定利用早年曹操离间韩遂、马超的计谋实施离间计。他本是荥阳人，早年与公孙表有所交往。这时就派人给公孙表送信，寒暄问候；公孙表出于礼尚往来，也复信问候。毛德祖即派人秘密通知奚斤，说公孙表与自己有联系。公孙表为了表明清白，将信拿给奚斤看，奚斤将信将疑，就禀报明元帝。明元帝身边的太史令早先受公孙表轻视，此时就在皇帝面前进谗言说公孙表故意置军虎牢东部，地形不好，所以久攻不下。明元帝大怒，派人到军中把公孙表缢死。毛德祖为此大为高兴。

北魏鲜卑服饰

这件武士俑身材魁梧，上身穿小袖、大开领服装，大开领便于脱去一侧衣袖，袒露胸臂或内衣，这是典型的鲜卑族着装习俗。

武士俑（局部）

誓与此城共存亡

在青州、兖州作战的魏军东路军统帅叔孙建前来支援，与奚斤一起加紧进攻虎牢。虎牢被围二百天，无日不战，强壮的士兵非死即伤，魏军却越来越多，但宋军仍坚持战斗。后来魏军也挖地道，把地道挖到虎牢城中的水井旁，使井水流失，城中缺水，人马极度饥渴，虎牢终被攻破。将士们要毛德祖出走，毛德祖说："我早已发誓与此城共存亡，决不能使城亡而我还活着。"最后被魏军俘虏。但魏军在围城战斗中也损失惨重，除了战斗伤亡外，光病疫死亡的就有十分之二三。

这次战争是北魏进入中原后第一次与南朝进行的大规模战争，虽然攻占了滑台、洛阳、虎牢及青州、兖州的一些土地，使国境扩展到了黄河以南，但也大伤元气。事实证明崔浩先略地的主张是正确的，此后，太武帝反击刘宋时就记取了这一教训。

历史文化百科

〔宗主督护制〕

北魏前期的地方基层组织。十六国时期北方豪强大族多据坞堡自守，聚族而居。北魏初年，即倚之为地方基层政权，任命豪强为宗主，督护百姓，负责征收租赋等。在宗主督护制下，"民多隐冒，五三十家方为一户。"宗主对其依附人口的剥削是很重的。孝文帝改革实行三长制后，此制遂废。

〇三四

两攻统万城

魏太武帝两次进攻夏国的都城统万，获取大量战利品，显示出很高的军事才能。

太武帝乘乱攻夏国

虎牢之战后半年，泰常八年(423)年底明元帝病死，时年三十二岁。长子拓跋焘即位，即太武帝。太武帝依仗道武、明元两代的国家积累，进行了统一北方的战争。

太武帝时周边地区的政权主要有雄踞大漠南北的柔然、辽东的北燕、关中的夏国、河西的北凉等。这些政权中，除了柔然，以夏国实力最强，因此，太武帝把夏国作为重点进攻对象。

夏国的建立者赫连勃勃是个暴君，死后儿子们为了争夺王位，兄弟之间互相残杀，最后第三子赫连昌继位，国力受到很大削弱。太武帝认为机会难得，决定于始光三年(426)九月，派奚斤、周几进攻蒲坂(今山西永济西)、长安，自己率轻骑二万，从君子津(今内蒙古清水河西)渡河直逼夏都统万。时值隆冬，天寒地冻，骑兵从冰冻的河上过去，直到统万城下。夏国君臣正在欢宴作乐，不想魏军突然到来，惊惶失措。赫连昌战败，退入城中固守。魏军宿营城北，分兵四处，杀死和掠到人口数万，又得牛马十多万头。太武帝见一时难以破城，就下令

撤军，把掠夺来的万余家百姓一起带回国中。此时，奚斤攻下长安，赫连昌派弟赫连定带兵二万欲夺回长安，两军相持不下。

再次进攻，诱敌出战

始光四年(427)四月，太武帝见赫连定去长安，统万空虚，决定再次进攻。这次共调集十万大军。从平城出发，渡过君子津，抛下大量后备物资，以轻骑三万直指统万。群臣进谏道："统万城坚固，非一朝一夕所能攻下。现轻军进讨，进不可克，退又

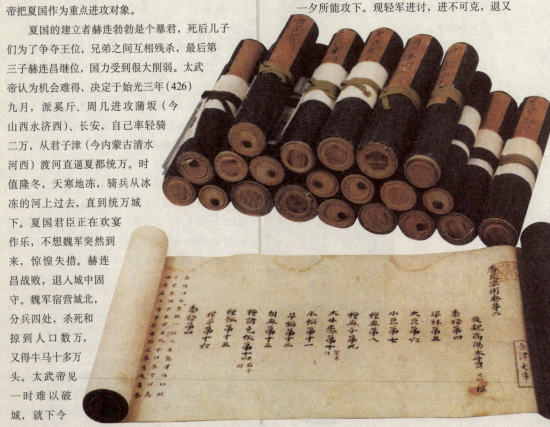

人物　关键词　故事来源

给养不足，不如与步兵和大量装备一起前进。"太武帝说："用兵之术，攻城最下，万不得已才为之。如与步兵、装备同去，敌定畏惧而坚守。如不能速破，食尽兵疲，进退无路。不如以轻骑直指城下，敌见步兵未至，必宽心轻敌。我再向其示弱，诱其出战，定能擒获夏主。我军离家两千多里，又隔大河，所谓'置之死地而后生'。我攻城则不足，决战则有余。"

大败夏军，攻入统万城

战争的发展果然如此。六月，太武帝军临统万城下，将大部队隐蔽在山谷中，只以少数士兵引诱赫连昌出战。有些因犯罪逃到夏国的魏士兵向赫连昌进言，说魏军粮缺，步兵未到，应速击。赫连昌果然率步骑三万出城迎战。长孙翰等鲜卑贵族说："夏军来势凶猛，应避开其锋芒。"太武帝说："我远来求贼，唯恐他们不出。现既然出来了，怎能避而不战？"于是假装逃跑，引夏军来追。赫连昌紧追不舍，奔约五六里，风雨交加，尘沙飞扬。太武帝返军冲击追兵，身中流矢仍身先士卒，魏军个个拼死作战，终于打得夏军全线崩溃。魏军乘胜追击直到城北，杀死赫连昌之弟及侄等，歼敌万余人。赫连昌来不及入城，逃向上邽，即今甘肃天水。不久，太武帝入统万城，俘获夏国王、公、卿、将和后妃、宫人近万人，马三十余万匹，牛羊数千万头，府库中珍宝、车旗、器物不可胜数。

当初赫连勃勃建统万城，极尽豪侈之能事，城高十仞，基宽三十步，上宽十步，宫墙高五仞，坚硬可以磨刀斧。宫内亭台楼阁雕梁画栋，宫内到处悬挂绮丽绣缎。太武帝对左右说："区区小国，如此浪费民力，怎能不亡？"

统万之战显示了太武帝的军事才能。战后第二年赫连昌被奚斤打败俘到平城，其弟赫连定继位，431年，受吐谷浑慕瓒邀击被擒，夏国遂告灭亡。

贾思勰《齐民要术》（上图及左页图）

贾思勰，山东益都（今山东青州）人，北魏末期杰出的农业科学家。他曾经做过高阳郡（今山东临淄）太守，到过山西、河北、河南等地，后来回到家乡，经营过农牧业，大约在北魏永熙二年（533）到东魏武定二年（544）间，在总结我国古代劳动人民农业生产成就的基础上，写成了著名的农业科学著作《齐民要术》。全书共十卷九十二篇，内容包括各种农作物的栽培，各种经济林木的生产，野生植物的利用，家畜、家禽、鱼、蚕的饲养和疾病的防治，以及农、副、畜产品的加工、酿造和食品加工以及文具、日用品的生产等等，几乎所有农业生产活动都作了比较详细的论述，在农学方面具有重大意义，是我国乃至世界上保存下来的最早的一部农业科学著作。

▶ 历史文化百科 ◀

〔我国最早的一部农业百科全书:《齐民要术》〕

《齐民要术》的作者贾思勰，北魏山东益都（今山东青州）人，曾做过高阳郡（今山东临淄）太守。此书是他在北魏末东魏初写成的。《齐民要术》书名的意思是平民谋生的主要技术。贾思勰重视农业生产，认为国家富强要依靠农业，因此，他主张政府要实行重视农耕的政策。全书共九十二篇，分成十卷，正文约七万字，注释约四万多字。其内容十分广泛和丰富，不仅有农作物的栽培技术，如耕作、播种、土壤、施肥、轮作、种子等，而且有蔬菜的栽培、果树林木的培育、蚕桑事业、畜牧兽医、农产品加工和贮藏、酿造酒酱醋豉、制胶和制墨等。它系统地总结了六世纪以前我国人民农业生产经验，体现了很高的技术成就，是一部综合性的农业百科全书。

姑臧无水草

魏太武帝攻下姑臧，灭了北凉，结束了十六国的分裂局面，统一了北方。北凉学者迁到平城，对汉文化的延续和北魏社会的汉化都有着深远的意义。

太武帝决心讨伐北凉

夏国灭亡后，太武帝把进攻目标对准了北凉和北燕，他派尚书李顺出使北凉，了解其内情，为日后出兵做准备。延和二年（433），北凉主沮渠蒙逊死，沮渠牧犍继立。太武帝拜他为凉州刺史、河西王，纳其妹兴平公主为右昭仪，并以妹武威公主下嫁沮渠牧犍。太延五年（439），沮渠牧犍嫂李氏与沮渠牧犍通奸，并与沮渠牧犍姐串通毒害魏公主，太武帝派解毒医生抢救不死。太武帝要沮渠牧犍交出李氏，沮渠牧犍不从，让李氏出居酒泉。同时，又大肆宣扬魏国受柔然打击，国势削弱。他的所作所为促使太武帝决心出兵讨伐。

太武帝召集公卿大臣，要大家讨论出兵北凉的军事部署。崔浩认为："沮渠牧犍反心已经暴露，不可不讨伐。应出其不意兵临城下，使其措手不及。"鲜

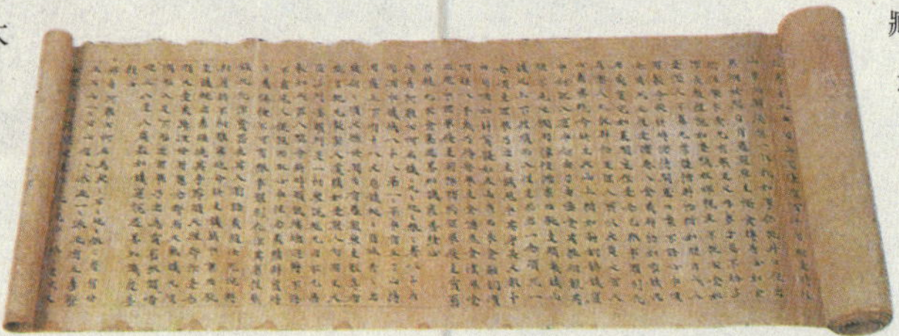

北魏敦煌写经纸（上图）
这件写有经文的黄麻纸，在敦煌莫高窟藏经洞发现，纸张用黄檗染过，黄檗中含有小檗碱，所以该纸有杀虫和防蛀的功能。这既增加了纸张的美观又改善了性能，是中国最早的防蛀纸。

〉历史文化百科〈

〔杂户〕

又称隶户。北朝初征讨西凉等地，所俘人户分配给官府及贵族、官吏以从事杂役的人户。杂户世代相袭，不能迁徙、改业，不得读书、做官。杂户虽可赏赐，但不准买卖。其身份低于平民，高于奴隶。与杂户身份相近者又有伎作户、盐户、绫罗户、金户、太常民等。

卑贵族奚斤等三十余人都表示反对，认为"国家新征柔然，士马疲惫，不宜大举发兵。且听说那里皆盐碱地，难生水草，大军远征，攻城不下，野无粮草，十分危险"。李顺因在北凉收受了贿赂，也支持说："姑臧（今甘肃武威地区）遍地枯石，绝无水草；城南天梯山上冬日积雪，春夏融化，流下成河，居民听说大军到来，必切断水源，环城百里之内人马饥渴，定难以久留。"崔浩与其辩论说："《汉书·地理志》云'凉州牲畜为天下最肥壮者'。如无水草，牲畜怎会繁殖？汉代人又怎会在无水草之地修城建郡？且雪融化水岂仅能除些灰尘，不能灌溉？"李顺说："耳闻不如目见，此乃我亲眼所见，有何可辩？"崔浩毫不退让说："你收受贿赂，为他人游说，以为我未曾亲见就可欺骗吗？"太武帝本在屏后听他们辩论，这时再也忍不住，从后面出来，严厉斥责奚斤、李顺等人，大家再不敢说话。

攻克姑臧

太延五年（439）六月，太武帝率大军从平城出发，一月后渡过黄河，命永昌王拓跋健和尚书令刘洁为前锋。再一月，永昌王健在河西俘获牲畜二十余万头。太武帝兵临姑臧城下，派使者劝沮渠牧犍出降，沮渠牧犍听说柔然攻魏，估计太武帝不会久留，故不肯投降。其侄沮渠祖出降魏军，太武帝从他那里了解到姑臧的军情，于是分兵包围。太武帝见姑臧城外水草丰饶，不禁大笑对崔浩说："你的话已经得到证实。"

世界大事记

印度北部各王国以马尔瓦王公耶输达曼为首击败嚈哒人。不久嚈哒被突厥和伊朗所灭。

沮渠牧犍　崔浩　魏太武帝

谎骗　溃败

《魏书·沮渠牧犍传》《资治通鉴·宋纪五》

人物　关键词　故事来源

意气风发的击鼓俑

北朝陶俑，人物双手持鼓槌伸于胸前，头戴小帽，昂首高视，好像是一个为军队助威的鼓手，充满了威武气概。中国国家博物馆藏。

九月，沮渠牧犍侄子万年率领所部降魏，姑臧城终于溃败。沮渠牧犍率领文武百官五千人自缚请降，太武帝亲自为其松绑以礼相待。北凉城内共有户口二十多万，仓库中珍宝不可胜数。安远将军源贺也在姑臧以外地区征服各少数族，投降的胡人达数十万。

十月，太武帝大军东回，把沮渠牧犍的宗族及姑臧官吏百姓共三万户迁至平城。

西晋末年永嘉之乱后，中原有文化的人士除了南渡江南或向东北去前燕外，有不少人投奔河西前凉张轨门下。这些士人的子孙继承家学，所以后凉俨然成为汉文化的中心。沮渠牧犍喜爱文学，任用许多著名学者为官。太武帝攻克凉州后，将这些人迁到平城，以礼相待加以重用，这对北魏接受汉族文化起了很大作用。

魏晋后期北方少数民族分布及其建立的政权

族名	历史概况	魏晋后主要分布地	建立的政权
匈奴	世居蒙古草原，东汉时分为南北两部，北匈奴西迁，南匈奴不断南迁，曹操将其分为左右南北中五部。分支有屠各胡、卢水胡、稽胡（山胡）等。	山西、陕西中部，甘肃西北部、青海一带。	前赵（屠各胡）　北凉（卢水胡）夏
羯	又号羯胡、杂胡。源于小月氏，曾附属匈奴，深目、高鼻、多须，信奉"胡天"（祆教）。	太行山以西的并州诸郡，主要聚居在上党郡武乡县（今山西榆社）。	后赵
氐	古老民族西戎之别种，从事畜牧和农业，其种繁多，有巴氏、白马氏、武都氏、青氏等，与汉杂处。	甘肃、陕西、四川邻接地带，集中在武都（今甘肃成县西北）等地。	前秦　后凉　仇池（白马氏）
羌	古三苗之后裔，活动于黄河中上游，以游牧为主，与汉人杂处者也从事农业。东汉曾发生羌人起义。有烧当、宕昌、邓至等部。	陕西、甘肃一带，主要聚居在冯翊、北地、新平、安定等地。	成汉（巴氏）　后秦（烧当羌）
鲜卑	东胡的一支，初依鲜卑山，因此得名。后北匈奴西迁，进入匈奴故地。曹魏时轲比能部强盛，建立部落军事王国。其国瓦解后，东部地区有慕容部、宇文部和段部，中部有拓跋部，西部有乞伏部。	辽宁、河北、山西、内蒙古、陕西及青海等地。	前燕（慕容部）　后燕（慕容部） 西燕（慕容部）　南燕（慕容部） 西秦（乞伏部）　南凉（秃发部） 北魏（拓跋部）　北周（宇文部）

中国大事记

梁在钟离筑浮山堰，役夫达二十万人，准备用淮水灌北魏寿阳城。

〇三六

王慧龙治荥阳

南朝大族王慧龙因全家被杀逃到北魏，决心报仇。多次南伐获胜，被任命为荥阳太守。他治理有方，名声远扬。

全家被杀，逃到北魏

王慧龙出身高门大族，是东晋尚书仆射王愉的孙子，散骑常侍王缉的儿子。王愉因得罪刘裕，全家被刘裕所杀，当时王慧龙仅十四岁，被和尚僧彬藏匿保护。一百多天后，和尚带着王慧龙渡江，渡口的守兵说："这人行色匆匆，莫非是王氏的儿子？"僧彬镇定地说："贫道回乡探亲，他是随从我的徒弟，怎会是王氏儿子？"士兵就放他们过去。后来王慧龙辗转逃到北魏。

荥阳十年，治理有方

王慧龙逃到北朝，见到明元帝，流着眼泪要求南伐报仇，大家对他的孝心极为感动。明元帝便任命他为洛城镇将，配兵三千。崔浩知道他是高门大族，对他十分尊重。王慧龙一再上表要求南伐，崔浩也替他呼吁。于是朝廷任命他为南蛮校尉安南大将军左长史，后来在滑台大败南朝大将王玄谟。神䴥四年（431）

北魏嵩岳寺塔

嵩岳寺塔，位于河南登封市城关镇西北5公里嵩山南麓峻极峰下嵩岳寺内。嵩岳寺始建于北魏永平二年(509)，原为北魏宣武帝离宫，后改为佛教寺院。正光二年改名"闲居寺"，隋仁寿二年改名"嵩岳寺"，楼阁相连，亭殿交辉，盛极一时。塔位于寺院中部，为单层密檐式砖塔，十二边形，由基台、塔身、密檐和塔刹构成，高40米，底层直径10.6米。塔前有长方形月台，塔后砌砖铺甬道，与基台同高。塔身中部砌一周腰檐将塔身分成上下两段，下段素面，上段有装饰。东、南、西、北四面各辟一拱券门通向塔心室。其余八面倚柱之间各造佛龛一个。塔身之上是十五层叠涩檐，外轮廓呈抛物线造型。檐间矮壁上辟拱形门和棂窗，除几个小门是真的外，绝大多数是雕饰的假门和假窗。塔刹由基座、覆莲、须弥座、仰莲、相轮及宝珠等组成。此塔由于建筑技术高超，塔身虽用青砖黄泥垒砌而成，但经历一千四百年，仍巍峨屹立于崇山峻岭之中，是我国最古老的砖砌佛塔。

太武帝赐他剑马钱帛，又赐爵长社侯，任命为荥(xíng)阳（今属河南）太守。

王慧龙在荥阳十年，重视农业生产，加强战备，成绩显著，名声远扬，边远地区一万多户前来归附。

不信谣传，反间失败

南朝宋文帝派大将到彦之、檀道济多次进攻淮颍地区，王慧龙坚决抵抗，战败他们。以致到彦之在信中对人说："我本以为儒生懦弱，想不到如此英勇，令人吃惊。"宋文帝为了打败王慧龙，使出了反间计，派人四处宣扬说："王慧龙自以为功大未获升官，一心勾结边境宋军，活捉安南大将军司马楚之。"太武帝确信这些话是谣言，亲笔

镏金银壶

镏金银壶是波斯萨珊王朝（226—651）器物，极为罕见。出土于宁夏李贤夫妇合葬墓。高长身、卵形腹、细颈、鸭嘴形流，圆形底座，壶柄弯曲两端成羊头，顶端铸人头，高鼻戴圆形帽。壶腹一周突起六人男女图像，一组为裸体，似表现英俊战士得到女子爱慕情景。银壶造型别致精美，具有浓厚的罗马风格，对研究萨珊工艺美术、萨珊与罗马关系、波斯与中国关系都有重要价值。

写信给王慧龙说："刘义隆怕将军如怕老虎，故意以谣言中伤，我自清楚，你也不必介意。"

放走刺客，宽厚仁爱

宋文帝一计不成，又生一计，派刺客吕玄伯行刺王慧龙，许诺砍下王慧龙首级，封食邑二百户男爵，赏绢千匹。吕玄伯假装投降，求见王慧龙，王慧龙见吕玄伯进门时神色慌张，就命人搜身，果然搜出行刺用的刀来。吕玄伯叩头请罪。王慧龙说："我们都是各为其主，我也不忍心杀害你。"命人把吕玄伯放了。他的宽厚仁慈受到大家赞扬。

王慧龙去世，按当时规定，南方投降过来的人一律葬到平城一带，王慧龙死前要求葬在洛阳附近，朝廷同意了。他的将士和部下在他墓旁盖起一所佛寺，画了王慧龙和僧彬和尚的图像。吕玄伯感念他的恩德，要求留下看守坟墓，一直到死都没有离去。

▶历史文化百科

〔两晋南北朝中国与欧洲、西亚的交往〕

西罗马帝国是古代地中海地区的奴隶制强国。公元395年帝国分裂为东西两部分。东罗马帝国又称拜占庭帝国。中国古书称罗马帝国为大秦。西晋太康年间（280—289）大秦派遣使者与中国通好。拜占庭帝国在我国史书上称"拂菻"国。我国在南北朝时与其建立了商贸往来关系。1959年在呼和浩特西的北魏古墓中，出土一枚拜占庭列奥一世（457—474）时所铸金币。1976年在河北赞皇东魏李希宗墓出土三枚拜占庭金币。其中两枚为527年所铸，距墓主人死不到五十年，说明交往的频繁。

公元226年伊朗建立了萨珊王朝，到五世纪发展成为亚洲西部的一个大帝国，历史上也称为新波斯帝国。这一时期我国境内沿着丝绸之路发现萨珊王朝银币达一千两百枚，说明这时中国与伊朗经济文化交流频繁。中国西去的商品以丝及丝织品为大宗。中国的养蚕技术也在六世纪末，通过波斯而传入大秦。

○三七

寇谦之兴道教

寇谦之假托天神下降授给经典，把旧五斗米道改造成新道教，并得到皇帝的支持，使道教成为国教。

到华山嵩山学道

北魏建国之初，对佛教和道教采取兼收并蓄的政策。道武帝拓跋珪平定后燕，进入河北地区，无论看见佛寺还是道观，无论见到和尚还是道士，一律表示尊敬，禁止军队侵犯。到明元帝、太武帝时，道教兴盛起来，因为这时北魏出现了一位重要的道教领袖，这人就是寇谦之。

寇谦之出身大族，父亲寇修之是前秦东莱（治所为今山东莱州）太守，兄寇赞是北魏南雍州刺史。寇谦之年轻时十分仰慕道教，开始时学习张鲁五斗米道的方术。后来遇到成公兴，随他去华山和嵩山修道七年，又学到不少道教方术。

假托天神下降

寇谦之为了改造张鲁的旧五斗米道，假托天神下降授给经典。他托神造经共有两次：第一次是神瑞二年（415）十月，寇谦之在嵩山遇到了太上老君，他骑在一条龙上，驾着彩云，带领许多仙人、玉女从天而降。到了山顶，太上老君对寇谦之说："自从天师张道陵去世，地上不再有天师传道，你懂道教教理，行为符合规范，可以授天师之位。现在赐给你道书《云中音诵新科之戒》二十卷。此书自开天辟地以来不传于世，现在时机已到，可以出现了。你要好生宣传，整顿道教，除去张鲁五斗米道交纳五斗米以及"男女合气"等伪法方术，应以专讲礼义为上。"接着，太上老君又授给寇谦之服气、导行、辟谷等口诀法术。寇谦之学后，体态轻盈，容光焕发。第二次是泰常八年（423）十月，太上老君又派玄孙李谱文授寇谦之《录图真经》六十卷，要他用此辅助北方的"太平真君"。

创立新道教

寇谦之假造了这些神话后，又吸收儒家礼教内容、佛教生死轮回思想，再从原始五斗米道中清除易

晋代丹药

晋代风行道教家炼丹术，出现了一批著名的炼丹家，如葛洪、陶弘景等，也为后世火药的发明打下了基础。图为上海中医药大学博物馆所藏的晋代丹药。

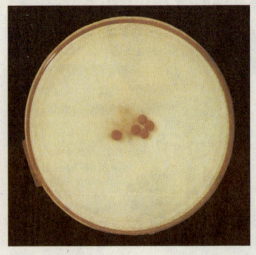

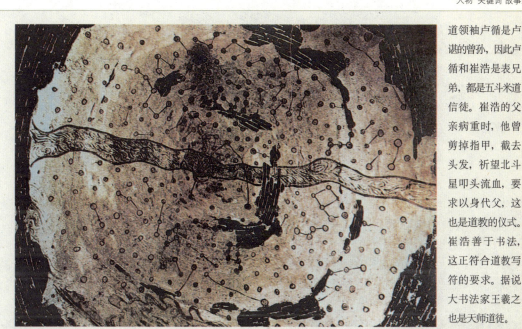

北魏墓中的天文图

1974年2月在河南洛阳孟津县前海资村西南北魏孝昌二年(526)元乂墓出土。星图绘于墓室穹窿顶上，直径达7米。图中银河贯穿南北，波纹呈淡蓝色，清晰细致。采用圆点标星的方法绘制恒星三百余颗，恒星与银河的位置相对比较准确。它与早期装饰性星图和示意性星图不同的是，该图所绘星象不仅代表了一个象征性星空，而且也是当时实际星空的反映。假如不将象征性星图计算在内，这幅星图乃是一切文明古国流传下来的星图中最古老的一种。它比苏州石刻《天文图》早七百年，比《新仪象法要》星图早约五百年，比唐代敦煌星图早四百年。

为农民起义利用的思想内容，建立起适合统治阶级需要的新道教。寇谦之是把原始五斗米道改造成统治阶级道教的道教理论家和道教领袖，他创立的新道教称为北天师道。

寇谦之创立新道教，得到了北魏宰相崔浩的支持。崔浩是汉族世家大族的代表，他的家族是天师道世家，母亲是东晋大族卢谌的孙女，而东晋末五斗米

道领袖卢循是卢谌的曾孙，因此卢循和崔浩是表兄弟，都是五斗米道信徒。崔浩的父亲病重时，他曾剪掉指甲，截去头发，祈望北斗星叩头流血，要求以身代父，这也是道教的仪式。崔浩善于书法，这正符合道教写符的要求。据说大书法家王羲之也是天师道徒。

道教成为国教

寇谦之深知振兴道教一定要得到皇帝的支持。他便向太武帝献《录图真经》，但朝廷上下对他只是半信半疑；唯有崔浩重视，上疏给太武帝推荐寇谦之。太武帝这才派人到嵩山祭祀，迎接天师，显扬道教新法。后来又在京城东南方修筑起天师道坛，由国家供给一百二十名道士的衣食，进行道教斋醮活动。太武帝还接受寇谦之的建议，改年号为"太平真君"，并亲自去道坛接受道教符。太武帝成了中国历史上第一个道教皇帝。自此以后，北魏皇帝即位都要举行这种仪式。寇谦之建议太武帝建造一座极高极高的静轮宫，在上面听不到鸡鸣狗吠之声，据说是为了能与天神交接；造了多年，花费无数钱财，始终没有造成。但是，寇谦之却依靠北魏太武帝使道教成了国教。

北魏太武帝时，鲜卑族的尚书令古弼是一个忠心耿直的大臣，由于他的头顶较尖，像笔头一样，太武帝戏称他为"笔头奴"。

"笔头奴"古弼

古弼是一个直臣和忠臣，为了国家利益，他不怕冒犯太武帝；但太武帝也是一个英明君主，他称古弼是"国家之宝"。

奏请苑围赐贫民

北魏初年，帝王曾多次在都城平城附近圈地作狩猎苑围。如道武帝时在长城南的白登（今山西大同东北）以西圈个狩猎场，名叫鹿苑，周长数十里。又如天赐三年（406），皇家在灅（今山西宁武北以南）造宫殿，造花园。这样一来，百姓的耕田就减少了。太平真君五年（444），古弼决定晋见太武帝，奏请把苑围的大部分土地赐给贫民耕作。古弼进宫

精美的漆画木板屏风（局部）
这幅北魏时期的漆画是司马金龙墓的随葬品。

时，太武帝和给事中刘树在下棋，兴致正浓，他不便打断，只好在一旁等待。等了好久，棋局仍未结束。古弼忍耐不住，把气一股脑儿出到刘树头上。他突然跳到刘树面前，把他拉下座位，抓住他的头发，提拳就打，一边骂道："朝廷管不好国家大事，罪皆在你！"太武帝一见这场面，感到自己有责任，忙劝古弼住手，说："未听你奏事，是我不对，刘树无罪，不必对他如此！"古弼这才放手，启奏要求减少苑围，把土地分赐无地贫民，说这样既可给贫民以生计，又可增加生产，太武帝欣然同意。古弼此时便脱下官帽和鞋子跪下说："臣下无礼，冒犯陛下，请求陛下处罚。"太武帝说："你一心为国，忠心耿耿，何罪之有？快戴好帽子，穿上鞋子。以后凡对国对民有利之事只管去做，不必顾虑。"

世界大事记　波斯科斯洛埃斯一世即位（531—579）。在位时厉行土地、赋税、行政、军事改革，奖励文化、商业。萨珊王朝达于鼎盛。

古弼 刘树 魏太武帝

正直 忠言

《魏书·古弼传》

人物　关键词　故事来源

镏金银壶（局部）

"为国家长远考虑"

不久，太武帝要到河西狩猎，命古弼留守京城，主持尚书台工作。太武帝到达河西后，下令要古弼把肥壮的马送给狩猎部队，结果古弼把瘦弱的马送了去。太武帝大怒道："笔头奴竟敢和我作对！我回平城先杀了这个奴才！"古弼的尚书台属官担心连累被杀，惧怕万分。古弼安慰他们说："作为臣下，我不让皇上整日游猎罪小，使军备松懈、无力防备敌人罪大。现今北方柔然强大，南寇未灭，我把瘦弱之马供给狩猎，肥壮之马留给军队，为国家长远考虑，虽死何妨！此事责任在我，诸位不必担心。"这些话传到太武帝耳中，他不禁感叹地说："这等大臣，实国家之宝呀！"当即下令赏赐古弼一套衣服、两匹马、十头鹿。

国家的忠臣

过了几天，太武帝又到平城北山去打猎，获得鹿数千头，他下令尚书省派五百辆民车运载。下诏使者去后，太武帝对左右侍从说："笔公一定不给，你们还

是用自己的马运载吧！"果然，古弼派人带着上表回话说："当下正值秋收大忙时节，早上该收之粮延至晚上就要减产。恳请皇上先让民车运粮，稍迟数日再来运鹿。"太武帝见表对左右说："你们看，果然如我所预料吧。笔公实在是国家的忠臣！"

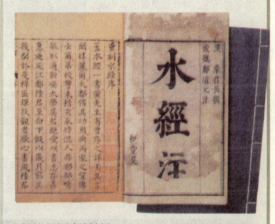

《水经注》（明嘉靖刻本）

> ▶历史文化百科◀

〔古代地理名著：《水经注》〕

北魏郦道元（466或479—527）著。四十卷。约在三国时，曾出现一部以全国水道为纲的地理著作《水经》，但内容过于简略。郦道元为《水经》作注，实际上是一部创造性著作。《水经》原文一万五千字，《水经注》有三十万字。《水经》记述水道一百三十七条，《水经注》则有一千二百五十二条。《水经注》以水道为纲，详细记述所经地区山岳、丘陵、陂泽的位置，关塞亭障，城市兴废沿革，以及土壤、植被、气候、水文，兼及历史事件、人物、民俗，甚至神话传说，无不繁征博引，可以说是一部六世纪前我国最全面而系统的地理著作。此书引用书籍多达四百三十七种，还记录了不少汉魏间的碑刻。《水经注》文笔绚烂，具有较高的文学价值。由于后代研究学者众多，故形成一个专门的学问——"郦学"。

北征柔然

柔然是北魏北方的一个以游牧为主的民族，对北魏威胁很大。太武帝出击柔然，俘获大量人口牲畜，增加了国力，解除了后顾之忧。

为防柔然，筑起长城

柔然是北魏北边的一个以游牧为主的少数族，天兴五年(402)，首领社崘摆脱北魏统治，建立了奴隶制的柔然汗国。对作战勇敢的赐给战利品和俘虏，对怯懦退却的加以鞭挞甚至用石头击杀。漠北冬季寒冷，不能放牧，柔然要进入漠南，因而经常骚扰北魏边境。为抵御柔然侵犯，北魏先在边境线上建立六个军镇，派重兵把守；后又在漠南筑起长达两千多里的长城。

《木兰从军》(杨柳青年画)

自北朝民歌《木兰诗》问世后，木兰这位虚构的女英雄就成为一位传奇人物，享誉大江南北，并成为许多文艺作品的主角。这幅年画画的就是木兰的飒爽英姿，并题诗赞曰："木兰本是女娇娃，为父从征正可夸。纵横十载全名节，无敌将军说姓花。"

大胜柔然

太武帝拓跋焘即位后，国力已经强大，为解除后顾之忧，他改变以前的防御战略，开始对柔然进行大规模反击。神麚二年(429)，太武帝决定进攻柔然，遭到鲜卑贵族大臣们的反对。尚书令刘洁指使太史令张渊、徐辩提出天象表明出师不利。大臣们附和说："张渊年轻时劝阻苻坚南伐，苻坚不听而败，张渊言无不中。"懂得天文的崔浩主张出击，便与他们辩论，把二人的观点一一驳倒。二人又提出："柔然国处于荒漠，得其地不能耕种，得其民不能役使；发大兵征伐得不偿失。"崔浩反驳说："柔然本我臣民，悍然背叛，现杀其首领，收其良民，使其重新服役于我，怎说得不偿失？"太武帝支持了崔浩的意见。

世界大事记　拜占庭以赔款1.1万磅黄金为代价，与波斯缔和。君士坦丁堡发生"尼卡暴动"，查士丁尼一世用武丁镇压，杀起义群众三万五千人。

魏太武帝　刘洁　崔浩
溃败　进攻
《魏书·蠕蠕传》

人物　关键词　故事来源

北魏镏金铜释迦像

此镏金铜释迦像是1965年出土于内蒙古托克托县古城。像为铜质，外镏金。释迦端趺坐于须弥座上，作说法状，耳廓大而下垂，很明显有北魏佛像的特征。

> ### ＞历史文化百科 ＜
>
> **〔木兰诗〕**
>
> 北朝文学主要是民歌。其代表作是《木兰诗》。
>
> 这首五言诗，全文三百余字，写出了一个女扮男装，替父从军的生动故事，塑造了一个淳朴、勇敢、机智、孝敬父母、热爱生活、不求浮名的女英雄。木兰这一艺术形象集中地反映了中华妇女的优秀品质，是广大百姓心目中英雄女性的最高典型。
>
> 《木兰诗》的艺术特点是富有浪漫色彩，以质朴明快的语言、诙谐生动的情趣表达出丰富的思想感情。它连续运用复叠和排比，造成节奏和音乐性，堪称千古杰作。
>
> 《木兰诗》产生的时代众说不一，大体有汉魏说、南北朝说、隋唐说三种。较多学者认为它是北朝诗，背景可能为北魏和柔然的战争。不过在流传过程中经过了隋唐文人的加工修饰，使之更臻完美。

战争结束后，太武帝把俘获的柔然部民分散到东起濡源西至五原，即东起今河北沽源东南西至今包头西北的阴山三千里广大土地上，命长孙翰等监督统治，强迫他们放牧和耕种土地，然后征收其租赋。经过这次战争，柔然一蹶不振。

再攻柔然

一场辩论结束，出征柔然的方针定了下来。神䴥二年(429)四月，太武帝与平阳王长孙翰从东西两路向柔然发起大规模进攻。五月，太武帝到了漠南，留下辎重，率领轻骑突然袭击柔然。柔然牲畜满野，毫无准备，见魏大军杀来，匆忙逃跑，部落散乱，杂畜无人收管。柔然部民伤亡惨重，投降的达三十多万户。北魏俘获马百万余匹，其他牲畜和车辆无数，但并没有抓到柔然可汗。

太平真君四年(443)，太武帝再一次进攻柔然。他分兵四路，自己统率中路，另派十五将出东路，十五将出西路，十五将为后继。太武帝到达鹿浑谷即今蒙古国乌兰巴托西南，太子拓跋晃说："柔然未料到我大军到来，应出其不意，速速进攻。"尚书令刘洁反对，说："敌军营中多尘雾，必有大批人马，不如等各路大军集合后再出击。"太武帝便没有立即进攻，结果柔然闻讯逃走。太武帝后悔不已。后来查明刘洁为了阻止征伐柔然，故意反对出其不意发动进攻，又假传圣旨，致使各路军不能按期会师。太武帝大怒，下令将刘洁和有关的人全部处死。

公元５２３年

公元 5 2 3 年

> 中国大事记：北魏六镇起义，后发展为全国各族人民大起义。

○四○

太武帝灭佛

由于僧侣不交租赋，不服兵役，使国家利益受到损害，崔浩、寇谦之的道教得宠；后又发现寺院藏兵器，怀疑与盖吴起义通谋，终于引发了中国历史上第一次排佛事件。

从信佛到排佛

北魏的皇帝大多信佛，但太武帝在位时却发动了一场大规模的灭佛运动。

太武帝刚即位时本也相信佛教，常召高僧交谈；每年四月八日，和尚用车载着佛像上街出巡，太武帝在门楼上观看，并散花表示礼敬。平定北凉后，大批和尚也随迁民来到平城，平城的寺庙和尚陡然增多。其中有些和尚颇有法术。如来自夏国的惠始，出家五十多年总是坐禅，从未躺下睡过觉；他赤脚行走，从不沾泥，人称"白脚僧"；他在八角寺坐着去世，停尸十多天面不改色。

太武帝青年即位，志在建立武功，统一北方。他虽敬重和尚，却未阅读过佛教经典，也不了解佛教教义。后来遇到了寇谦之，开始相信道教，认为道教讲清净无为，得道成仙，讲辟谷、服气、导行等方术更有道理。他亲自到道坛受符，甚至把年号改为"太平真君"。从这时起，就对佛教疏远起来。当时的宰相崔浩，与寇谦之关系密切，不断在太武帝面前诋毁佛教，说佛教虚无荒诞，和尚不交租税不服兵役，消耗大量财富等等。崔浩学识渊博，太武帝十分相信他的话，就对佛教更加厌恶。

下诏诛杀和尚，焚毁佛像

太平真君六年（445）盖吴起义后，太武帝御驾西征，来到长安。当时长安寺院的土地上种了不少麦子。看马士兵到寺中喂马，太武帝也跟着进去看马，侍从官向他报告说看到寺院便室中有许多弓箭、长矛和盾牌，太武帝不禁怀疑说："和尚要这些东西何用？定与盖吴通谋。"此时又查出寺中还有许多酿酒工具和富人寄放的财物，更发现一些暗室，此系和尚与贵族家女子淫乱的地方。太武帝顿时大怒，下令把寺院的和尚全部杀光。一旁的崔浩又趁机进言，劝太武帝废除境内所有佛教。太武帝同意，下诏诛杀长安所有和尚，焚毁佛像；并令其他各地皆按长安办法办理。

北魏昆仑奴童俑

图为河南洛阳北魏元劭墓出土的昆仑奴童俑。昆仑奴是指当时在中国做奴仆的东南亚黑人。

> **历史文化百科**
>
> **［北魏最大佛寺：永宁寺］**
>
> 永宁寺为北魏洛阳城内最大寺院，为熙平元年（516）灵太后胡氏所立。九层塔高一千尺，是该寺的主要建筑。据《洛阳伽蓝记》记载，永熙三年（534）该塔遭火灾，大火连绵三月不灭，其建筑规模之大可想而知。永宁寺塔每个角上都悬有金铎，共计一百二十枚，塔有四面，每面开有三户六牖，皆涂有金漆，门上各有五行金铃，共计五千四百枚。菩提达摩见后叹为神功。遗址呈长方形，南北3.5米，东西215米，周长1060米。

112

世界大事记

拜占庭灭北非汪达尔王国，恢复北非罗马帝国行政机构。高德马尔二世为法兰克人所杀，勃艮第王国亡。

魏太武帝　崔浩　拓跋晃

三武之厄

方技　恐怖

《魏书·释老志》

人物　典故　关键词　故事来源

北魏泥塑供养人头像
北魏洛阳永宁寺熙平元年（516）灵太后胡氏所立，出土遗物主要是建筑材料、彩塑残件和壁画残块，这几个泥塑供养人头像，制作精美，代表了北魏时期雕塑艺术的最高水平。

在平城监国的太子拓跋晃相信佛教，他得知消息后一再上表要求不要滥杀和尚、毁坏佛像，太武帝不予理会。过后再次下诏说："后汉荒君，迷信邪伪佛教，变乱天理伦常，从此政治教化不行，礼仪大坏，鬼道炽盛。近代以来，天下丧乱，生民死尽，千里萧条，皆由此造成。朕承受天命，定要除伪定真，恢复伏羲神农时之大治。现决定扫除一切胡神，灭其踪迹。今后敢有事奉胡神和制造泥、铜佛像者，满门抄斩。唯有非常之人，始能行此非常之事。非朕谁能去除历代伪物！各征镇将军，地方刺史，务须把各地佛像、佛经击破烧掉，和尚不论长幼一律处死！"

太子缓宣诏书

诏书下达后，眼见北魏全国的佛寺都要毁于一旦，和尚都要送命，太子拓跋晃利用监国的权力，推迟了诏书的下达。这样各地的佛寺有了准备，佛像、佛经被秘密收藏起来，和尚纷纷逃跑躲匿，但是，"逃得了和尚，逃不了庙"，许多佛寺、佛塔还是遭到破坏。

这样的恐怖气氛前后大约持续了四五年，到太平真君十一年（450）崔浩被杀后，太武帝有些后悔，禁令才宽弛下来。有些地方上的和尚又偷偷地穿起法服诵起佛经。但总的来说，在太武帝去世前，佛教仍不敢抬头。直到正平二年（452）太武帝死，其孙文成帝即位，佛教才恢复发展起来。

自从两汉之际佛教传入中国，虽出现过佛道矛盾，但由皇帝出面禁佛，还是第一次。此后北周武帝、唐武宗、后周世宗也曾推行过排佛运动。这就是历史上有名的"三武一宗"。

北魏镏金铜释迦像（局部）

○四一

北魏名臣崔浩

崔浩是北朝汉族士族的代表，官至司徒，权势显赫。但他和鲜卑贵族的矛盾冲突日益激化，最后被诛杀。《国史》事件只是导火索和借口而已。

北魏拓跋珪、拓跋嗣、拓跋焘三代的强盛，与北方汉士族所起的作用是分不开的；而汉士族的代表是崔玄伯、崔浩父子。

崔浩的祖籍是清河东武城，即今山东武城西。清河崔氏是北朝第一盛门，崔浩一支又是清河崔氏家族最显赫的一房。崔浩祖上历任高官，其父崔玄伯原在苻坚、慕容垂处为官，后被拓跋珪所俘。拓跋珪与他谈话，觉得十分投机，便委以重任，与张衮同掌机要。北魏国号的"魏"也是出于他的建议。

崔浩的智谋

崔浩少年时就勤奋好学，博览经史，懂得天文阴阳历法。拓跋珪时任著作郎，拓跋嗣时拜博士祭酒。崔浩参预军国大谋，朝廷的礼仪制度和诏书等多出自其手。神瑞二年（415）平城饥荒，不少大臣主张迁都于邺（今河北临漳）。崔浩反对，说："中原总以为拓跋世居广漠之地，民畜无数，号称牛毛之众。如让部分人南迁，恐怕住不满诸州之地，再加上水土不服，必使中原人看出破绽；柔然如乘虚进攻，则将声实俱损。今居北方，如果中原有变故，轻骑南出，百姓不知道真实兵力究竟有多少；一定会望尘而震服的。"拓跋嗣接受了他的意见，没有迁都，果然度过了难

北魏名臣崔浩（上图）

关。后来拓跋嗣病重，又采纳崔浩建议，立子拓跋焘为太子。

拓跋焘即位后，对崔浩更加重用。始光三年（426），他召开军事会议，讨论先攻夏国，还是先伐柔然。鲜卑贵族长孙嵩等人竭力主张先伐柔然，他们认为："赫连氏土著，不能为患，不如先伐柔然。大军追到，可大获牲畜；追不到，可在阴山打猎，取禽兽皮角补充军用。"崔浩又持反对意见，他说："柔然如同鸟兽忽聚忽散，大军无从追击，轻兵难以制敌。赫连氏土地不过千里，刑罚残酷，早已失去民心，应先讨伐。"拓跋焘仍然采纳崔浩意见，决定先讨伐夏。结果大败赫连昌，攻克夏都统万，获得大胜。

过了三年，拓跋焘打算讨伐柔然，内外大臣一致反对，保太后更是坚决制止，只有崔浩坚持劝拓跋焘出击。结果又获大胜。之后，在征伐北凉的问题上，又是崔浩力排众议，支持拓跋焘进军，结果又平定了凉州。

崔浩参预了北魏许多重大的政治军事决策，对于巩固和加强北魏政权，促进北方统一，发展北魏政治、经济、文化都有很大的贡献。因此，官至侍中、司徒，为北朝汉士族中位至三公的第一人。拓跋焘曾指着崔浩对高车渠帅说："你们不要看他身体纤弱，手不能弯弓，他胸中所藏比百万甲兵厉害多多。我能屡

公元536年

公元 536 年

世界大事记

世界大事记　拜占庭统帅贝利萨留率军攻入意大利半岛，占取那不勒斯、罗马，东哥特人顽强抵抗。埃及亚历山大爆发反拜占庭起义。

崔浩　魏太武帝　长孙嵩

谋略　冤狱

《魏书·崔浩传》

人物　关键词　故事来源

打胜仗，全靠他出谋划策。"他又下令诸尚书："凡军国大计，你们不能决定的，都先请示崔浩，然后施行。"

"国史"之狱

崔浩是对北魏政权起过重大作用的三朝元老，但却在太平真君十一年（450）六月被太武帝杀掉了。不仅他本人被杀，连同他同宗同族的人、姻亲范阳卢氏、太原郭氏、河东柳氏等也都一同被杀。行刑那天，崔浩被装在囚车里押赴刑场，士兵们轮流向囚车撒尿，然后斩首。自古宰相被杀的不乏其人，但遭受如此凌辱的找不出第二个。

崔浩为什么被杀呢？据说是因为写北朝历史时暴露了北魏祖先的丑事。北魏在拓跋珪时曾修史，称为《国纪》，但过于简略，只有年月起居，不成体例。神麚二年（429），太武帝拓跋焘命崔浩与其弟崔览继续修国史，初成三十卷，为编年体。太延五年（439）平

历史文化百科

〔柔然〕

柔然，北魏称为"蠕蠕"，南朝称为"芮芮"，北周和隋称其为"茹茹"，都是译音。柔然源出于东胡，兴起于四世纪末。公元402年柔然首领摆脱北魏统治，建立柔然汗国。极盛时期疆域北至贝加尔湖，西达新疆北部，东到朝鲜半岛，南与北魏相接。柔然与北魏时战时和，在拓跋珪和拓跋嗣统治时期，柔然常带兵南下。拓跋焘时，曾六次大规模出击柔然，其中425、429年两次，对柔然打击最大。此后柔然汗国中衰，至西魏时先后为所属突厥所击破，部分投北周或西迁，大部为突厥所并。

连环画的始祖：《漆棺彩绘孝子图》
发现于宁夏固原，这座墓为夫妻合葬墓，根据墓主服饰、棺木形制及漆画内容推测，年代约在北魏太和十年（486）前后，墓主人可能是鲜卑人。男棺绘制有精美的漆画，棺盖、前档及左右侧板上绘有天河图、饮宴图和孝子故事画，为美术史的研究提供了具有代表性的北朝绘画史料。其中由单幅画面构成的连续性孝子故事图，已构成了后世连环画的雏形。

中国大事记

鲜于修礼率北镇流民在定州左人城（今河北唐县西北）起义。后葛荣杀修礼，称天子，国号齐。魏财政困难，预征六年租调。

江西庐山东林寺三笑堂
386年，名僧慧远途经寻阳，江州刺史特地为他在庐山建造了一座东林寺。

北凉后，又命崔浩续修，由中书侍郎高允、散骑侍郎张伟协助。史书修好后，崔浩刻石立于路侧，让人观阅，以示"直书"。其中对北魏祖先的一些丑事，如苻秦灭代，什翼犍逃阴山被其子寔君所害等史实都直言不讳。这样对北魏祖先国破家亡之耻毫不掩饰的叙述，自然触怒了鲜卑贵族。他们纷纷向拓跋焘告发，拓跋焘也很气愤，就兴起了一场文字狱。

但是问题并不仅仅因写史而被杀这样简单，同样参加修史的高允等人并未因此遭祸，崔浩的亲戚并未参加修史却无一幸免。其实崔浩之死另有隐情，"国史"事件只不过是导火线而已。

那么，崔浩究竟为何被杀呢？

据南朝的史书《宋书》记载，说拓跋焘元嘉二十七年（450）南侵时，崔浩图谋反叛北魏，"密有异图，谋泄被诛"。这并不可靠。因为崔浩虽然具有汉民族意识，但他为鲜卑统治者出谋划策，是忠心耿耿的。再说，当时世家大族阶级意识高于民族意识，刘裕出身寒门，是崔浩辈高门大族所轻视的。如确因反叛被诛，北魏史书无须为之隐讳。南朝史书的这种说法，实际上不过是虚张声势。还有一种说法，是崔浩与其主要政敌拓跋焘之子恭宗拓跋晃有矛盾。晃信佛，浩奉道反佛，佛教徒与鲜卑贵族联合害他。这种讲法虽有一定道理，但也不是主要原因。

崔浩被杀的主要原因是鲜卑贵族与汉士族的矛盾。这种矛盾，除了民族偏见、文化差异外，在经济上主要是对劳动力的争夺，在政治上主要是权力冲突。汉士族希望分享更多权力，而鲜卑贵族则害怕他们权力过大，于己不利。崔浩是汉士族利益的代表，他曾提出"分明姓族"，即要求实行门阀政治，严格士庶区别，正式承认门阀士族的各种政治、经济特权。鲜卑贵族靠军功起家，并无显赫门第可自诩；确立姓族，让大批汉士族进入仕途，必然使鲜卑贵族的特权受到损害，他们自然不能容忍。此外，崔浩还著文二十余篇，大讲历史变故，主旨在于恢复古代的五等爵，这是东汉以来儒家大族的共同理想，从中也反映了崔浩一心想确立门阀的思想。这自然也受到鲜卑贵族的忌恨，连大族卢玄都感到这样不合时宜，劝崔浩"三思而行"。

鲜卑贵族与以崔浩为代表的汉士族的矛盾不断发展，太武帝拓跋焘感到不能不限制汉士族，于是就以"国史"为借口，发动了这场北魏一代的大狱。

崔浩事件使北方汉士族受到沉重打击，这以后高宗、显祖两朝不敢再无限制引用汉士族。但是由于社会阶级矛盾越来越尖锐，鲜卑贵族仍需要与汉士族结合以巩固其统治。因而，四十年后，崔浩提出的建立门阀终由孝文帝付诸实现了。

山西大同云冈石窟第9、10、11、12窟入口（右页图）

山西大同云冈石窟第9、10、11、12窟入口

〇四二

女政治家冯太后

冯太后是中国历史上一位杰出的女政治家。她收捕乙浑，使北魏政权转危为安；推行俸禄制、均田制、三长制，是孝文帝改革的重要内容，意义重大，影响深远。

乙浑擅权朝廷危急

和平六年（465）北魏文成帝拓跋濬去世，年仅十二岁的儿子拓跋弘即位，即为献文帝，尊文成帝皇后冯氏为皇太后。

朝廷上孤儿寡母，政局出现动荡，大权落到车骑大将军乙浑手中。乙浑专横跋扈，擅作威福，假传圣旨杀死多名大臣，自封太尉、录尚书事，封其亲信刘尼为司徒和其奴为司空。殿中尚书拓跋郁企图刺杀乙浑，不幸败露被杀。不久，乙浑又自任丞相，地位高过各诸侯王，甚至向掌管吏部的安远将军贾秀要求封自己之妻为公主。贾秀不允，被他痛骂一顿。北魏政权处于十分危急之中。

冯太后突捕乙浑

在这种局面下，全赖冯太后的果断坚决，才使北魏政权转危为安。

冯太后因死后谥为文明太皇太后，又称文明太后。她是汉族，长乐信都（今河北冀州）人。祖父冯弘、伯父冯跋，皆为北燕国王；拓跋焘灭北燕，其父冯朗降魏，官至秦、雍二州刺史、西城郡公，后因罪被杀。冯太后生于长安，其父被杀后由姑母抚养。这位姑母是太武帝拓跋焘的左昭仪，深受封建道德熏陶，给冯太后以传统的汉族教育，使她从小得以熟读诗书。正平二年（452），冯太后十四岁时被选为贵人，不久立为皇后。她性格坚强，聪明有谋略，却也猜忌残忍，对于生杀赏罚大事，不多犹豫即可决断。

文成帝去世时，冯太后二十四岁。眼见乙浑横行霸道，她不露声色，镇定自若，暗中拉拢大臣拓跋丕等，秘密商定计谋。等到时机成熟时，由拓跋丕率领元贺、牛益得数人突然收捕乙浑，按罪处死。北魏政权从而转

云冈石窟20窟

窟前壁大约在辽代以前业已崩塌，造像完全露天。立像是三大佛，正中的释迦坐像，高13.7米，这个像面部丰满，两肩宽厚，造型雄伟，气魄浑厚，为云冈石窟雕刻艺术的代表作。

公元537年

公 元 5 3 7 年

世界大事记

君士坦丁堡圣索菲亚大教堂落成（532－537）。该教堂是拜占庭艺术的结晶。

冯太后 乙浑 魏献文帝 魏孝文帝

谋略 荒淫

《魏书·文成文明皇后冯氏传》

人物 关键词 故事来源

危为安。在这场政治斗争中，冯太后初步表现出机智果断的政治才能。

与献文帝的矛盾

乙浑死后，冯太后临朝称制，掌握朝廷大权。她提拔了一些出身低微的人；赏赐大臣也很大方，动辄百万，因而甚得臣下拥护。但是冯太后私生活却十分放荡，养有不少男宠。

天安二年（467），献文帝生子拓跋宏，就是后来的孝文帝。两年后立为太子。按北魏制度，子立太子，生母即予赐死，所以这一年孝文帝生母李夫人依旧制赐死，拓跋宏遂由冯太后抚养。这时她已把政权交给献文帝。

献文帝也是个颇为能干的人，虽然年轻，但勤于政事。他与冯太后在权力上存有矛盾，加之他并非冯太后所生，其母为李贵人，故矛盾日渐加深，凡冯太后信任的人，他多厌恶疏远；凡冯太后不喜欢的人，他却加以重用。但是献文帝毕竟年轻，斗不过老辣练达的冯太后，皇兴五年（471），孝文帝刚满四岁，献文帝就在冯太后的压力下，被迫禅位，成了太

云冈石窟飞天形象
位于云冈石窟第9窟。第9窟与第10窟是一组双窟，是云冈石窟中殿堂风味最浓的两个窟。飞天形象自然洒脱，飘渺动人，充满浪漫精神。

麦积山南崖石窟
北周时秦州都督李允信为超度祖父亡灵，在麦积山南崖修凿云梯栈道，造佛七龛。

＞历史文化百科＜

〔云冈石窟〕

云冈石窟位于山西省大同市西十六公里的武周山北崖，这里共有洞窟五十三个，大小佛像五万一千多尊。大同市古称平城，是北魏都城。石窟约开凿于453—494年间。

北魏的统治者多信奉佛教。文成帝时，沙门统（僧官）昙曜建议开凿石窟五处，各造一座大佛像，用来纪念北魏开国后道武、明元、太武、恭宗、文成五帝，得到同意。这就是著名的"昙曜五窟"，也就是今天的第十六窟至二十窟。第二十窟主佛是释迦坐像，高13.7米，这个像面部丰满，两肩宽厚，双耳下垂，造型雄伟，气魄浑厚，是云冈雕刻艺术的代表作。因窟前壁在辽代前崩塌，故又称露天大佛。

云冈石窟的雕刻技艺在继承和发展秦汉石雕艺术的基础上，吸收外来艺术的精华，形成独特的风格，充分反映了我国古代劳动人民卓越的艺术创造才能。

上皇。五年以后，终于被冯太后逼着喝了毒酒而死。献文帝死后，冯太后重新临朝称制，被尊为太皇太后。这次她不再还政，直到太和十四年(490)病死，长达二十年之久。

对孝文帝的影响

冯太后对孝文帝影响极大。一方面，冯太后的一系列措施为孝文帝亲政后以汉化为中心的改革打下了基础；另一方面，孝文帝从小就受到冯太后的汉化教育。冯太后曾作《劝诫歌》三百余章、《皇诰》十八篇教育孝文帝，其内容皆为儒家知书达理的道理。这些汉化教育，也成了以后孝文帝汉化政策的思想基础。可以说冯太后在孝文帝的政治改革中起了相当重要的作用，算得上是中国历史上一位杰出的女政治家。

世界大事记

贝利萨留攻拉文那，东哥特人投降，国王被掳。东哥特人另立希尔德巴德为王。印度笈多王朝亡。北印度再陷政治分裂局面。

《资治通鉴·齐纪四~六》
《魏书·高祖纪》

魏孝文帝　冯太后
李冲　元澄　李安世

革新　民本

人物　关键词　故事来源

○四三

皇兴五年（471）献文帝死，孝文帝拓跋宏即帝位，时年五岁，由祖母冯太后临朝，直到太和十四年（490）冯太后死。太和十年（486）孝文帝二十岁时他才开始掌握主要朝政。所以孝文帝改革，实际上是冯太后和孝文帝的共同改革，前期决策者主要是冯太后，后期是孝文帝。

孝文帝改革

中国历史上发起过很多次改革，但成功者寥寥。北魏孝文帝改革是较成功的一次。在经济上推行均田制，政治上实行俸禄制，习俗上以汉化为中心，促进了北魏的经济发展和民族的融合。孝文帝不愧是一位有魄力、有作为的改革家。

推行俸禄制

孝文帝以前，由于奴隶制残余的影响，官吏没有俸禄。官吏和将领的收入大致有这样几个来源：一是战争虏掠和赏赐；二是搜括贪污；三是经商，利用公家的本钱和职权谋取私利。这些状况，不仅影响国家财政收入，加速官吏腐败，而且促使社会矛盾尖锐，威胁到国家政权的稳固。

献文帝时曾下决心惩办贪污，规定官吏受贿羊一头、酒一斛，即处以死刑。但这种规定只能治标不能治本。雍州刺史张白泽首先提出以实行俸禄制促使官吏清廉的建议，他说："三年考绩，然后升降，自古通式。今百官正如古代公卿，皆帮助君主治理国家之人，岂能使其劳苦而无报酬？如能实行俸禄制，不出三年，定能使官吏清廉，天下太平。"献文帝同意他的建议，但当时由于内外多事，俸禄制未能实行。

十四年后，太和八年（484），孝文帝决心改革，首先下诏实行俸禄制。他在诏书中说：中国从周秦到汉晋都有俸禄制度，后因中原大乱，此法多被废除。现在魏要按照传统办法重新实行俸禄制：每年租调中增收布三匹、谷二斛九斗，作为官吏俸禄之用。实行俸禄后，官吏贪污超过一匹就应处死，同时官吏不准再经商营利。政治改革就以此为开端。

诏书颁布后，以前可以任意掠夺、贪污、盗窃、经商的鲜卑贵族首先受到限制，他们不能再为所欲为，因而十分不满。以淮南王拓跋他为代表的鲜卑贵族便在朝廷上公然提出要废除这一制度。冯太后未采取简单驳斥的办法，而是下令让大家讨论。汉族官吏中书监高闾坚决反对拓跋他的意见，他说："饥寒切身，慈母不能保其子；家给人足，礼让才可实现。只有实行俸禄制，方能制止贪污现象。且俸禄制实行以来已见显著成效，何故废除？"冯太后和孝文帝都支持高闾的意

石雕柱础（上图）
北朝北魏石雕柱础，是北魏石雕珍品，山西大同司马金龙墓出土。共四件，浅灰色细砂石制，是殉葬漆屏风的柱础。上部为鼓状覆盆，顶部雕莲花，周围为高浮雕的蟠龙和山形，下座浅浮雕盘绕的忍冬纹、云纹，座四角各圆雕一伎乐童子，作击鼓、舞蹈等姿势，形象生动，雕刻精美。大同市博物馆藏。

见，鲜卑贵族的意见因得不到众人的支持而被否决。

　　颁行俸禄制后，孝文帝大张旗鼓惩治贪污，整顿吏治，即使是亲戚也不讲情面。孝文帝又派使臣到全国各地巡视，纠告不法的地方官吏，这一年全国因贪赃而处死的达四十多人，连孝文帝的叔祖父、叔伯父都因贪污被处死。从此以后，官吏个个小心谨慎，贪污现象几近绝迹。

　　孝文帝要实行改革，首先从颁行俸禄制、整顿吏治入手，是很有见识的。因为改革要官吏去执行，孝文帝遏止了官吏贪污现象，有了较好的政治环境，才能使其他一系列改革顺利进行。

北魏永固陵石券门、门上的孔雀浮雕
永固陵位于山西大同市北的西寺儿梁山南麓，是北魏文成帝拓拔叡文明皇后冯氏的陵墓。全墓总长23.5米，为南北朝时最大墓葬之一。其墓室过道的石券门两侧龛柱雕饰十分精美，各浮雕一个手捧莲蕾的赤足童子和口衔宝珠的长尾孔雀。柱下的虎头门墩狰狞威猛，雕刻精细。由于长期处于地下，未经露天风化，所有石刻都保持完好。

> 历史文化百科

〔洛阳城〕

　　北魏孝文帝时迁都洛阳，对这座古都进行了大规模重建，前后历时近十年。在总体设计上，城市采用东西大道和南北大道相接的T型结构。东西大道把全城一分为二。南北大道构成全城的中轴线和最主要街道，各级军官、居民的住宅均依据此线向南展开，体现了君临天下的设计意图。由于佛教的盛行，城内各种佛寺有一千多座，成为一道特别景观。北魏洛阳城的规模超过了前代，也超过了隋唐时的长安。其形制和布局，如里坊制、居民区设固定市场等，均为隋唐长安城所承袭，所以它在中国城市建设史产生了重大影响。

均田制

从北魏统一北方到孝文帝时，已经过了半个世纪。这个时期，随着社会经济的发展，社会矛盾也不断激化，最主要的矛盾是土地兼并。由于社会贫富两极分化，自耕农陷于贫困，不得不把土地让给大地主，自己或者成为流民到处乞讨，或者投靠豪强大族，成为佃客。佃客虽然不用向国家交租，但豪强的剥削比国家赋税更厉害。此外，由于长期战争，不少地方出现了无主土地。战争结束后，这些土地的所有权就有了争执。土地所有权不能确定，土地只得荒废，农业生产因而受到影响。

在这种情况下，给事中李安世上书建议说："当前一有饥荒，百姓流亡，土地多被豪族侵占。古代井田制虽难以恢复，但应按其精神，使劳力与土地大体结合。有争议的土地也应限以年份，时久难以断定者，当归现已经耕种的人，以杜绝依靠强力侵占土地。"这个建议提出后，冯太后和孝文帝认为很好，他们想到汉族历史上不仅有井田制，还有曹魏屯田制、两晋占田制，北魏初年也曾实行计口受田，其精神多为平均土地，便同意了这个建议，在太和九年（485）十月，下诏书实行均田制。历史上著名的均田令，就是指这次诏书。

均田制颁布的次年，即太和十年（486），冯太后和孝文帝又推行了三长制。此前北魏地方基层组织是以宗族为单位的宗主督护制。三十家、五十家为

一户，许多人荫附在一个大户人家。三长制则规定五家立一邻长，五邻立一里长，五里立一党长。这是汉族传统乡亭闾里组织的重建。三长负责检查户口、推行均田制、催督租赋、征发徭役和兵役，是和均田制相辅而行的。与均田制、三长制同时，北魏还改变了大户大额的赋税办法，实行了新的租调制。

均田制、三长制、新的租调制是互相联系的一个整体，它使土地和劳动力结合起来，发展了社会生产，缓和了社会矛盾。同时，由于国家从豪强大族手中争取了大量劳动人口，不仅削弱了豪强大族势力，也大大增加了国家财政收入。均田制对后世影响也很大，不仅以后的北齐、北周、隋、唐各朝都加以实行，而且还影响到日本和朝鲜。

迁都洛阳

太和十四年（490）冯太后去世，二十四岁的孝文帝开始主持朝政。为了缓和阶级矛盾和民族矛盾，实现统一中国的理想，他在冯太后改革的基础上，又实行了以汉化为中心的改革。

在实行一系列改革之前，孝文帝把都城迁到了洛阳。

原来的北魏都城平城在抵御北方柔然和进据中原方面起过重大作用，但到孝文帝时，它已显得难以适应形势发展的要求。从政治上说，它不是全国地理中心，不便于统治中原广大

北魏文吏俑
北魏孝文帝改革时，厘定官制，官吏一律着汉服，说汉话。此文吏俑即是北魏官吏的形象，双手拱立，表情端庄。

123

地区，面对日益严重的中原人民起义，显得鞭长莫及；从经济上说，这里气候寒冷，土地贫瘠，交通不便，经常发生灾荒；从军事上说，统一北方后，北魏的战略方针转向南方，要充分利用中原的人力物力，这里缺乏足够的条件；更主要的是：孝文帝要放开手脚实行汉化政策，必须离开这个鲜卑贵族守旧派集中的地方。

但是，迁都并不是一件容易的事。它会触动在平城有田地财产的鲜卑贵族的切身利益，必然遭到他们的强烈反对。孝文帝深知这一点，因此，他着实费了一番心机。

太和十七年（493）五月，孝文帝召集群臣，宣称要南伐萧齐。他先让太常卿王谌占卜，得到"革"卦，孝文帝说："汤、武革命，符合天意，顺应民心，是大吉大利之卦！"尚书令任城王拓跋澄不了解孝文帝的意图，反对说："商汤伐夏桀，周武王伐殷纣，是'革命'。今陛下已有天下，意欲南征，怎可称'革

童子捧蕾图
北魏冯太后永固陵浮雕。

命'？"孝文帝不悦退朝，直接向拓跋澄交了底，说："实言相告，平城从来是用武之地，不可文治，移风易俗十分困难。我想迁都洛阳，进攻齐朝，统一全国，你以为如何？"拓跋澄恍然大悟，连连表示支持。

这一年秋天，孝文帝亲率步、骑兵三十万开始南征。兵到洛阳，遇上连绵不断的秋雨。长途跋涉的鲜卑贵族和士兵困乏不堪，跪在孝文帝马前请求停止继续南进。孝文帝趁机对大家说："这事决定在先，今兴师动众，动而无成，何以示后？你等实在不愿南伐，就迁都洛阳。同意迁都者左立，不同意迁都者右立。"鲜卑贵族大臣们虽不愿迁都，但更怕南伐，便都站到左边。迁都洛阳之事就此决定。

孝文帝派拓跋澄回平城，向留在那里的鲜卑贵族、文武百官宣布迁都之事。又安排卫尉卿于烈回平城主持日常政务。平城的鲜卑群臣听到迁都消息，十分恐慌。任城王拓跋澄援引古今事例，开导解释，终使这些人稳定下来。拓跋澄赶回洛阳向孝文帝汇报，孝文帝十分高兴地说："不是任城王，大事难成！"

太和十八年（494），孝文帝回到平城，亲自对群臣做解说工作。他说："王者以四海为家。迁都洛阳，是为了让子孙学习汉人风习，增广知识。长居北地，将如永远面对墙壁苍白无知。"这样，到了第二年（495），平城的文武百官和六宫后妃都迁到了洛阳。为了缓和鲜卑贵族的情绪，孝文帝允许他们冬居洛阳，夏回平城，作为过渡，逐渐适应。

移风易俗，实行汉化

孝文帝在迁都前后，也加快了汉化改革的步伐。

从小喜欢读书的孝文帝深受汉族儒家思想影响，对于儒家经典往往读一遍就能讲述。他也爱吟诗，常和宗室群臣一起吟咏。有一次，孝文帝与弟弟彭城王元勰（xié）一起去平城，路经上党铜鞮山，

路上有大松树十多株，孝文帝赋诗一首，对元勰说："我作此诗虽不止七步，但也不远。你也赋诗一首，走到我处，就要完成。"当时元勰离孝文帝约十多步，便边走边吟，不到十步已经完成，诗云："问松林，松林经几冬？山川何如昔，风云与古同。"说几年来江山变化不大，意思要孝文帝加快改革步伐。孝文帝说："你此诗似乎有责备我之意！"二人会意而笑。

孝文帝决心用汉族儒家思想改革鲜卑旧俗，从各方面推行汉化改革。

改鲜卑旧俗。每年四月举行西郊祭天仪式是鲜卑旧俗中最隆重的一项活动。先在平城西郊设一方坛，坛上安置木人七个，代表拓跋氏以外的宗室七姓。牺牲用白色小牛、黄色小马和白羊。皇帝率领朝臣、皇后率领六宫按规定位置站立。祭祀开始，女巫登坛，边歌边舞，接着从皇帝开始，按序朝拜，然后屠宰牲口，皇帝率朝臣再绕坛一周始告结束。太和十八年（494）孝文帝废除了这一旧俗，改为汉族的南郊祭天。

改服装。鲜卑人原来穿夹领短衣窄袖，以适应骑射的游牧生活，现一律改穿汉人褒衣博带服装。在朝廷上，官吏服装也完全依照南朝官服。

改语言。太和十九年（495），孝文帝正式下诏，不得在朝廷上讲鲜卑语。三十岁以上的人习性已久，不易改变，讲鲜卑语不算犯禁。三十岁以下的人犯禁要降官爵。

改籍贯。规定鲜卑人都以居住地洛阳为籍贯；死后葬于洛阳北邙（máng）山，不得归葬平城。

改姓氏。改鲜卑复音姓为汉族单音姓。如改"拓跋"为"元"，改"丘穆陵"为"穆"，改"独孤"为"刘"等。共改了一百多姓。

五是改官制。当时，南朝王肃投降到北朝来，帮助孝

巩义石窟寺

石窟寺位于河南巩义南河渡镇寺湾村的大力山下，背山面水，风景优美，被誉为"溪雾岩云之幽栖胜地"，面积有9000平方米。始建于北魏孝文帝时期，而石窟的凿建始于宣武帝景明年间（500—503），原名希玄寺，唐代称净土寺，清改今名。东西魏、北齐、隋、唐及北宋历代相继在此凿窟造像。石窟寺现存大雄宝殿和东西庑殿十余间，洞窟五座，千佛龛一个，现摩崖大佛三尊，摩崖造像两百五十五个，佛像七千七百四十三尊。

文帝改革官制，所以新的官制大多与汉魏南朝官制相似。

孝文帝的汉化改革使汉族风俗习惯成为社会风俗的主体，也使鲜卑族的文化精华融入到汉族文化中，有利于中华民族的发展和文明的进步。

孝文帝实行的一系列改革与守旧派的斗争，勤政俭朴爱好诗文，使北魏政权从经济基础到政治制度完全变成了汉族传统形式的政权，促进了社会经济的繁荣和文化的发展，推动了北方的民族大融合。为国家由分裂到统一奠定了基础。作为一个少数族领袖，孝文帝能主动抛弃民族偏见，走历史必由之路，实行汉化，是难能可贵的。他不愧是一位有抱负、有魄力的政治家和改革家。

中国大事记

孝武帝西迁投宇文泰，高欢立孝静帝，建立东魏。从此魏分东西。

〇四四

胡太后临朝称制

胡太后聪明能干，性格泼辣。孝明帝即位时年幼，她听朝称制，先是免去了专权的于忠的职务，后又战胜了把她幽禁的刘腾、元叉，巩固了政权。

胡太后斗于忠

孝明帝的母亲胡太后，临泾（今甘肃镇原南）人，名胡充华，宣武帝时为贵嫔。北魏制度，生子立为太子，其母要赐死，所以胡充华初入宫中，其他后妃都祝愿她："愿生诸王、公主，勿生太子。"胡充华的想法却与众不同，她说："怎能为我一人的生死使国家无继位之人呢？"后来怀孕，姐妹们劝她弄掉，她坚决不肯，私下发誓说："如果有幸生男，按序当是太子，男生妾死，决不后悔。"永平三年（510）三月，果然生了男孩，即元诩。宣武帝因前面几个皇子先后夭折，所以对这个孩子特别爱护，选择了一良家妇女做奶妈，养在另一宫中。延昌元年（512）十一月，元诩被立为太子，此时北魏已废除立太子杀生母的旧俗。

胡充华聪明能干，爱诗书，善射箭，只是性格泼辣，独断专行。孝明帝即位后，胡充华从太妃尊为皇太后，居崇训宫。于忠为崇训卫尉，刘腾为崇训太仆，胡太后之父胡国珍为光禄大夫。

于忠家族权势显赫，自曾祖于栗磾（dī）以来，四代中有一皇后，四人封公，三人为开国公。他本人立孝明帝即位有功，也是官高爵显，既是侍中，居门下省，又为领军将军，掌握禁卫军。他废除了孝文帝时因战争需要增加的一些捐税，又让文武百官都晋升一级，因此大得人心。但是于忠对自己的权势并不满足，他到处吹嘘自己的功劳，要求朝廷给自己加官晋爵。

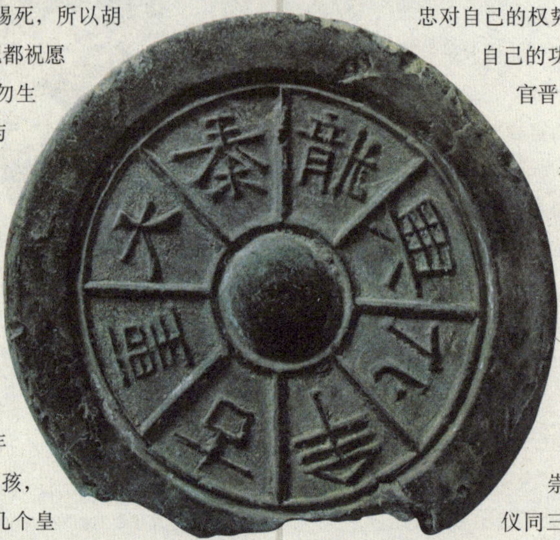

前秦遗物"大秦龙兴化牟古圣"瓦当（上图）

胡太后对于忠专权也很不满，尤其对他把自己安排在崇训宫，割断了与皇帝的来往更是耿耿于怀。不久，胡太后和大臣们一起策划，正式临朝听政。她上台后的第一件事就是免去于忠侍中、领军将军、崇训卫尉的职务，只留下仪同三司和尚书令。太后问门下省的官吏："于忠政绩如何？"大家心领神会，一致回答："不称职。"于是又把于忠赶到地方上去任冀州刺史，另任元澄为尚书令。后来，胡太后为了拉拢朝臣，又于神龟元年（518）让于忠回到朝廷，但此时他已经没有多少实权，不久就去世了。

元叉和刘腾

胡太后临朝称制时，有两个人权力日渐增大，一是宦官刘腾，一是胡太后的妹夫元叉。

延昌四年（515）高太后想杀害胡太后，刘腾因保护有功，深受胡太后感戴而加以重用，官至侍中、右光禄大夫，后又为卫将军、加仪同三司。此人虽然

世界大事记

越南李贲建立万春国（越史称前李朝），都龙编。李贲称南越帝。

《魏书·宣武
灵皇后胡氏传》
《资治通鉴·梁纪五》五～六

胡太后　谋略　元叉忠
元叉　贪污　刘元腾雍
　　　轻薄

人物　关键词　故事来源

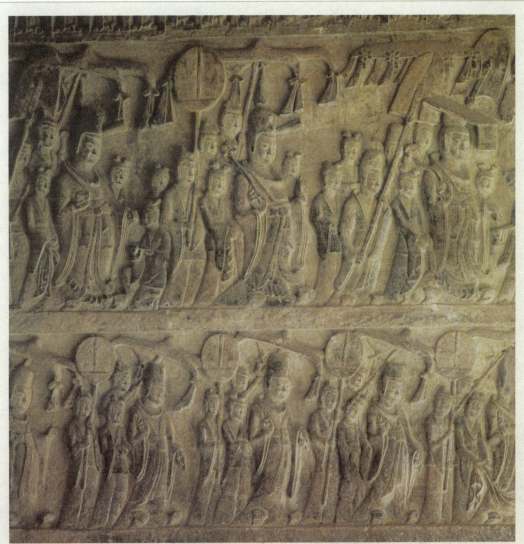

大字不识几个，但奸诈多谋，特别善于揣摩别人的心思。他当权后，求他的人越来越多，向他行贿求官的人几乎没有一个不成功的。

元叉是江阳王元继的长子，是胡太后的妹夫，因

巩义石窟寺《帝后礼佛图》浮雕
石窟内保存了十八幅《帝后礼佛图》，场面浩大、人物众多、雕刻刀法流畅，为我国现存石窟中仅有。此外，窟内的伎乐人、神王像等等，雕刻精美、保存完整，也是我国石窟中罕见的珍品。

而也深得胡太后信任，既为侍中，参预门下省的朝政机密，又任领军将军，总管禁军，此人贪污成性。

元怿风度翩翩，是有名的美男子，深得胡太后宠幸；他又很有才华，礼贤下士，对朝政提出很多有益的建议，为朝臣们所拥戴。他担任太傅、侍中，对元叉、刘腾的为所欲为毫不买账，常常裁抑他们。因此，元叉和刘腾一心想要收拾他。

元叉与刘腾策划，指使主管皇帝饮食的太监胡定告发元怿，说元怿用钱收买他，要他毒害皇帝，答应自己称帝后给他富贵。当时孝明帝仅十一岁，相信了这话。刘腾怕胡太后救元怿，命人关闭永巷门，使胡太后不能出来。上朝时，元怿在含章殿后遇见元叉，元叉不准元怿入殿，元怿说："你想造反吗？"元叉说："我不造反，正是要抓造反的人。"命士兵把

元怿抓了起来。刘腾立即假传皇帝诏书，召集公卿大臣议论元怿的罪状。大家慑于刘腾、元叉的威势，不敢反对，结果当夜就把元怿杀了。官员和百姓明知元怿含冤而死，只有暗自悲痛。

元叉和刘腾深知这事得罪了胡太后，就一不做二不休，干脆把胡太后软禁起来。他们假造太后诏书，说自己有病，要还政于皇帝；然后把胡太后关在北宫宣光殿，宫门日夜锁着，内外断绝，刘腾亲自掌管钥匙。胡太后又冻又饿，不由叹息道："我养了老虎，反被老虎所咬。"

胡太后复政

元叉、刘腾的权力越来越大，刘腾又担任了司空，百官到省府上任前先要到他家听他指示。除了贪污受贿外，他还经商、开矿、搞运输，一年收入无数亿。为了扩充住宅，逼着邻居搬家。百姓对他恨之入骨。

元叉、刘腾专政，引起许多人不满。右卫将军奚康生实在看不惯元、刘二人的所作所为，便想找机会除掉他

马头鹿角金饰件、牛头鹿角金饰件（及右页图）
这两件北朝饰品名为"步摇"，是鲜卑贵族妇女的头饰，取"步则摇动"之意，以显示其高贵仪态。用兽形作首饰，可以辟邪，还象征着祥瑞。

世界大事记 | 波斯与拜占庭订立五年休战协定。东哥特王托提拉围攻罗马。

们。正光二年(521)二月的一天，孝明帝在西林园朝见胡太后，文武百官都在座。大家喝酒后观看跳舞，奚康生自告奋勇表演力士舞，他一面踢腿、旋转，一面用眼直视太后，示意要刺杀元叉。太后懂得他的意图，怕事情不成反而遭祸，没有点头。不料元叉却看出了破绽，事后，就派人把奚康生杀了。

自从奚康生事件后，元叉出入朝廷都有士兵保卫。有时到千秋门外，周围也设置木栅栏，让心腹时时防守，以防不测。

正光四年(523)三月刘腾去世。他死后，元叉对胡太后和孝明帝的隔离逐渐松弛。胡太后觉察到形势的变化，决心采取行动。有一次，她对孝明帝和群臣说："我们母子隔离不能往来，我活着还有什么意思，不如出家当尼姑算了。"说着就要剪头发，孝明帝和大臣们苦苦哀求。孝明帝怕生意外，就睡在嘉福殿相陪，一住多日。太后就利用这个机会，与孝明帝秘密策划废掉元叉的计谋。孝明帝装着十分信任元叉的样子，将太后心情不快想出家，自己与太后往来心中如何不安等等都告诉了元叉，解除了猜疑的元叉反而劝孝明帝多陪陪太后。此后，太后便经常到孝明帝住的地方来。有一次，太后与皇帝游洛水，元雍借此机会把二人请到自己家中，三人共同想出了对付元叉的计划。

第二天，太后对元叉说："元郎如果忠于朝廷，没有反心，何不去掉领军职务，以其余官位辅政？"元叉怕不答应引起人的怀疑，只好同意卸去领军职务，去了兵权，但还任骠骑大将军、尚书令、侍中，仍然总管朝政。孝明帝宠爱的潘嫔趁机说元叉要害自己，她哭着对孝明帝说："元叉不但要害妾，还将不利于陛下。"孝明帝当天就解除了元叉的侍中职务。第二天上朝，门卫就不让元叉进来。接着，胡太后再次临朝摄政，解除了元叉的所有职务。刘腾虽然已死，仍下诏除了他的官爵，挖掘了他的坟墓，籍没了他的家产。

元叉因是胡太后的妹夫，胡太后开始不忍心杀他。给事黄门侍郎元顺对太后说："陛下不能因为一个妹妹，使天下人不能伸张冤愤！"其他大臣在旁边一再请求，孝明帝也坚持要杀元叉，太后没有办法，只好对他下令赐死。

＞历史文化百科＜

〔临朝称制〕

汉朝遇皇帝年幼，由皇太后听政，直接行使皇帝权力，称临朝称制或称制。如汉初吕后临朝称制；东汉皇帝多年幼，前后临朝的皇太后有窦皇后等多人。后代历朝多沿其制。北魏临朝听政的有魏文成帝文明皇后冯氏、魏宣武帝灵皇后胡氏。清朝皇太后称制，又称"垂帘听政"。

○四五

"只恨石崇不见我"

北魏后期，贵族奢侈成风，官吏贪污腐败，吏部公开标价卖官，社会矛盾越来越尖锐。

北魏孝文帝时期由于改革成功，社会经济有了很大发展，但到宣武帝及后来的胡太后、孝明帝时，奢侈成风，官吏贪污腐败，社会矛盾越来越尖锐。

到库房尽力背绢

胡太后当政时由于多年社会安定、经济发展，东夷、西域各国贡献不断，南北贸易也很发达，因此库房中的物资堆积如山。有一天胡太后忽发奇想，她对上百名王公贵族及嫔妃们说："今天你们跟我到库房去，尽力背绢，能背多少都归你们所有。"

说完，大家来到库房。库房中果然堆满了绢，当时绢可作货币使用，于是大家都想尽量多背一些。尚书令李崇已六十多岁，他不断往肩上加绢，结果没走几步，就跌倒在地，腰也扭了。章武王元融也背了很多，最后扭了脚走不动路。侍中崔光只拿了两匹。胡太后问："你为何拿这么少？"崔光说："臣只有两只手，所以只取两匹。"许多抢着多背的人都惭愧地低下头去。

生活奢侈，互相比富

当时宗室贵族和权臣们不仅生活豪华奢侈，还要互相攀比。高阳王元雍，是洛阳城中数一数二的豪富，他的花园与皇宫相差无几，家中僮仆六千，歌女五百，外出时仪仗卫队几乎堵塞道路，回家后歌舞饮宴往往通宵达旦，一顿饭要花数万钱，尽是山珍海味。尚书令李崇虽也腰缠万贯，但比较吝啬，他对人说："高阳王一顿饭可抵我千日饭钱。"

河间王元琛也是豪富，他想与元雍比富，就用白银做马槽，黄金做马锁环，窗户上装饰玉凤衔铃，金龙吐施。宴请诸王，酒器全用中原从未见过的水晶、玛瑙、赤玉制作。他把女乐队、名马、奇珍宝物全都陈列出来让人观赏，又带领大家去参观自己的库房，库中的金钱、绢布简直不计其数。他对章武王元融说："不恨我不见石崇，只恨石崇不见我。"意思是比晋朝大富豪石崇还要富。元融一向也以富自负，但见到元琛的财产后回家叹息不已。京兆王元继对他说："你的财富也不少，为何要自叹不如？"元融说："我开始以为高阳王比我富，想不到还有河间王！"元继笑说："你这是袁术在淮南，不知世上还有刘备呀！"

金丝点翠珠花

山西太原出土，北朝北齐首饰，工艺精湛，尤其是镶接手艺非常出色，是南北朝首饰精品，由此可以想见当年北朝上层社会中女性的华贵生活。山西省考古研究所藏。

>历史文化百科<

〔两晋南北朝妇女的服饰〕

魏晋以后，妇女的服装在传统的基础上吸收了少数民族服式后有所发展。一般是上穿衫襦，下穿裙子。衫襦紧身合体，袖筒肥大。裙长曳地，多褶裥裙，下摆宽松。

妇女盛行假发。发式有灵蛇髻、飞天髻、盘桓髻、十字髻等。少女则梳双髻或以发覆额。贵族夫人则头戴绀色丝帛装饰的帽状假发，插长长的簪耳。簪耳头部饰黄金龙首，口衔白珠，或以鱼形的摘（耳挖簪）为饰。

这时期饰物品种较多。戒指已十分流行。辽宁北票出土的金指环，上镶嵌三颗宝石，一颗仍在托座上。妇女还戴耳坠。在河北定州华塔废址北魏石函中发现有一对金耳坠。

李崇　元雍　元琛
富有　贪污

《魏书·高阳王雍传》
《资治通鉴·梁纪五》

人物　关键词　故事来源

晋代女性用化妆品

"爱美之心，人皆有之。"这句古话在汉代就可以验证，因为在天津汉代的墓葬里就已发现了古人化妆用的一套工具。在东大井墓地出土的这套工具，包括铜镜、黛版、研和眉刷，其各自的作用均很实用。而晋代古墓出土的女性化妆盒以及化妆用具非常完备，可见当时化妆已经成为贵族妇女的一种时尚。

　　贵族官僚们的大量财富都是靠剥削劳动人民得来的。北魏后期均田制逐渐破坏，世家大族大肆兼并土地，奴役成千上万的佃客、部曲和奴婢。贵族们还经营制盐、炼铁及各种工商业，甚至放高利贷。几乎所有豪门贵族家中的库房、箱柜里都塞满了钱和绢。

政治腐败，标价卖官

　　北魏后期，吏治败坏，吏部公开卖官，以此作为搜刮钱财的一个手段。官位拍卖的价格是：大郡两千匹，次郡一千匹，下郡五百匹。吏部被人称为"市曹"，即卖官的市场。许多地方官一上任，首先打听当地有什么生意可做。元诞任齐州刺史后，有一天问采药归来的和尚："在外有何消息？"和尚答："只听到大家说王贪。"元诞说："齐州几万户，我上任一户还未得三十钱，如何说贪？"他似乎还觉得有些冤枉。老百姓的眼睛是雪亮的，他们对那些受到皇帝宠爱而又特别贪钱的官吏，像侍中元晖、卢昶等，不呼他们的姓名，而是在他们的官衔前面加上惟妙惟肖的比喻，把他们称之为"饿虎将军、饥鹰侍中"等等。

　　统治者的腐败，加上连年自然灾害，人民无法生活下去，反抗的火焰已到处燃烧起来。

北魏彩绘武士陶俑

该武士俑藏于陕西长安县博物馆，高40厘米，背扁平，头戴甲胄，双手将盾牌抱于胸部，眉弓突起，瞪大眼睛，张着大嘴做怒吼状。行神兼备，惟妙惟肖，是陶塑艺术的佳作。

131

公元543年

〇四六

六镇烽火

六镇地区是社会矛盾的焦点

北魏初年，为了防御柔然族南下，在北部边境设立了许多军镇，其中主要的有六个，即沃野镇（今内蒙古五原西北）、怀朔镇（今内蒙古包头北）、武川镇（今内蒙古武川西）、抚冥镇（今内蒙古武川东北）、柔玄镇（今内蒙古兴和西北）、怀荒镇（今河北张家口北）。北魏末年，六镇地区产生了各种矛盾：一是镇将官吏与洛阳鲜卑门阀贵族的矛盾。因为孝文帝建立门阀制度后，六镇鲜卑军人被视为"寒人"，排斥在门阀之外，仕进受到轻视和冷遇。二是镇将官吏与镇兵、镇民的矛盾。六镇军事贵族为了维持奢侈

北魏北方的六镇各种矛盾尖锐复杂。沃野镇首举义旗，各镇纷纷响应。起义沉重打击了政府军，但由于于谨施离间计，起义最后失败。

生活，加紧对镇兵、镇民的压榨。他们霸占土地，克扣军饷，驱使镇兵劳动。兵民衣食无着，陷入悲惨境地。三是民族矛盾。除了北边的柔然经常侵犯边境，掠夺人民和牲口外，边境地区还居住着敕勒等被北魏征服的少数族，他们受北魏政府和镇将们的奴役，也潜伏着反抗的火种。由此，六镇成为北魏社会矛盾的焦点。

沃野镇首举义旗，各镇响应

正光四年（523）二月，柔然统治者阿那瓖率三十万部众攻入怀荒镇，掳走两千多军民，数十万头牲畜。镇民遭此浩劫，要求镇将于景开仓济粮，于景不肯，愤怒的镇民把于景夫妇拘禁起来，命于景穿上皮裘，其妻穿上红袍，捆绑着游街，接连斗了一个多月，然后把两人杀了。

胡服骑射（及右页图）

北朝为鲜卑所建，鲜卑的服装都是短打，下身着裤，便于运动。从这些北朝武士俑就能看出当地士兵的装束。

四月，沃野镇爆发了破六韩拔陵领导的起义。破六韩拔陵是匈奴人，是从破六韩孔雀部落中征调出来的卫戍兵。他杀了沃野镇将，改年号为"真王"。

六镇各族人民受尽北魏统治者的压迫和奴役，具有强烈的反抗要求。沃野镇义旗一举，其他各地纷纷呼应。首先是东西两部敕勒族人民；其次是六镇及六镇以外的山胡族人民；还有今甘肃境内的秦州和南秦州氐、羌族人民也亮出旗号，领袖是羌人莫折大提和他的儿子莫折念生；此外还有高平镇胡琛领导的敕勒族人民、薄骨律镇（今宁夏灵武西南）的胡人、南秀容（今山西忻州西北）以及并州、河西官府牧场上的牧子等等。各族人民互相联合，彼此支持，共同反抗北魏的统治。

义军节节胜利

破六韩拔陵起义军发展迅速。正光五年（524）五月，义军在五原（今内蒙古包头西北）大败临淮王元彧。接着，又在白道（今内蒙古呼和浩特西北）打败安北将军李叔仁。北魏王朝罢免了临淮王元彧官爵，另任尚书令李崇为大都督前去镇压。李崇以年老多病，不能忍受军旅之苦推辞，孝明帝不允，另派抚军将军崔暹相助。

七月，两军又在白道相遇，起义军发动猛烈攻击，打得崔暹全军覆没，单骑逃走。李崇也落荒而逃，退入云中，紧闭城门，不敢出战。北魏政府罢免李崇，改由广阳王元渊统率军队继续镇压义军。

施离间计，起义失败

元渊龟缩在五原城里，不敢和破六韩拔陵交战。他的参军于谨献计说："如今寇盗蜂起，不能专靠武力取胜，可否让我奉大王威命，前去离间其首领，讲清祸福，也许能招降一些人。"于谨懂少数族语言，他混进起义军进行游说，促使西部敕勒酋长率领三万户向北魏投降。北魏统治者这时暂时抛开与柔然的矛盾，共同镇压起义军。在这种形势下，破六韩拔陵不得不向南转移，在折敷岭（今内蒙古和林格尔北）中了元渊军的埋伏，粮食断绝，最后陷于失败，破六韩拔陵壮烈牺牲。

▷历史文化百科◁

［从"上衣下裳"到"上衣下裤"］

两晋南北朝时期汉胡服饰文化的变化大致是：在统治阶级的封建服饰上基本上遵循秦汉旧制，即高冠博带式的服装。北魏孝文帝搞汉化，班赐百官冠服也是这类服装。在劳动人民方面由于汉族高冠博带式的传统服装不如胡服便于劳动，所以上身紧身短小，下身穿连裆裤的胡服在汉族劳动人民中推广开来，最后连汉族上层人士也穿起了这类服装。这就使汉族传统的"上衣下裳"制逐渐向"上衣下裤"制转变。

〇四七

河北起义

河北起义是六镇起义的继续，由于葛荣篡夺领导权，使起义偏离了正确的方向，最后走向失败。

六镇起义的继续

六镇起义被镇压下去后，二十多万起义军被北魏政府逼遭到定、冀、瀛三州"就食"。三州所在的河北地区历来是世家豪族集中的地方，阶级矛盾本来就十分尖锐，六镇兵民来到这里，增加了大量"就食"人口，更加剧了当地的社会矛盾。不久，就爆发了杜洛周、鲜于修礼、葛荣领导的六镇兵民和河北汉族农民联合的各族人民大起义。

孝昌元年(525)八月，柔玄镇兵杜洛周领导六镇兵民在上谷（今河北怀来）起义，很快发展到十多万人。他继续用"真王"作年号，表示是六镇起义的继续。孝昌二年(526)一月，怀朔镇兵丁零族的鲜于修礼在定州左人城（今河北唐县）起义，起义军也有十多万人。两支起义军互相声援，很快占领了河北的许多州县。

葛荣篡夺起义军领导权

正当起义形势向前发展时，参加鲜于修礼起义军的原

田延和造像

1973年河南省淇县城关出土，现藏河南省博物馆。北魏雕刻，高96厘米。为莲瓣式一佛二菩萨三尊立像。北魏孝文帝改制，弃胡服，着汉装。佛教造像也遵从现实生活。该像人物面容清秀，气宇轩昂，飘逸潇洒，一派南朝士大夫风范，具有明显的北魏晚期"秀骨清相"艺术风格。

怀朔镇将葛荣杀害了鲜于修礼，掌握了这支起义军的领导权。葛荣拉拢和任用世家大族和地方豪强，封大族潘乐为京兆王、卢勇为燕王，对人民却大加屠杀。攻下沧州（今河北盐山西南）时，居民被杀了十分之七八，攻下信都（今河北冀州）后又驱逐居民，使十分之六七的居民冻死。武泰元年(528)二月，葛荣向杜洛周进攻，杀死杜洛周，并吞其部。他极力挑拨鲜卑族人民和汉族人民的关系，以致出现了鲜卑族"欺汉儿"的现象。葛荣的一系列倒行逆施，给起义事业带来严重的损害，遭到广大起义军战士的抵制和反对。

孝昌二年(526)九月，葛荣击杀魏大将元融，自称天子，国号齐。不久，又俘斩了广阳王元渊，于三年(527)占领殷州、冀州。这时，洛阳朝廷发生了内部争权斗争，新兴军阀尔朱荣掌握了北魏政权，他立即挥戈北上去镇压葛荣。葛荣虽然号称百万，但由于起义军将士的不满，内部分裂，人心不齐，最后竟被尔朱荣的七千骑兵所败。葛荣被捕，送到洛阳后被杀。

起义的意义重大

北魏末年各族人民的大起义，除了六镇与河北起义外，还有山东邢杲领导的流民起义，关陇地区莫折念生、万俟丑奴领导

公元 5 4 9 年

世界大事记

拜占庭遣兵驰援黑海东岸之拉西人，与波斯重开战端。法兰克国王任命主教之权，为奥尔宗教会议正式承认。

鲜于修礼荣 葛 尔 朱周荣 洛

起义 镇压

《魏书·广阳王渊传》 《资治通鉴·梁纪八-九》

人物 关键词 故事来源

的起义，其他各地小规模的起义还有三十六七起。可以说起义的烽火燃遍北魏统治的北方。这些起义沉重地打击了门阀贵族，促使北方门阀势力的衰落。起义还打击和动摇了腐朽的北魏王朝，促使它走向崩溃，为新建立的东魏北齐、西魏北周实行一系列改革创造了条件。由于参加起义的不仅有汉族、鲜卑族人民，还有山胡、敕勒、氐、羌、蛮、匈奴等各族人民，他们在斗争中互相支援，并肩战斗，加深了互相了解，因而也大大加速了民族融合的进程。

漆画屏风：如履薄冰
山西司马金龙墓出土，北朝漆画木板屏风。人物弯腰屈膝，双手缩入袖中，眼睛紧闭像是不敢观看，生动地刻画出了人物如履薄冰的紧张心理。

河南巩义石窟寺浮雕（局部）

> **历史文化百科**

〔均田制〕

北魏前期，由于长期战乱，北方出现大量无主荒地，同时，又由于战争而造成的土地所有权不明确，引起土地纠纷，影响农业生产。公元485年，孝文帝下诏实行均田制。规定男壮丁十五岁以上可受露田四十亩，妇女二十亩，奴婢相同，牛一头三十亩。露田是不栽树的荒地。另外，男丁每人授给桑田二十亩，必须种桑五十株。露田不准买卖，到七十岁或死亡退田。桑田归自己所有，死后不还，买卖有限制。与均田制相配套，又实行了三长制和新的租调制。均田制使贫苦农民有了一小块土地，发展了社会生产，也缓和了社会矛盾。

中国大事记

高欢死。侯景以河南降西魏，后又降梁。梁萧渊明伐东魏，于寒山（今江苏徐州东南）失败，成为俘虏。

〇四八

散家财，结豪杰

河阴之变

新兴军阀尔朱荣发动"河阴之变"，杀死胡太后和大批朝官。北魏政权转入尔朱荣之手，已名存实亡。

契胡族军阀尔朱荣，长久居住北秀容川，即今山西朔州北。早在北魏初年，其祖父尔朱代勤打猎时被部民误射中大腿，他拔出箭不加追究，于是受到部民拥戴。后来官至肆州刺史。父亲尔朱新兴时，家势日大，牛羊驼马布满山谷，只能以山谷来计数。尔朱新兴年老将爵位传给尔朱荣。尔朱荣决策果断，善于驾驭部下。北魏末年，社会动乱，尔朱荣散牲畜资财，招集骁勇，结纳豪杰，准备乘机夺取北魏政权。六镇起义时的一些豪强如高欢、侯景、司马子如、段荣等都来投奔。

高欢原是怀朔镇豪强，参加过六镇起义，失败后先投葛荣，后又投靠尔朱荣。初时尔朱荣见他面容憔悴，并未重视。有一次，马厩中有匹悍马无人能驾驭，尔朱荣让高欢试试，高欢用力将马驯服了，然后

说："控制恶人也要用这种办法。"尔朱荣觉得他的话与众不同，就请他去谈谈。高欢说："听说公有马十二山谷，财产再多又有何用？今天子暗弱，太后淫乱，奸臣当权，朝政腐败。以公之英武，乘时而发，讨郑、徐，清君侧，如此霸业可成。"尔朱荣十分高兴，二人从日中一直谈到深夜。

高海亮造像（原名张唤鬼造像）

1957年10月河南省襄城县出土，现藏河南省博物馆。北齐天保十年(559)雕造，高108厘米，宽57厘米，厚8厘米。北齐的佛教造像风格较之北魏晚期有所变化，人物形象健壮敦实，面相方圆饱满，胸廓隆起，肩胛增大，为隋唐造像以丰腴为美的艺术风格奠定了基础。

▶历史文化百科

《洛阳伽蓝记》

《洛阳伽蓝记》，共五卷，北魏杨衒之著。作者见北魏末洛阳遭到严重破坏，许多寺庙被毁，十分感慨，就写了这部著作，主要追叙北魏后期洛阳城内外伽蓝（佛寺）的建筑规模和兴废景象，共记载四十多个寺院，并叙及尔朱荣乱事和当时的社会、政治、人物、风俗、地理以及传闻故事和外国风土。卷五记叙宋云、惠生的西域之行，为研究中亚历史地理和中外交流史的重要史料。这部书不仅是内容丰富详实的历史著作，而且文笔秀逸，也是一部优秀的散文集。

世界大事记

于此前后，新罗真兴王时开始强大起来。领土扩大到半岛中部汉城一带。

尔朱荣 胡太后 高欢

屠杀 残忍

《魏书·尔朱荣传》《资治通鉴·梁纪八》

人物　关键词　故事来源

从此每有大事，他就要高欢参谋。与高欢一起受到重用的还有元天穆、贺拔岳等，他们也劝尔朱荣发兵入洛阳，内杀奸臣，外清群盗。

为皇帝举哀，进军洛阳

武泰元年（528）二月，胡太后杀了不满其专权的孝明帝，另立元钊为帝。尔朱荣大怒，对元天穆说："君上暴亡，年仅十九。现奉一不会讲话的婴儿继皇位，欲长久把持朝政。如此天下岂能太平？我今率铁骑进京，为皇帝举哀，清除奸臣，重立皇帝，如何？"元天穆连连赞赏说："这是商朝伊尹、汉朝霍光做过的大事呀！"于是尔朱荣发表宣言，指责胡太后"上欺天地，下惑朝野"。胡太后派尔朱荣的堂弟尔朱世隆去加以劝阻，尔朱荣想把他留下来，尔朱世隆说："世隆不回，朝廷必有察觉，不妥。"于是尔朱世隆不露声色地回到京师。

武泰元年（528）三月，尔朱荣从晋阳（今山西太原）起兵，尔朱世隆潜出洛阳与尔朱荣相会。胡太后十分恐慌，召宗室大臣商量。大家痛恨胡太后的所作所为，一言不发，只有徐纥说："尔朱荣有何能耐，竟敢与朝廷作对，宫中宿卫战士就足以对付。我们大可以逸待劳。"胡太后同意他的看法，就命李神轨为大都督，率领宿卫士兵前去抵抗。

立孝庄帝，杀胡太后与朝官

尔朱荣到了河内（今黄河以北河南沁阳一带），秘密派人迎来北魏宗室、彭城王元勰的第三子元子攸，渡过黄河，即皇帝位，历史上称为孝庄帝。尔朱荣被任命为侍中、都督中外诸军

事、大将军、尚书令、领军将军。大军顺利进入洛阳，徐纥恐慌万状，东逃兖州，郑俨也连忙逃回荥阳老家。胡太后见大势已去，召来后宫宫女，一同削发为尼。百官们备了车子，奉了皇帝玉玺印绶，在河桥迎接尔朱荣。尔朱荣派兵逮捕了胡太后及三岁小皇帝，一起推入黄河淹死。降将费穆偷偷地向尔朱荣献计说："公士马不出万人，长驱入洛阳，无战功威望，群情难畏服。京师百官有知公虚实者必有轻侮之心。如不大行诛罚，重立亲党，将来公回北方，恐未过太行山即会有乱子出现。"尔朱荣认为很对。就对亲信慕容绍宗说："洛中人士繁多，骄侈成俗，不加剪灭，终难控制。我欲在百官出迎时，尽行诛杀，你以为如何？"慕容绍宗说："太后失道，奸佞弄权，四海淆乱，所以明公兴义兵以清朝廷。现无故歼灭朝士，不分忠佞，恐失天下所望。"尔朱荣未听他的劝告，把北魏王公朝臣百官两千多人全集中到黄河边上的河阴，即今河南孟津东北，声称祭天，然后派契胡骑团团围住。尔朱荣指责他们说："天下丧乱，孝明帝暴死，皆是由于你等朝臣贪虐，不能匡弼。"于是下令屠杀，骑兵举起刀矛，立时向赤手空拳的文武官员杀去，一时间哭声动天，喊声四起，不多时，两千余人全

北魏彩绘石雕佛立像
山东青州龙兴寺佛教造像窖出土的四百余尊佛教造像，以其数量大、质地多样、延续时间长、雕刻技术精、贴金彩绘保存程度好，在我国佛教考古中实属罕见。这件北魏时期的佛像，造型简化，表现粗犷，造像表情明快，眼鼻形态清晰锐利，服装已有中国风格的倾向。

惨死在骑兵的屠刀之下。另有一百多官吏迟到，尔朱荣对他们说："谁能写禅文可以免死。"侍御史赵元则站了出来，尔朱荣就让他起草禅文，其余之人就令士兵杀了。这次大屠杀发生在河阴，史称"河阴之变"。至此，北魏政权实际上已经灭亡。

北朝连珠"胡王"锦

长14.2厘米，幅宽16.5厘米，1972年在新疆吐鲁番阿斯塔那169号墓出土。此锦图案对称工整，但不失灵动之气，显示出设计与加工者的聪明智慧。颜色搭配得相当合理，红与黄为主，其他颜色或勾勒，或点缀，一切都十分自然和谐，整体上体现了一种静谧并略带神秘的气氛。

魏孝庄帝　元天穆　尔朱荣　怨愤

《资治通鉴·梁纪》　《魏书·尔朱荣传》　孝庄帝纪一○

人物　关键词　故事来源

○四九

孝庄帝不愿做傀儡

孝庄帝杀尔朱荣

孝庄帝不愿当尔朱荣的傀儡，设计杀死了尔朱荣。尔朱兆从汾州出兵入洛阳，又杀了孝庄帝。

尔朱荣大杀北魏朝臣，把孝庄帝迁到河桥置于自己帐下。孝庄帝又忧又愤，决心不再做傀儡皇帝。他对尔朱荣说："帝王迭兴，盛衰无常。现四方瓦解，将军奋袂而起，所向无前，这是天意，不是人力所为。我本无意称帝，是将军逼我至于此。如果天命有归，将军应自称尊号，否则更当推选贤人。"当时许多部将都劝尔朱荣称帝，尔朱荣犹豫不决。贺拔岳进说："将军首举义兵，志在除去奸逆，如自己称帝，必加速祸难到来。"尔朱荣又让阴阳家刘灵助占卜，刘说天时人事都不利。尔朱荣就向孝庄帝叩头请罪，表示对河阴之变的悔恨。尔朱荣在洛阳杀了那么多人，不敢入城，想迁都到晋阳，因大臣劝阻只好作罢。他让孝庄帝给大臣普遍加官，百姓免租役三年。但百官不敢出来，百姓人心惶惶，纷纷逃散。尔朱荣在明光殿入见孝庄帝，再次表示忏悔，发誓决无异心。孝庄帝与他一起喝酒，尔朱荣喝得酩酊大醉。孝庄帝想杀他，左右人认为时机还不成熟，于是用车把他送到中常侍省。半夜后尔朱荣酒醒，想想刚才情况后怕不已，从此再也不敢在宫中就宿。

北魏洛阳龙门石窟

龙门石窟是我国著名的古代三大石刻艺术宝库之一。石窟始创于北魏孝文帝迁都洛阳（494）前后，历经东魏、西魏、北齐、北周、隋、唐、五代、北宋诸朝五百余年大规模营造，主要洞窟有古阳洞、宾阳洞、莲花洞、石窟寺、魏字洞、潜溪寺、奉先寺、万佛洞、看经寺等。1961年被国务院公布为全国重点文物保护单位，2000年11月被联合国科教文组织公布为世界文化遗产。

> ▷历史文化百科◁

〔龙门石窟〕

龙门石窟又称伊阙石窟，在今洛阳城南12公里处伊河两岸的龙门山上。这里青山对峙，中间伊水北流，犹如天然门阙，古称"伊阙"。石窟开凿于北魏太和十八年（494）迁都洛阳前后，到北魏末孝明帝，是北魏开窟造像最盛的时期。此后一直到北宋，历代多有营造。

石窟主要分布在西岸的峭壁上，长达1公里。现存洞窟一千三百五十二个，造像近十万尊，其中北魏凿的佛洞石龛约占三分之一。此外有题记和其他碑刻三千六百多品，佛塔四十余座。"龙门二十品"是魏碑体的代表作。

龙门石窟佛像造型优美，呈现出千姿百态的形象。最具代表性的洞窟有北魏的古阳洞、宾阳洞、莲花洞及唐代的潜溪寺、万佛洞、奉先寺等。

不久，元天穆受诏入京，孝庄帝在明光殿宴请尔朱荣、元天穆，命杨侃等十人埋伏在殿东侧。但尔朱荣与元天穆未吃完即匆匆离去，杨侃无法下手。这次暗杀失败。又过数日，在城阳王元徽的建议下，孝庄帝假称妃子早产，召尔朱荣、元天穆入京。二人应召而来，刚在明光殿坐

《始平公造像记》（拓片）

《始平公造像记》又称《慧成造像记》，北魏泰和二十二年（498）刻于龙门石窟古阳洞，署为孟达撰文、朱义章书。然撰文者及书家身世皆不详，可能是当时的工匠。龙门造像记多为阴刻，此独为阳刻，且有格线。这在古代石刻中也颇为少见。此造像记字体端庄，结构谨严，笔画方整峻快，显得锋铓铦利，是北碑中的典型风格之一。著名书画家赵之谦曾评其为"北魏造像中最佳者"。

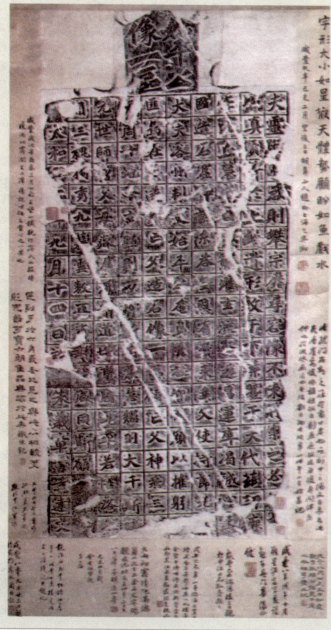

定，尔朱荣忽见光禄少卿鲁安等提着刀从东门进来，情知不妙，立刻跑到孝庄帝身旁。孝庄帝早已把刀藏在膝下，立即拔出向尔朱荣刺去，鲁安等上前一阵乱砍。尔朱荣与元天穆都被杀死。尔朱荣的儿子尔朱菩提等三十随从跟尔朱荣一起入宫，也被埋伏的士兵杀死。

尔朱荣死后，孝庄帝从其身上搜出新的任免名单，凡不是心腹，全被排斥，孝庄帝说："这小子如果过了今天，就不可制服了！"

含悲入鬼乡

尔朱兆是尔朱荣的侄子，任汾州刺史。他听说尔朱荣死了，就从汾州出兵占据晋阳。他和尔朱世隆同推长广

世界大事记

拜占庭破东哥特军，重占罗马、那不勒斯。查士丁尼一世将君士坦丁堡教会地位提高到罗马教廷之上。

云冈石窟飞天形象（局部）

王元晔为皇帝，发布大赦，改元建明。尔朱兆任大将军，进爵为王；尔朱世隆为尚书令，赐爵乐平王，加太傅、司州牧；尔朱氏的众多子侄也位居高官。他们一起向洛阳进发。

在洛阳的孝庄帝任命城阳王元徽兼大司马、录尚书事，总管朝政。元徽气量狭小，性多嫉妒，不愿别人超过自己。每有大事都单独与孝庄帝商量，群臣中有献计谋的，他总劝说孝庄帝不要采纳。他又十分吝啬，不肯取出库中财物赏赐功臣，偶有赏赐也常暗中克扣，甚至赏了以后再要回来，很不得人心。

永安三年（530）十二月，尔朱兆攻下丹谷，即今山西晋城南，从河桥西渡过了黄河。孝庄帝原以为黄河又深又广，尔朱兆无法渡河，没想到那天水深仅过腹，又刮暴风，黄沙满天，天昏地暗，尔朱兆骑兵顺利过了河直扑皇宫。宫中禁卫军发觉，想张弓射箭，由于天冷，箭发不出去，一下子乱了手脚，四处奔逃。华山王元斝（zhì）早先与尔朱氏有关系，听说尔朱兆入宫，就劝士兵放下武器。孝庄帝一时找不到马，只得徒步逃出云龙门。路上遇见元徽乘马逃跑，他连声大叫要他把自己带走，元徽头也不回，只顾自己逃命。孝庄帝最终被尔朱兆捉住，关在永宁寺楼上。孝庄帝冷得发抖，要求给他一件衣服，尔朱兆不理不睬。尔朱兆的士兵大施淫威，杀害皇子，侮辱奸污嫔妃公主，又到处抢掠财物，杀了许多大臣。

建明元年（530）十二月，尔朱兆把孝庄帝缢死在晋阳三级佛寺，时年二十四岁。孝庄帝临死写了一首诗："权去生道促，忧来死路长。怀恨出国门，含悲入鬼乡！坠门一时闭，幽庭岂复光。思鸟吟青松，哀风吹白杨。昔来闻死苦，何言身自当。"

○五○

点香起誓

高欢本是汉族渤海蓨（tiáo）县（今河北景县）人，因祖先犯罪，全家被徙配到怀朔镇（今内蒙古包头市北）。由于长期生活在边镇，习俗已鲜卑化，娶了鲜卑人娄氏为妻。娄家是怀朔镇豪强，拥有成千家僮，牛马无数。其父内干有三个女儿，大女儿、二女儿嫁的都是豪强之家，三女儿嫁的高欢最穷，然而却是娄氏自己看中的。高欢娶了大豪强家的女儿，有了马，成了队主，后来又当上了函使，就是负责往洛阳传送公文。高欢在六年函使生涯中看清了洛阳的腐败，就散家财结交豪杰，准备起兵。他交往的除了亲戚外，还有怀朔镇的一些大户。这样就形成了一个怀朔豪强集团，这些人后来都成为东魏北齐政权的支柱。

高欢投靠尔朱荣后，尔朱荣看出高欢的能耐非同一般。他问左右的人：一旦没有了我，谁能

北齐陶武士俑

河北磁县湾漳村北朝壁画墓的随葬品有部分陶俑，其中的这件武士俑制作精美，注重表现武士的勇猛。由于北朝是胡人所建，其服装是短打，上身穿铠甲，下身裤装，左手扶盾牌。

高欢起兵

尔朱荣死后，尔朱氏集团势力仍然存在，高欢为首的怀朔镇掌握了六镇武力，与尔朱氏势力对抗。韩陵之战，高欢终于消灭了尔朱氏集团。

领导军队？"大家都说尔朱兆。尔朱荣说："兆虽骁勇善战，但统率骑士最多不超过三千，再多就要出乱子。能代替我的只有高欢。"当下，他就半开玩笑地告诫尔朱兆说："你不是他的对手，当心被他穿着鼻子！"

尔朱荣死后，尔朱兆引兵指向洛阳，派使者去召在晋州任刺史的高欢。高欢回答："山蜀未平，不能前来。"尔朱兆很不高兴。实际上高

北朝连珠"胡王"锦（局部）

〔北魏制醋技术的发展〕

醋在汉代被称为"酢"，北魏后"醋"、"酢"混用，民间多称之为"醋"。北魏的制醋技术相较于前代有大幅提高，其中不仅产生了现今仍在使用的固态发酵制曲法，而且还产生了谷物制曲法。

世界大事记

拜占庭灭东哥特王国。拜占庭远征军攻占西班牙东南部，于科瓦多尔设省。

高欢 尔朱兆 慕容绍宗

盟誓 挑唆

《北齐书·神武帝纪》《资治通鉴·梁纪一○～一二》

人物 关键词 故事来源

欢是觉得尔朱兆愚蠢狂妄，不能共事，又大逆不道举兵犯上，所以决定与他分道扬镳。

正当尔朱兆在洛阳得势时，秀容老家受到河西部族纥豆陵步藩的攻击，不得不回晋阳抵御。因兵力不足，再次派人召高欢支援。高欢又用借口搪塞过去，结果尔朱兆战败。高欢怕步藩势力大了无法控制，就渡河与尔朱兆联手打败了纥豆陵步藩。尔朱兆十分感激高欢，与他点香火起誓，结为兄弟。

掌握六镇武力

当时葛荣起义军被尔朱荣镇压后，余众大多流入并州、肆州一带，共约十多万人。他们受尽尔朱氏贵族的压迫欺凌，加上该地区连年旱灾，又接连发动过大小二十六次起义，都被镇压下去。尔朱兆问高欢如何处置这些人，高欢说："六镇余众，不可尽杀，可选派可靠之人前去统率。"尔朱兆问他谁去合适？一旁的贺拔允说高欢最合适。高欢转身打了贺拔允一拳，说："这样的事由王决定，怎可妄言？该杀！"尔朱兆见高欢忠诚，就任命他去统领。高欢怕尔朱兆反悔，就马上集合起六镇余众，请求到太行山以东。

长史慕容绍宗对尔朱兆说："高欢雄才盖世，握大兵在外，犹如蛟龙遇到云雨，将不可控制。"尔朱兆说："我与高欢有香火重誓。"慕容绍宗说："兄弟尚不可信，香火有何用！"当时尔朱兆左右的人已受高欢贿赂，都为高欢说话，说慕容绍宗与高欢有矛盾。尔朱兆大怒，把慕容绍宗关了起来。高欢得到尔朱兆同意后，立即带领部众自晋阳出发去往山东，半路上夺了北乡长公主三百匹马。尔朱兆感到情况不妙，忙

彬县大佛寺石窟

彬县大佛寺原名庆寿寺，位于陕西省彬县城西10公里西兰公路旁的清凉山脚下，始建于北朝，唐代继续依山凿窟造像。寺前有明镜台，台上建有三层砖木结构的楼阁，高五十余米，站在楼阁上可俯瞰寺前全景。全寺共有一百零七个大小石窟，二百五十七个佛龛，大小造像一千四百九十八尊。其中大佛窟中依岩所雕的大佛高24米余，面相丰腴，雍容肃穆，造型雄伟匀称。

释放慕容绍宗，向他问计。慕容绍宗说："如今还是掌中之物，快追！"尔朱兆亲自追到高欢，高欢见了他，泪流满面地说："借公主马匹是为了防山东盗贼，我高欢一心为大王出力，想不到我们兄弟被人离间到此地步！"尔朱兆相信了高欢。两人又重点香火、斩白马誓盟。

高欢到了山东，伪造了一封尔朱兆的信，声称要征发六镇兵民去攻打稽胡，并配六镇兵民成为契胡贵族部曲。部曲是带军事性的依附农民，身份不自由。六镇兵民十分忧愁，出征那天，哭声震动山谷。高欢对大家说："我和诸位都是失乡客，是一家人，想不到

上级强令征发。现在出征要死，延误军期要死，当部曲更要死。大家看怎么办？"兵民齐声说："只有造反一条路。"高欢说："造反要推举一人为头。"众人说："当然是将军了。"高欢说："推我为头可以，但要听我指挥，不许欺汉人，不得违反军令。"大家说："生死都跟着将军。"于是，高欢就在普泰元年（531）六月率领六镇余众在信都（今河北冀州）起兵，打出了反尔朱氏的旗号。

尔朱氏的覆灭

在洛阳被立为皇帝的长广王元晔宗族疏远，又无声望，尔朱世隆兄弟商量，另立广陵王元恭为帝。他是孝文帝之侄。普泰元年（531）二月正式即位，历史上称为节闵帝。尔朱世隆大权独揽，任尚书令，台省大小事不先向他禀报不敢执行；他为了拉拢军队，封了许多将军；所在地的富室大族多被诬为谋反，没收了财产，荥阳以东的租税尽入他手中，兵民视他如同豺狼。

高欢声讨尔朱氏的表疏送到洛阳，尔朱世隆隐而不宣，朝廷上下都不知道。尔朱世隆为这事忧心忡忡。尔朱兆率二万步骑从晋阳出发，声讨高欢，尔朱仲远和尔朱度律也发兵呼应。

高欢为了巩固将士们的意志，十月立章武王元融第三子元朗为帝，改元中兴，高欢自任侍中、丞相、都督中外诸军事、大将军、录尚书事和大行台。他得知尔朱仲远与尔朱度律的军队到了阳平（今河北馆陶），尔朱兆的军队到了广阿（今河北隆尧东），便施行反间计，散布谣言说尔朱世隆兄弟要谋杀尔朱兆，又宣称："尔朱兆与高欢同谋，要杀尔朱仲远。"于是尔朱氏集团中人互相猜疑，徘徊不进。

高欢怕尔朱氏势力"众强"，问亲信慕韶，段韶说："所谓众，是得众人之死；所谓强，是得天下之心。尔朱氏上杀天子，中屠公卿，下暴百姓，大王以顺讨逆，如同用汤浇雪，他们有何众强！"一席话说得高欢信心大增，十月，在广阿大败尔朱兆，俘虏士兵五千。接着，又攻下邺，即今河北临漳。

早先尔朱兆因未能参预立广陵王元恭之事，对尔朱世隆一直不满。尔朱世隆知道在强敌当前的情形下内部一定要团结，就卑辞厚礼去向尔朱兆请罪，又让节闵帝纳他女儿为后，尔朱兆才转怨为喜。尔朱氏集团号称二十万，在洹（huán）水两岸构筑营垒，准备一举扫平高欢。

高欢的兵力远远不及尔朱氏，只有战马近两千匹，步兵近三万人，于是转移到邺城西南的韩陵（今河南安阳东北）。他建圆阵，把牛驴拴在一起，阻塞撤退道路，将士们处于死地，只有坚决战斗。战斗开始，尔朱兆远远望见高欢，责备他"背叛"，高欢说："我所以和你合作是为了共辅帝室，现在天子何在？"尔朱兆说："孝庄帝枉害天柱大将军，我是为了报仇。"高欢说："以君杀臣，有何不可？今日你我情义已断。"于是两军开战，高欢的几员大将同时出击，袭击兆军的头尾及中部，兆军顾此失彼，被杀得大败，逃回晋阳。尔朱氏党羽不少人被抓被杀，只有尔朱仲远逃往南方梁朝。

高欢进入洛阳，因安定王元朗疏远，就于中兴二年（532）四月另立元脩为帝，即孝武帝。元脩是孝文帝之孙。孝武帝即位时全无称帝于危难之中的艰难感和责任感，只说："我不得不称'朕'了。"

已任大丞相的高欢统率大军征讨尔朱兆，尔朱兆此时已搜刮晋阳财物逃回秀容。高欢估计春节尔朱兆一定要设宴，就在正月初一，派窦泰率精骑出其不意冲入兆营。尔朱兆军营将士正在宴饮，忽见窦泰军杀到，大惊，纷纷逃跑。窦泰一路追杀，直追到赤洪岭（今山西离石东北），再大破之，兆军部众有的投降，有的逃散。尔朱兆逃入山林，命部下割下自己的头去投降，部下不忍下手。尔朱兆就先把白马杀了，然后在大树上上吊自杀。

○五一

宇文泰兴起

孝武帝为对抗高欢，拉拢在关中握有重兵的贺拔岳。贺拔岳被侯莫陈悦所杀，其部众归宇文泰掌握。宇文泰成为与关东高欢相对立的主要势力。

观察高欢

尔朱氏覆灭后，高欢与孝武帝的矛盾开始尖锐起来。孝武帝不能容忍高欢的专横跋扈，有事只与侍中斛斯椿商量。在斛斯椿的劝说下，设立了内宫卫队，增加了武官值班人数。孝武帝暗中与握有重兵的关中大行台贺拔岳联络，派他的兄弟贺拔胜出任都督三荆等七州诸军事，想凭借他们的实力钳制高欢。

贺拔岳的司马宇文泰，字黑獭，代郡武川（今内蒙古武川西）人，其父宇文肱（gōng）是武川镇下级军官，曾与几个儿子一起参加六镇起义。宇文肱和宇文泰的两个哥哥都死在战场。宇文泰被尔朱荣收编，后又以步骑校尉随贺拔岳西入关中镇压关陇起义，以功升为关西大行台左丞。

宇文泰请求作为使节去晋阳观察高欢，得到同意。到晋阳后，高欢见他相貌不凡，想把他留下。宇文泰坚持要回去复命，高欢只得放行。宇文泰回长安对贺拔岳说："高欢所以不敢篡位，正是畏惧你们兄弟。现在关陇地区不少部族尚无归属，只须派兵占领要害之地，再以恩惠收买，即可吞并扩大我们势力，然后回军长安，号召全国拥护北魏朝廷，这不亚于齐桓公、晋文公称霸之举！"贺拔岳大

为高兴，再派宇文泰去洛阳，秘密向孝武帝陈述，孝武帝便任命贺拔岳为都督二十州诸军事。

成为新统帅

贺拔岳引兵向西进驻平凉，西北各部在强大压力下纷纷归附，只有灵州（今宁夏灵武西南）刺史曹泥依附高欢。贺拔岳因夏州（今陕西横山）是与高欢隔黄河相持的军事要地，就任命宇文泰为刺史。贺拔岳准备讨伐曹泥，宇文泰认为曹泥远处孤城不足为忧，而秦州刺史侯莫陈悦贪而无信，应先讨伐。贺拔岳不听，召侯莫陈悦来高平（今宁夏固原）商讨下一步行动。此时侯莫陈悦已接受高欢劝说准备暗杀贺拔岳，他到高平后就将贺拔岳诱骗到自己营帐中加以杀害，然后回到陇西水洛城（今甘肃静宁）。

贺拔岳死后，其旧部群龙无首，将领们经过讨论，认为宇文泰英明有智谋，决定推选他为统帅，派人去夏州把他请来。宇文泰对大家说："侯莫陈悦既谋害大军统帅，就该趁势进占平凉，如今退回水洛城，可见是无能之辈。宜从速灭之。"于是率领骑兵急赴平凉。行前来到贺拔岳坟前大哭一场。将士们既悲痛失去旧帅，又庆幸来了新的好统帅。

北齐镇墓兽

镇墓兽是墓中避邪之物，造型取多种动物的特征组合而成，长相有很多变化。但这个北齐时的镇墓兽，却长着一张胡人的脸，豹身、狐尾，背部有三个竖立的鳍状物，反映了少数民族文化与汉文化的融合。

145

北朝古今地名对照表

古地名	今地理方位
盛乐	内蒙古和林格尔北
薄骨律镇	宁夏灵武西南
信都	河北冀州
晋阳	山西太原
荥阳	今属河南
滑台	河南滑县南
平阳	山西临汾
邙山	河南洛阳北
水洛	甘肃静宁
河阴	河南孟津东北
北秀容川	山西朔州北
阴馆	山西代县西北
阳平	河北馆陶
云中	内蒙古呼和浩特西南
广阿	河北隆尧东
牛川	内蒙古呼和浩特东
韩陵	河南安阳东北
虎牢	河南巩义东北
略阳	甘肃清水北
五原	内蒙古包头西北
上邽	甘肃天水
沃野镇	内蒙古五原市西北
高平	宁夏固原
怀朔镇	内蒙古包头北
沙苑	陕西大荔南
武川镇	内蒙古武川西
玉壁	山西稷山
柔玄镇	内蒙古兴和西北
上谷	河北怀来
怀荒镇	河北张家口北
定州左人城	河北唐县
抚冥镇	内蒙古武川东北
白道	内蒙古呼和浩特西北

平定侯莫陈悦

　　宇文泰到平凉后，先礼后兵，给侯莫陈悦先写了一封信，责备他背信弃义，弃明投暗，自寻绝路；要他

认清形势，迷途知返。侯莫陈悦已决心跟高欢走，对他置之不理。于是，宇文泰下令向陇西进发。大军冒着天寒地冻，风雨兼程，很快近逼水洛城。侯莫陈悦先败退略阳（今甘肃清水北），再退上邽（今甘肃天水），最后慌不择路向南山险地逃去，大将投降，士兵溃散，侯莫陈悦走投无路，上吊自杀。宇文泰进入上邽，接收侯莫陈悦的府库，只见财物堆积如山，宇文泰自己半文未取，全部赏给了士兵。

二十四孝瓶
晋唐时期，在儒家忠孝伦理观的影响下，形成了君、父有病，臣、子尝其溺（排泄物）以诊病的习尚，在客观上积累了消渴病（糖尿病）诊断的客观指征。图为二十四孝瓶，其下部所画的"南齐庚黔娄尝粪忧心"的故事便是一实例。

〔府兵制〕

　　源于鲜卑部落兵制，西魏大统年间（535—551）丞相宇文泰初建府兵制。府兵的地位比较高，不是边防军而是禁军。军士另立户籍，府兵不承担赋役。府兵每月上半月守卫宫廷，昼夜巡查，下半月由军官教习作战。府兵的核心是入关中的六镇鲜卑军人、随孝武帝入关的北魏宿卫禁旅等。府兵最高统帅称八柱国。除宇文泰和西魏宗室广陵王元欣外，其他六柱国为六个集团军，各督两个大将军，大将军督两个开府将军，共二十四个开府，每一开府统一军，共二十四军。此为兵农分离之贵族兵制。

　　北周武帝召募许多汉人参加府兵，又把府兵改称为"侍官"，入军籍后不编入地方户籍，免除赋役。此为大体兵农合一的华夏兵制。府兵直辖于君主，加强了君主权力和中央集权。

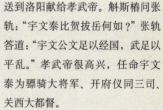

〇五二

孝武帝西迁，投宇文泰

永熙三年（534）四月，高欢得知宇文泰平定了关陇地区各势力，派使者带着书信和厚礼前去祝贺，宇文泰不收厚礼，却把书信派张轨

魏分东西

孝武帝不能容忍高欢专横，西迁长安投靠宇文泰。高欢另立孝静帝，北魏分裂为东魏和西魏。

送到洛阳献给孝武帝。斛斯椿问张轨："宇文泰比贺拔岳何如？"张轨答道："宇文公文足以经国，武足以平乱。"孝武帝很高兴，任命宇文泰为骠骑大将军、开府仪同三司、关西大都督。

孝武帝与高欢的矛盾日益加深。高欢要求皇帝清除身边的奸臣，实际上是打出了"清君侧"的旗号。孝武帝看出他的用心，就回信说："朕虽然暗昧，但不知奸佞是谁？王如果举旗南指，我即使一无所有，也必奋空拳战斗至死。"中军将军王思政对孝武帝说："高欢的野心已昭然若揭。洛阳不是用武之地，宇文泰忠心王室，投靠于他，然后攻复旧京，何愁不成？"孝武帝先前从张轨的介绍中对宇文泰已有好感，觉得王思政的话很对，群臣也都劝孝武帝西迁，持不同意见的只有东郡太守裴侠，他说："宇文泰已是利刀在手，怎肯把刀柄交给别人？前去投靠他，怕是躲过了沸水又跌入火坑。不过现在也无其

敦煌《五百强盗成佛》壁画

这幅敦煌莫高窟第285窟中的《五百强盗成佛》壁画画的是古印度乔萨罗王国有五百个强盗，他们无恶不作，但最终遭到国王军队的镇压，并被施以极刑。佛祖释迦闻听后，亲自前往说法，使得五百强盗最后皈依佛门，立地成佛。此画作于西魏大统四至五年（538－539），从画面上披挂马甲的战马，我们可以想见当时骑战的发达程度。

他办法，只好到关西再说。"孝武帝派柳庆去见宇文泰，向他传述自己的意思，宇文泰立即派骆超为大都督，带一千骑兵赶赴洛阳，迎接孝武帝西迁。经过一番艰难跋涉，孝武帝到达长安，成为宇文泰扶持下的傀儡皇帝。

高欢立孝静帝

高欢亲自带兵从晋阳南下，扬言要杀斛斯椿。宇文泰也发出檄文，历数高欢罪状，并率大军从高平出发直赴洛阳。

高欢到了洛阳，另立十一岁的元善见为皇帝，改元天平，是为孝静帝。这样一来，北魏有了东

北周彩绘陶甲骑具装俑
北周武帝孝陵位于陕西咸阳，其出土的彩绘陶甲骑具装俑，反映了历史上魏晋南北朝时期，军队中骑兵部队的核心——甲骑具装（骑士和战马都披裹护甲的重装骑兵）的形象。

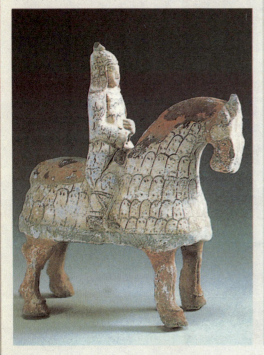

西两个皇帝，正式分裂为两个政权，历史上称为东魏和西魏。

高欢认为洛阳西逼西魏，南近梁境，不是理想的建都之地，就把都城从洛阳迁到邺城。通知下达后三天就出发。于是，四十万人仓促上路，所有马匹都征用，许多官吏只好骑驴。孝静帝到了邺城，改相州刺史为司州牧。洛阳原有的宫殿拆除后运到邺城重建。当时，北魏皇宫禁卫军随孝武帝西迁的不到一万人，其余大都到了邺城。这些鲜卑军队受到较好待遇，成为高欢的重要武装力量。

宇文泰杀孝武帝

孝武帝进入关中后，任命宇文泰为大将军，兼尚书令，后又进位大丞相，一切军国大计都由他说了算。孝武帝生活上荒淫无度，三个堂妹都未嫁人，由于和孝武帝关系亲密，全封了公主。宇文泰看不下去，借故把平原公主杀了。孝武帝大为不满，时而拉弓舞剑，时而拍桌大骂，与宇文泰的关系紧张起来，不久就被宇文泰毒死。时年二十五岁。宇文泰另立二十五岁的南阳王元宝炬为帝，是为文帝。因为高欢立的孝静帝年幼，宇文泰故意立了个年龄大的。

北魏分裂为东、西魏后，两个政权经常发生战争，百姓落入苦难的深渊。

▷历史文化百科◁

〔俸禄制〕
孝文帝以前，北魏没有俸禄，故官吏贪污、经商盛行，引起社会矛盾尖锐。公元484年，孝文帝下诏实行俸禄制。规定每户增调帛三匹、谷二斛九斗，以供百官之禄。以后官吏贪污超过一匹绢就要处死。颁俸禄这一年，因贪赃而处死的地方官达四十多人。实行俸禄，遏止贪污，成为改革的前奏，使以后一系列改革能顺利进行。

○五三

苏绰和"六条诏书"

苏绰是宇文泰的主要谋士，他提出的"六条诏书"成为西魏的施政纲领，改革使西魏强盛起来。

宇文泰控制的西魏地区，土地贫瘠，人口稀少，经济落后。为了对抗东魏，巩固统治，不能不实行一系列改革。帮助宇文泰实行改革的谋士是关中名门大族苏绰。

辅佐君王之才

苏绰，京兆武功（今陕西武功）人，从小勤奋好学，博览群书。他原来只是行台郎中的一个小官，到职一年多，并未受到重视。有一次，宇文泰与仆射周惠达讨论一件事，周回答不出，要求出去一下，回来后就回答得头头是道。宇文泰奇怪地问："你出去和谁商量了？"周答："我和苏绰商量了。这人有辅佐君王的才干。"宇文泰立即召见苏绰，提升他为著作佐郎。

一天，宇文泰带着公卿大臣去昆明池观鱼，走过城西汉代的遗址仓池，问大家有关仓池的历史典故，大家面面相觑，答不上来。有人建议请苏绰来说，苏绰果然滔滔不绝，说池中小岛名叫"渐

台"，王莽死在这里，等等。宇文泰深深佩服他的学问，回去后又和他谈治理国家的办法，从申不害、韩非学说谈到历代兴亡，越谈越投机。最初，宇文泰躺着听，后来便严肃端坐，再后来不知不觉把双膝移近了苏绰。两人一直谈到天亮。宇文泰对周惠达说："苏绰真是一位奇士！"于是任命他为大行台左丞即政务秘书，参预并主管机密决策。不久，又升为大行台度支尚书兼司农卿，主管财政农业。

苏绰忠诚朴实，宇文泰对他十分信任，有时外出，就把空白公文纸署上自己的名字留下，让苏绰处理大事时可以发号施令，回来后，苏绰只需汇报一下即可。苏绰常说："治理国家当热爱百姓如慈父，教育百姓如严师。"他与公卿大臣讨

北朝石雕双观音立像

河北曲阳修德寺塔基出土的石造像，多为世俗信徒供养之像，其材质多为汉白玉。这件北齐双观音造像，简洁、干净、理性，没有夸张的动作，人的面容显得冷静，造像上下部都有祥瑞装饰。

149

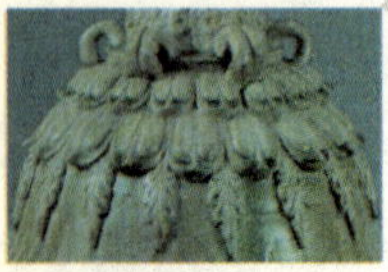

公元557年

中国大事记

陈霸先称帝，建立陈朝。西魏宇文觉称天王，建立北周。

论政事，常常从白天直谈到夜晚，事无巨细，都了如指掌。

施政纲领

苏绰帮助宇文泰改革，提出了“六条诏书”。其内容是：第一，治心身。当官一定要清心。清心不仅是不贪财货，而且是凡所思念都应为了国家，还要在行动上做到仁义、孝悌、忠信、礼让、廉平、俭约、无倦、明察。第二，敦教化。要移风易俗，去掉邪伪之心，嗜欲之性，提倡慈爱、和睦、敬让之风。第三，尽地利。要督促百姓勤于耕作，不使土地空荒。这是考察官吏政绩的重要一条。第四，擢贤良。用人不能只讲门第不择贤良，只看才能不问志向行为。要精简机构，官省则事省，事省则民清。第五，恤狱讼。就是要赏罚分明。断狱判刑要调查，重证据，对死刑要慎重。第六，均赋役。征赋税是财政收入主要来源，必须均平，不能放纵豪强专征贫弱。这“六条诏书”是富国强兵的好办法，成为宇文泰的施政纲领。宇文泰十分重视，命地方官背诵执行，不通六条者不能做官。此外，苏绰又制定了计账和户籍等法，提出设置屯田、减少官员等建议。

历史文化百科

〔魏晋南北朝史学的发展〕

魏晋南北朝时期史学有重大的发展。首先，史籍数量剧增。东汉以前虽然产生了《史记》、《汉书》，但史书数量有限；东汉写的史书不超过200部。而据《隋书·经籍志》，梁、陈、齐、周、隋的史书就达874部，16558卷。其次，史学不再是经学附庸，而成为一门独立的学科。西晋荀勖编《中经新簿》，将经、史分家，史学开始独立。东晋李充整理图书，排列四部次序为“五经为甲部，史记为乙部，诸子为丙部，诗赋为丁部”。再次，体例繁多，除纪传体、编年体为主要体裁外，还开创和发展了不少新的体例。如方志、人物传、游记、杂记、史考、史评、史钞、起居注、实录等。

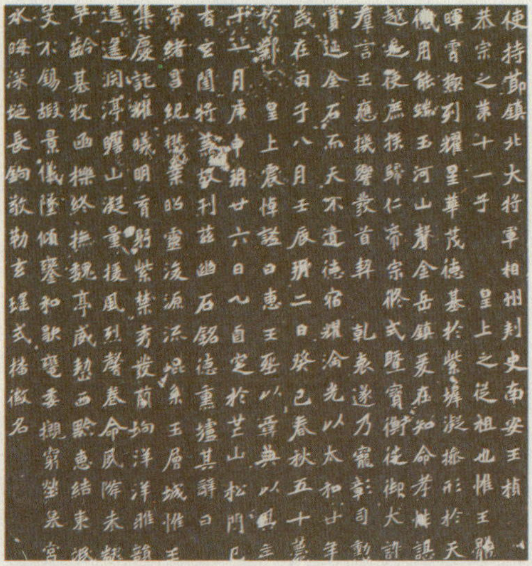

元桢墓志（拓片）

图中的元桢墓志是迄今发现的最早的方形墓志，是隶书向楷书转变时期的代表作，为北魏墓志中的精品。现存放于西安碑林博物馆。

积劳成疾，英年早逝

在苏绰的帮助下，宇文泰实行了一系列改革，如推行均田制、府兵制、改革官制，整顿吏治，改革讲究形式的文件等，由于关陇豪强地主的支持，西魏一天天强盛起来。西魏大统十二年（546）苏绰因积劳成疾而去世，年仅四十九岁。宇文泰十分伤心，想到他生前夜以继日地工作，辅佐自己出谋划策，不禁泪流满面。埋葬时，宇文泰尊重他生前崇尚俭朴的意愿，只用一辆布车送他的灵柩回故乡安葬。宇文泰和官员们徒步送到城外，在丧车后用酒浇地祭奠。宇文泰说：“尚书平生所做之事，妻子、兄弟所不知道的我都知道。只有你知道我的心，也只有我知道你的志向。当今正要和你一起共创事业，你却突然离我而去，奈何，奈何！”说着，说着，放声恸哭起来，酒杯不知不觉滑落到了地上。

公元**562年**

世界大事记

新罗扩展到朝鲜半岛中部，大和势力退出朝鲜半岛。拜占庭与波斯媾和，缔结五十年和平条约。

○五四

宇文护杀二帝

宇文泰死后，宇文觉称帝，建立北周，大权在辅政的宇文护手中。

人物　关键词　故事来源

赵贵　于谨　独孤信　周孝闵帝

奸佞　镇压

《周书·晋荡公护传》《资治通鉴·梁纪一二》《资治通鉴·陈纪一二》

西魏恭帝禅位

556年，宇文泰病重，对侄子宇文护说："我几个儿子都年幼，外敌还很强大，天下的事只能靠你了。希望你努力实现我的遗志。"说完就去世了，时年五十岁。

宇文泰死后，太子宇文觉继位，557年正月，西魏恭帝下诏禅让，宇文觉改国号为周，正式称帝，他就是周孝闵帝。于是，北周取代了西魏。

宇文护辅政

宇文觉当皇帝时年仅十六，由宇文护辅政。宇文护原来地位并不高，朝廷大臣对他不服气。宇文护问大司寇于谨有什么办法，于谨说："我早先承蒙先公知遇之恩，情同骨肉。今日之事，我定以死维护国家稳定，以后决定方针大计，你切勿退让。"第二天，群臣齐集，于谨说："现在皇上年幼，中山公是先公亲侄，受顾托重任，军国大事理应由他决定。"说时神态严肃，语音响亮，大家都很震惊。原先于谨的地位与宇文泰是平起平坐的，大家再也不敢不尊重宇文护，北周的局面逐渐安定下来。

赵贵、独孤信都是与宇文泰一起打天下的大臣，他们见宇文护从大司马进封为晋公，心中怏怏不乐。赵贵想谋杀宇文护，被独孤信阻止。这事被开府仪同三司宇文盛告发。不久，赵贵入朝时，宇文护就逮捕了他，把他杀了。同时，免去了独孤信的官。因为独孤信名望很高，宇文护不便太明显地杀他，一个月后，才逼他自杀。

宇文护不守臣节

宇文觉是宇文泰第三子，因母亲是皇后元氏，所以是嫡子。宇文觉虽然年轻，却性格刚强，对宇文护控制朝政也很不满。他身旁的官员李植和孙恒过去都掌握

大权，他们耽心宇文护不会再重用他们，就联络了乙弗凤、贺拔提等在宇文觉面前讲宇文护"不会守臣节"，要他及早打算，并且煽动说："周公摄政七年，陛下能忍受这七年吗？"宇文觉被说得心动，便暗中在后园训练武士。李植又去联络张光洛，但张光洛却向宇文护告了密。宇文护立即调李植外出为梁州刺史，孙恒为潼州刺史。乙弗凤等感到恐慌，就加紧谋划，准备在一次宴会上逮捕宇文护，发动政变。张光洛又一次告了密。宇文护派领军尉迟纲召乙弗凤等人议事，他们到来后立即逮捕。宇文护另外又指派大臣贺兰祥逼宇文觉让位，把他暂时幽禁起来。接着召开公卿会议，宣布此事，宇文觉被废为略阳公，另立宇文毓为帝，即周明帝。凡是参与策划政变的人一律处死。一个多月后，又把略阳公杀了，王皇后被送去当了尼姑。

559年正月，宇文护上表归政，但他始终把军权牢牢掌握在手中。周明帝聪明而有胆识，宇文护怕他也会像宇文觉那样难于掌握，便一不做二不休，于560年四月，命厨师做了有毒的饼给他吃，将他毒死。

▷历史文化百科◁

〔《齐民要术》所载粮食、蔬菜、水果品种〕

《齐民要术》是现存最早的完整的农书，成书于北魏末，其所载粮食品种远远超过前代。粟类约有八十六个品种，水稻二十四种、大小豆七种、黍稷四种、梁秫四种、大小麦两种、胡麻两种、葵五种。蔬菜品种已达到三十余种，有瓜、越瓜、胡瓜、冬瓜、茄子、瓠、芋、葵、蔓菁、菘、芦菔、蒜、泽蒜、薤、葱、韭、蜀芥、芸薹、芥子、胡荽、兰香、荏、蓼、姜、蘘荷、芹、堇、胡葱子、苜蓿、白豆、小豆、莴苣等。人工栽培的果木品种也已相当丰富。有枣、樱桃、葡萄、李、杏、梅、梨、栗、榛、柰、林檎、柿、石榴、木瓜等。由此可见，到南北朝时，我国农业已经相当发达，其品种已和现今大致相仿。

〇五五

周武帝改革

周武帝是北魏孝文帝之后北朝又一位改革家。他的政治、经济、军事各方面改革卓有成效，为统一北方和隋统一全国奠定了基础。

杀死权臣宇文护

宇文护毒死周明帝后，于武成二年(560)拥立宇文泰的第四个儿子宇文邕为帝，即周武帝。

周武帝即位时，年方十八，大权仍操纵在宇文护手中。宇文护任大冢宰，都督中外诸军事，既是宰相，又是最高军事统帅，各部门都听他指挥，重大事件都由他决定，他住处的警卫比宫廷的还多。北齐段韶说："宇文护名义为宰相，实际为皇帝。"周武帝是个有作为的人，他对宇文护的专权自然不能容忍，但他清楚要除去这个权臣，时机尚不成熟，于是表面上装作无所作为的样子，别人也摸不透他的能耐。经过十三年的等待和准备，他终于向宇文护下手了。

建德元年(572)三月的一天，宇文护从外地回来，去见皇太后。周武帝对他说："太后嗜酒太重，我已劝谏多次，请您再劝说几句，太后必定会听。"宇文护很高兴，入宫向太后请安后，就念起周成王的《酒诰》来，刚念到一半，突然后脑挨到沉重一击，当即昏倒。这就是周武帝与几个亲信策划的一次行动。他用玉挺将宇文护打昏过去，接着又命宦官将他杀了。从此，周武帝掌握了朝政大权。

全面改革

周武帝亲政后说："自周建立，晋公护执掌大权，习以为常。岂有三十岁之天子仍受人所控制？"他首先加强中央集权，

北周武帝宇文邕
此图出自唐代阎立本《历代帝王图》。

世界大事记

拜占庭皇帝查士丁尼一世卒，侄查士丁二世即位。

周武帝 宇文护

革新 改革 韬晦

《周书·武帝纪上》《周书·武帝纪下》

人物 关键词 故事来源

五行大布

五行大布钱铸于北周武帝建德三年 (574)，为青铜制作，铸工精细、布局细密匀称，笔画柔中带刚，韵味无穷。

第一步是控制兵权，废除都督中外诸军事衙门，任命弟宇文宪为大冢宰，宰相不再管军事。把府兵改称为"侍官"，即君王侍卫，从此府兵成为皇帝直接控制的工具。同时又让均田户中不少子弟参加府兵，扩大了兵源。

宇文护统治时赋役较重，周武帝劝课农桑，奖励生产，减轻赋役，多次下令释放战俘、奴婢和杂户，提高劳动者的身份，使社会经济得到了恢复和发展。

周武帝立法严峻，即使同胞兄弟也不宽贷。弟宇文直在清除宇文护中立有大功，但他浮躁贪婪，受到周武帝处罚，怀恨在心，竟趁周武帝外出时带兵直闯宫殿，图谋叛乱，结果被处死。为了对付盗贼和惩办

> **历史文化百科**
>
> **〔两晋南北朝的三大经济文化区〕**
>
> 中国地大物博，各地自然条件、地理环境、土壤气候物产、风俗民情不同，加上两晋南北朝时期战乱分裂，人口迁徙，高门士族集团的地域性，各政权政策的差异，使各地区政治经济发展不平衡，当时中国大致划分出三个经济文化区域：一是以长安（今陕西西安）为中心的关中经济文化区。这里是秦汉的基本经济区，此时遭破坏而地位下降。二是以洛阳、邺城（今河北临漳）为中心的中原经济文化区；或称山东经济文化区，即太行山以东，今河南、河北、山东等地。这里社会经济有长足的发展。三是以建康（今江苏南京）为中心的江南经济文化区，由于北方人口南迁，经济得到开发，由此，我国古代经济重心逐步由北向南转移。《隋书·地理志》上中下三卷实即按此区分，即关陇、中原、江南三大经济文化区。

唐敦煌壁画《北周商旅图》

《北周商旅图》在敦煌莫高窟第 296 窟，分为上下两层。上图是商队到达驿站，人畜得到补给休整时的欢欣情景，下图以桥为界，两个汉族商人正押着满载货物的驼队过桥，对面西方商人牵着载重骆驼走来。画面生动反映了6世纪商旅古道上东西交流的状况。

贪官，周武帝颁布了《刑书要制》，规定里正、三长凡有隐瞒五户、十丁或土地三顷以上者，一律处死。

为富国强兵下令废佛

建德三年（574），周武帝还发动了一场废佛运动。北魏后期佛教发展迅速，北齐、北周继续发展。北齐人口共二千万，仅僧尼就有二百万，都城寺院达四千座；北周人口不到一千万，僧尼也占十分之一，境内寺院更多，竟超过一万，占去大量土地，消耗大量人力、物力和财力，不仅影响国家赋役收入，而且影响兵源。为了扫除富国强兵的障碍，周武帝下令销毁佛经佛像，勒令僧侣道士还俗，把寺院财产分赐给臣下。灭齐之后，也在北齐境内实行废佛政策。

周武帝的一系列改革，使北周国力大大增强，为统一北方和以后隋统一全国奠定了基础。

北周的货币

这三种北周货币均为铜制。布泉钱于561年铸造，有内外郭，一枚当西魏五铢钱五枚，五行大布钱于574年铸造，亦有内外郭，轻重不一，一枚当布泉钱十枚，永通万国钱于579年铸造，面、背均有内外郭，一枚当五行大布钱十枚。

悬空寺

被誉为"恒山第一奇观"的悬空寺位于浑源县城南5公里恒山主峰天峰岭和翠屏山之间的岭谷峭壁上，远远望去，就像紧贴在翠屏峰半腰的垂直石壁上，显得格外的奇特、险峻，但又不失精美。悬空寺始建于北魏晚期，距今已有一千四百多年。整个寺庙现存四十余座建筑，相互交错，高低错落，曲折迂回，若临虚空。其险，如当地民谚所云"悬空寺，半天高，三根马尾空中吊"，其奇，如栈道上石刻所云"公输天巧"。尤有趣味的是，最高层的三教殿内，孔子、老子和释迦牟尼的塑像同居一室，仿佛亦"飘然意欲仙"。

世界大事记

波斯－突厥联军大破嚈哒，杀其王，分割其土，以阿姆河为界。嚈哒亡。

高　高
澄　欢

韦斛
孝律
宽金

溃
败

《北齐书·神武帝纪下》
《北齐书·斛律金传》
《周书·韦孝宽传》
《资治通鉴》一五一～一六二

人物　关键词　故事来源

○五六

高欢壮志未酬

玉壁大战，东魏损失惨重，高欢智困力竭，一病不起，临终前对高澄再三叮嘱。

韦孝宽坚守玉壁

东、西魏建立后，双方不断发生战争。537年有沙苑（今陕西大荔南）之战，东魏战败；543年有邙山（今河南洛阳北）大战，东魏把西魏打得大败；546年，双方又在玉壁（今山西稷山）发生激战，这次战争使东魏彻底失败。

八月，高欢集结了全国可以作战的部队，向西魏发起总攻，他亲自从邺城来到晋阳，一月后来到玉壁城下，团团包围了这座城池。

西魏玉壁的守将是四年前上任的并州刺史韦孝宽。他曾自在南兖州刺史任上用离间计使东魏阳州（今河南宜阳西）刺史牛道恒和大将段琛不和，最后活捉两人。韦孝宽的谋略深受西魏东道行台王思政的赏识，故在他离开并州改任荆州刺史时推荐了韦孝宽。

北齐北周对立图

图例
■都城
○州治、县郡、要地

高欢包围玉壁的目的，是想引诱西魏前来会战，但是宇文泰却按兵不动。

高欢对玉壁城日夜不停轮番进攻，韦孝宽随机应变，沉着应战。高欢知道城中饮水全靠汾河，命人在汾河上游堵截，使河水改道，韦孝宽就打井取水。高欢在城南堆筑土山，想越墙而入；孝宽就在城顶两座碉楼上接木加高，抵御土山。高欢挖掘地道，想从地下入城；孝宽就在城内沿城挖掘长沟，阻挡地道，又对准地道口堆起木柴，燃烧后用风箱向地道内鼓风，烟火进入地道，东魏军多被熏死。高欢运来巨大攻车猛撞城墙，城墙多处被撞开，韦孝宽就用厚布缝成帐幔悬于城前，攻车碰到布幔就不能发挥作用。高欢用长竹竿上缚松枝、麻秆，浇油燃火后焚烧布幔，韦孝宽就用锋利的钩子缚在长竿上，把松枝、麻秆全部割掉。高欢又采用早先攻邺城的办法，在城脚四面挖洞，以木柱支撑，然后放火焚烧，想烧断木柱后使城墙崩塌；韦孝宽就在城墙崩塌之处竖立木栅。东魏军用尽了所有的办法，始终不能动摇这座城池。

高欢无可奈何，派仓曹参军祖珽去劝降说："你困守一座孤城，外无救援，不能长久坚持，何不投降？"韦孝宽回答："我城池严密坚固，兵多粮足。攻者劳累，守者安逸，一旬半月就可救援！我倒担心你军，有来无回。韦孝宽堂堂关西男子汉，决不会做投降将军！"祖珽又对城中人说："韦将军受朝廷荣禄，不得不如此；你们军民何必随他一起跳入沸水、热火之中！"他把悬赏文告射到城中，宣布："斩韦孝宽出降者，升为太尉，封开国郡公，赏帛一万匹。"韦孝宽在文告后写上："能斩高欢者按同样标准受赏。"又将其射出城外。

东魏攻玉壁前后五十天，士兵战死、病死达七万人。高欢智困力竭，终于生病，至十一月，只好撤围退兵。在退兵时，宇文泰调集的援军赶来乘胜追击，又消灭了很多东魏军。

玉壁大战以东魏失败而告终，这次战争以后，东、西魏的力量对比发生了变化，西魏开始压倒东魏，直到最后北周灭亡了北齐。

斛律金高唱敕勒歌

玉壁之战失败后，高欢回到晋阳，由于病重，终日躺卧家中。日子一长，军中就有谣言传开，说韦孝宽用强弓射死了高欢。西魏利用这个机会，广发公告说："剑弩一发，元凶自毙。"人心更是惶惶不安。高欢听到这个情况，勉强支撑着起来与朝廷大臣们见面。大家见到了高欢，才放下心来。

大臣中有一个敕勒部人斛律金，是位猛将，任大司马，他虽已年过六旬，仍意气风发。高欢知道他会唱敕勒民歌，就请他唱一首解解心中的郁闷。斛律金当即引吭高歌，唱道：

敕勒川，阴山下，

天似穹庐，笼盖四野。

天苍苍，野茫茫，

风吹草低见牛羊。

唱着唱着，高欢也跟着他低声应和起来，眼前浮现出塞北优美的风光和当年游牧的情景，想到自己出生入死战斗多年，如今重病缠身，中原尚未统一，壮志未酬，不禁流下了热泪。大臣们也个个悲凉激动。

高欢临终嘱托

高欢的病日渐沉重，召来高澄。他见高澄面带愁容，问："我看你面色忧愁，是不是担心侯景叛变？"高澄说："是。"侯景看不起高澄，曾说："高王在，我不敢有异心。

王死，我不能与鲜卑小儿共事！"高欢对高澄说："侯景专制河南已十四年，常有飞扬跋扈之态，只有我能控制他，你是驾驭不了他的。现在四方未定，我死后不要发丧。库狄干、斛律金性情刚直，终不会辜负你。可朱浑道元、刘丰生远来投我，也决不会有异心。潘相乐心地忠厚，你们兄弟会得到他的支持。韩轨性慈直，对他要多加宽容。彭乐心地诡诈，应多加提防。如今能够对付侯景的，唯有慕容绍宗，我故意不提拔他，留给你对他重用。"

武定五年（547），高欢去世，年五十二岁。高澄对高欢去世虽然悲痛，但为隐瞒消息，表面上仍装作若无其事。四月，他到邺城，孝静帝与他一起喝酒，他还故意跳舞助兴。直到六月回至晋阳，才发布高欢去世的消息。

龙门莲花洞的天井

龙门石窟北魏莲花洞，因为洞窟顶部的藻井有一精美的高浮雕大莲花而得名。莲花是佛教的名物，佛教石窟以莲花装饰非常普遍，莲花洞的天井莲花则以其硕大精美取胜，它分为三个层次，最凸起的是莲蓬，它本身又有许多变化层次，第二层为双层莲瓣，向四周放展开，为了突出莲花的形象，特意加了一个凸起的由二方忍冬纹饰组成的圆盘进行烘托映衬。

〔北方的都城群落〕

南北朝时期，全国战乱频频，北方地区尤甚。这使得大批城市遭到破坏甚至毁灭，像古城邯郸的荒凉就是典型。这时期北方建筑的一个特点是，由于北方政权的更迭频繁，而每一个政权都会建立一个都城，渐渐形成了一个都城的群落。

监视孝静帝

高欢在世时，因为孝武帝逃亡西魏，所以对孝静帝特别尊重。大小事情无不请示奏报；参加宫廷宴会时，总是拜伏在地，然后敬酒；孝静帝举行佛法大会，乘坐小车去上香，高欢就手捧香炉在后步行跟随。由于他这样，他的部属对孝静帝也十分恭敬。

但是高澄掌权后，对孝静帝的态度就完全不同，态度傲慢，趾高气扬。孝静帝并不是平庸之辈，他颇有主见，相貌堂堂，举止文雅，人们都说他有孝文帝遗风。高澄对此更是忌恨，派了中书黄门郎崔季舒去监视他。孝静帝的一举一动，崔季舒都了如指掌。高澄写信给崔季舒说："呆头鹅近日怎样？须用心看管！"他把皇帝比作呆头鹅。孝静帝在邺城东郊打猎，骑马奔驰，监卫都督竟公然在背后边追边叫："皇上不要跑马，大将军会发脾气！"大将军就是指高澄。有一次朝廷宴会，高澄举起酒杯却未跪拜敬酒，孝静帝见他不行大礼，十分不悦，说："自古没有不亡之国，朕何须眷恋此生！"高澄对孝静帝一再称"朕"，大为反感，说："朕！朕！朕！他妈的狗脚朕！"公然命崔季舒向孝静帝猛击三拳，然后大摇大摆扬长而去。过后，高澄觉得这样对己今后不利，又派崔季舒入宫向孝静帝谢罪。孝静帝顺水推舟，说要赏赐崔季舒绸缎。崔季舒不敢马上接受，去禀告高澄。高澄嘱他收下一段，孝静帝将四百匹绸缎扎在一起作为一段赏赐给他。

君王"谋反"

孝静帝无法忍受沉重的忧虑和羞辱，背咏谢灵运的诗说："韩亡子房（张良）奋，秦帝鲁连（鲁仲连）耻。本是江海人，忠义感君子。"诗中的子房就是张良，

"狗脚朕"

高欢死后，高澄对孝静帝态度傲慢，骂他"狗脚朕"。孝静帝无法忍受羞辱，决定刺杀高澄。事情败露后，参与官吏均被处死。

鲁连就是鲁仲连，孝静帝想起这些忠心耿耿的义臣，不觉流下泪来。常侍荀济了解孝静帝的心思，就联合祠部郎中元瑾、华山王元大器等人谋划诛杀高澄。他们在宫中挖地道，不料挖到千秋门时被警卫察觉，报告了高澄。高澄带兵闯入宫中，对孝静帝说："陛下何故造反？臣父子忠心为国，何事对不起陛下？"说后就准备杀嫔妃，孝静帝严正地说："自古以来，只听说臣下谋反，从未听说君王谋反。你自己想造反，反责

唐三彩的前身：黄釉绿彩罐
此瓷罐出土于河南濮阳，墓主为北齐车骑将军、豫州刺史李云及妻郑氏。直口微敛，椭圆形腹，平底，实足。肩部有两道弦纹，均匀地布列四个方形系耳。系下有划花带状连续忍冬纹一周。罐的上腹部为划花变体莲瓣纹。整个中上部施淡黄色釉，釉薄，有光泽，并有八条绿色彩带均匀布列。罐的下半部无釉无装饰。据研究，这种绿彩黄釉的工艺与后来的"唐三彩"很相似。河南省博物馆藏。

《面壁达摩图》（明·宋旭绘）

此图绘菩提达摩面壁打坐、苦行修炼的情形。达摩面部的刻画，坚忍虔诚，山涧周围，野草丛生，一泓流水从其身边流过。作者以幽静的环境来衬托出达摩的性格。此画人物不重线条勾画，以大面积色块渲染出人物的姿态，以艳丽夺目的表象反衬出人物清心禅定的内心，突出了佛门所说的"五蕴皆空"的无碍境界。作此画时作者已八十六岁。

怪我？我连生命都不珍惜，还怕你杀这些妃子！"高澄想想自己的行动太出格了，连忙叩头谢罪。孝静帝也不敢再计较，两人饮酒到深夜高澄才离宫。过了三天，高澄下令把孝静帝抓起来，关押在含章堂。元瑾、元大器等都以谋反罪名当街处死。

"年虽衰老，血气却壮"

参加谋反的荀济是南方人，学问渊博，善写文章，本是梁武帝的好友。他自负有才气，看不起萧衍，常说："等他起事，我就在盾牌上撰写文告宣告他的罪状。"萧衍对此耿耿于怀。后来，萧衍真的当了皇帝，有人向他推荐荀济，萧衍说："此人虽有点才，但喜惹是生非，不能任用。"以后荀济又上疏劝萧衍不要为了兴建佛寺浪费钱财，萧衍大怒，打算处决他。荀济知道后逃奔东魏。高澄打算请他入宫当侍读。高欢说："我喜欢荀济，打算

保全他的性命，所以反对给他官做。他如进入宫中，接近皇上，绝不会有好结果。"事实正如高欢所预料。逮捕荀济时，侍中杨愔问他："你年已衰老，何苦干这种事？"荀济答道："年虽衰老，血气却壮！"杨愔就判决说："荀济自怜年纪老大，既无功业，又无名望，故欲劫持天子，诛杀权臣以扬名。"荀济最终自然也被处死了。

少林寺

位于河南省登封市城西北13公里的少室山北麓五乳峰下，建于北魏太和十九年（495）。孝昌三年（527）印度僧人菩提达摩落迹创立禅宗，史称禅宗初祖，少林寺为禅宗祖庭。唐初，少林武僧佐太宗开国有功，从此僧徒常习拳术，禅宗和少林拳负有盛名，广为流传。寺内现存建筑有山门、天王殿、钟楼、鼓楼、大雄宝殿、藏经阁、客堂、达摩亭、白衣殿、地藏王殿、千佛殿等。寺外有西面的塔林，西北的初祖庵、达摩面壁洞，西南的二祖庵，以及附近的唐代法如塔、同光塔、五代法华塔、元代缘公塔等。

> 历史文化百科

〔北魏孝文帝为跋陀营建少林寺〕

少林寺位于河南登封西北二十里少室山北麓，因在少室山茂密树林中而得名。"少林者，少室之林也。"少林寺最初建于北魏太和十九年（495），是魏孝文帝用来安顿印度僧人跋陀落迹传教的。跋陀即禅师佛陀，本印度人，游历诸国，到了北魏平城（今山西大同），立即受到孝文帝的敬重，供给一切生活设施。平城的富贵人家也特别尊重他，为他另造了住宅。后来北魏迁都，跋陀随孝文帝一起迁到了洛阳。因他喜爱住在山中幽静的山林中，故孝文帝又命令在少室山为他造寺，即少林寺。

〇五八

高澄　高洋　兰京

怨愤　果断

《北齐书·文宣帝纪》《资治通鉴·梁纪》一八～一九

人物　关键词　故事来源

北齐的建立

高澄准备称帝，被人刺杀。高洋处理事变镇定得当。不久，高洋自称皇帝，建立北齐。

厨师刺杀高澄

高澄一直想当皇帝，为了试探孝静帝，武定七年（549）七月，他上疏请求立太子，想不到孝静帝真的立了皇子元长仁为太子。高澄很是恼火，就与散骑常侍陈元康，吏部尚书、侍中杨愔，黄门侍郎崔季舒策划禅让皇位的事，还一起商量了新任百官的名单。

正当高澄等密商这件大事时，厨师兰京突然闯进来送饭，高澄要他出去暂时不要进来，然后对陈元康等人说："我昨天晚上梦见这个家伙用刀砍我，我想尽早把他杀了。"想不到兰京没有走远，听到了这话。

兰京是梁徐州刺史兰钦的儿子，被高澄俘获后做了他的厨师。兰钦曾经用钱财想赎回兰京，高澄不同意。兰京自己也多次恳求放他回南方，高澄发怒，将他痛打一顿，说："再说，就杀了你！"兰京恨极，就和六个有生死之交的南方人密谋，准备刺杀高澄。现在听到高澄要杀自己，决定提前下手。

兰京出去后，就与六人商量好行刺的方案，接着兰京假装送菜，在盘底放了一把刀。高澄见他又进来了，骂道："跟你说过不要进来，为何又来了？"兰京突然从盘底抽出刀来朝高澄刺去，一面大声说："我是来杀你的！"高澄未带武器，卫队大都被他赶在外面，一时情急，赶紧往床底下钻，兰京把床掀起，一刀刺中高澄，接着又加上几刀，高澄一命呜呼。

几个同党跟着兰京进来，帮着一起刺杀另外几个人和闻声赶进来的侍卫，一场格斗，几个侍卫被杀，陈元康肚子中了一刀，肠子都流出来了；杨愔狼狈逃走，丢下一只靴子；崔季舒躲藏在厕所里好久不敢出来。这事来得突然，消息传出后，内外十分震惊。

高洋镇定自若，处事得当

高澄早先对弟弟高洋极不友好，既看不起他又对他心怀疑忌。高洋总是低声下气，处处顺从。高洋有时为妻子李氏买些小玩物，高澄见到拿起就走，李氏很不高兴，高洋说："这些东西还可再买，兄长想要就给他好了。"高澄在别人面前挖苦高洋说："这人如果也会富贵，相命书就没有用了。"高洋对此并不计较，退朝回家，不是关门静坐，就是赤着脚在沙石地上奔跑。夫人问他为何这样，他说只不过玩玩而已。其实他是在暗暗锻炼身体，磨炼意志。

北周彩绘武士陶俑

高21厘米，戴甲胄，披甲衣，手执兵器，怒目圆睁，嘴张吐舌，腹圆鼓，背扁平，造型生动传神，富有时代特色。

河南登封中岳庙

历史文化百科

〔教育宝典：《颜氏家训》〕

《颜氏家训》共有20篇，北齐颜之推著。内容以传统儒家思想教育子弟，讲如何修身、治家、处世、为学等。主张"学贵能行"，反对高谈阔论，不务实际。对当时的家庭教育理论作了综合概括，并在一定程度上批评了南北朝时期不良的社会风气。

高洋听说高澄被刺，十分镇定，指挥禁卫军逮捕了凶手，然后向外宣布："奴才造反，大将军仅仅受伤，无大问题。"朝廷内外见高洋遇到这等大事镇定自若，处理得有条不紊，十分惊异。当晚，陈元康因伤重去世，高洋也不宣布，只说他被派往外地，以此安定人心。

鲜卑勋贵们因重兵都在晋阳，劝高洋早日回去，高洋同意。命太尉高岳，太保高隆之、司马子如、杨愔留守在邺，其余鲜卑贵族都一起回去。高洋带着全副武装的二百卫士到昭阳殿向孝静帝辞别，说："臣有家事，须回晋阳。"说时态度严肃，气氛紧张。孝静帝得知高澄死后曾私下对左右说："这下大权当归帝室了。"现在见到高洋的态度，感到事情并不如自己想象的那样美妙，他目送高洋走后，叹息说："此人好像更加厉害，朕不知死在何日？"

晋阳旧将过去也都瞧不起高洋，高洋回到晋阳后召开大会，只见他神采飞扬，言语响亮、简练而有分寸，大家顿时惊奇万分。高洋把高澄原定政策中不合理的部分，一一加以改变。

邺城金虎台遗址
高洋在此逼迫孝静帝让位，自己登上皇帝宝座，改元天保，是为齐文宣帝。从此，东魏灭亡，北齐建立。

高洋称帝，建立北齐

武定八年（550）四月，高洋准备自己当皇帝，告诉娄太妃，太妃说："你父如龙，兄如虎，尚且以为天位不可妄据，终身北面称臣。你是何人，敢为此？"鲜卑贵族元老如斛律金等也表示反对。但高洋对这些意见一概置之不理。五月，他便公然逼孝静帝让位，自己登上皇帝宝座，改元天保，他就是齐文宣帝。从此，东魏灭亡，北齐建立。过了一年多，二十八岁的孝静帝终被毒死。

画圣的《校书图》
该图相传为北齐杨子华作品，非常准确地描绘了南北朝士大夫的生活方式，该画描绘北齐天宝七年（556）文宣帝高洋命樊逊等人刊定五经诸史的故事。画中人物的特征，已不同于"秀骨清相"，人物面孔都呈鹅蛋形，与出土的娄睿墓壁画相吻。

公元575年

〇五九

酒鬼皇帝

高洋建立北齐后前期还有所作为，后来则嗜酒如命，淫乱成性，杀人如麻，完全成为一个暴君。

高洋称帝后，开始几年，兴利除害，释放奴婢，提倡法治，广立学校，还有所作为。宇文泰曾赞叹说："高欢不死矣！"可是后来一反常态纵酒施虐，成为一个暴君。

嗜酒如命，疯疯痴狂

高洋嗜酒如命，酗酒后就装疯卖傻，或又唱又跳，日夜不停；或披头散发，身着彩衣；或赤身露体，涂脂抹粉；或乘骑白象、骆驼乱跑；或让人背着行走。他任意穿街过巷，有时独坐路口，有时睡在巷中；盛夏时赤身暴晒，隆冬时脱去衣服，随从的人叫苦连天。他征发了三十万民工重修当年曹操建于邺城的三台，脚手架高二十七丈，两台相距二百多尺，高洋在上面快步如飞，甚至旋转舞蹈，下面的人无不为之提心吊胆。有一次他在路上遇一妇女，问她："当今天子怎样？"妇女回答道："疯疯癫癫，算什么天子！"高洋立即把她刺死。

娄太后因高洋酗酒发狂，用手杖责打他说："好端端的父亲怎会生出这样的儿子！"高洋发怒说："当把这老娘嫁给胡人。"娄太后怒火中烧，从此再也不笑。高洋为使太后发笑，趴到太后的椅子下，用身体将椅子顶起，太后从椅上掉下受伤。高洋酒醒后后悔，在院子里堆柴燃火，要跳入火中。太后害怕，连忙拉住他勉强露出笑脸。高洋躺在地上，命平秦王高归彦拿棍子拷打自己屁股，说："打不出血，我就杀你。"太后上前阻止，高洋不依要打，只得打了五十下方才作罢。高洋边哭边说一定戒酒，可是十天后，又故态复萌，照样酗酒不止。

湾漳北齐墓壁画（局部）
湾漳北齐墓位于河北省磁县湾漳村，1987年发掘，推测为北齐文宣帝高洋的武宁陵。　该墓地面原有圆形坟丘，南边立一高约3米的石人。地下有斜坡式墓道。墓中保存了大量壁画和路面彩画：墓道两壁分别绘以青龙、白虎为引导的仪仗队列，上方有神兽、灵鸟、云气、莲花，墓道的地面，绘仰莲纹地毯。甬道券门上方绘一朱雀，两侧分绘兽首人身像与羽兔。墓室顶部是星象图；墓壁分三栏，上栏分格绘动物，中栏绘瑞兽灵鸟，下栏绘人物。是迄今北朝画迹的最重大发现。

世界大事记

波斯与拜占庭之间战争爆发（572－591）。伦巴第王国定都帕维亚。此时，意大利的政治中心为罗马（教廷）、拉文那（拜占庭总督辖区）。

人物：高洋　元韶　娄太后

关键词：荒淫　残忍

故事来源：《北齐书·文宣帝纪》《资治通鉴·梁纪二二》

供御囚

北齐文宣帝高洋喜怒无常，荒淫残暴，曾准备用来煮杀人的大锅，肢解人的长锯、锉、锥等刑具，摆在庭中，喝醉了之后，就杀人取乐。当时宰相杨愔，见劝谏无用，就想出了一个权宜之计，提前把死囚准备好，放在帷帐后面，称为“供御囚”。高洋要杀人，就用这些人受死。此图出自《帝鉴图说》。

淫乱凶残，命赴黄泉

高洋淫乱成性，连亲人也不放过。高氏妇女，不论亲疏，多与之淫乱，或者赏赐给左右侍从。彭城王元浟的太妃尔朱氏，原是孝庄帝皇后，高洋要与她上床，她不顺从，高洋就拔刀把她杀了。过后又看上了李后的姐姐，多次到她家中，想纳为昭仪，为此，甚至把她丈夫元昂杀死。

高洋杀人成性。他在大庭广众中突然命都督韩哲站出来，既不问罪，也不说明理由，就不明不白一杀了之。他造了大锅、长锯、锉刀、石碓等刑具，陈列在庭院，醉酒后便随意杀人，或肢解，或扔入火中，或投入河内，以此取乐。杨愔特地挑选一批囚犯，安置在殿庭左右，称作“供御囚”，高洋想杀人时，就随意抓出一个。如果三个月尚未被杀，就可放走。

开府参军裴谓之上书劝谏，高洋问杨愔：“这个蠢人，怎敢如此？”杨愔为他开脱说：“他想让陛下杀他，可以成名。”高洋便说：“我偏不杀他，看他如何成名？”

天保十年（559）五月，高洋问彭城公元韶：“汉光武何以能建国？”元韶答：“因王莽对刘家未清除干净。”高洋就决心杀尽北魏元氏家族。他先杀了始平公元世哲等二十五家，不久，失言招祸的元韶也厄运临头，和其他元姓十九家一同被捕。元韶被关入地牢，不给食物，最后啃自己的衣袖活活饿死。七月，高洋要去晋阳，再次大肆屠杀元氏，凡父亲、祖父有过王爵，或本人当过高官，一律拉至东市斩首，婴儿被抛到半空，再用长矛刺杀。前后共杀了七百二十一人，尸体投入漳水，以致后来鱼的肚子中往往能找到人的手脚指甲，邺城居民多时不敢吃鱼。

高洋酗酒狂饮，终于患病，不能吃饭。他自己知道命在旦夕，对李后说：“人生必有死，只可怜太子年幼，人家要夺他宝座。”他对胞弟常山王高演说：“你要夺位随你便，只不要杀我儿子！”十月，高洋去世，发丧时，大臣们假装号哭，无一人真正流泪。

历史文化百科

〔北齐的婚聘程序〕

北齐时按照六礼确定了一般婚礼所需要遵守的程序“一曰纳采，二曰问名，三曰纳吉，四曰纳徵，五月请期，六月亲迎”，其中前五礼都是订婚阶段的程序。

〇六〇

勿效前人

高演励精图治

559年，高洋死后，子高殷被尚书令杨愔拥立继位。次年，高欢第六子高演和九子高湛杀害杨愔后，高演任大丞相，从邺城到了晋阳。心腹王晞劝他即帝位，他也有此意，向娄太后进言："现在人心不稳，应及早把名位定下。"娄太后无法，只好于乾明元年（560）八月下令废高殷为济南王，出居别宫；高演继位为帝。娄太后告诫他说：

高演逼娄太后让自己称帝，娄太后要他不杀侄子高殷。但为稳固皇位，高演还是杀了高殷。临死前，高演却要求弟弟高湛勿杀自己儿子。

"不要让济南王有何意外！"

高演在晋阳即位，即北齐孝昭帝。他从小聪明过人，也爱读书，常读《汉书·李陵传》，特别佩服李陵的作为。即位后，他励精图治，大力改革高洋时代的苛法弊政，提倡轻徭薄赋，开屯田，发展生产；在人事上，他内无私宠，外收人才，常常征求臣下的意见。裴泽对他说："陛下聪明，大公无私，自可与古代圣王媲美，但有识之士认为陛下做事伤于过细，这不是帝王应有的度量。"高演笑道："你说得很对。我因刚即大位，唯恐做事不周到，以后不会如此。"

杀济南王

高演在诛杀杨愔、燕子献时，答应立高湛为太弟，这意味着他是皇位继承人，但后来却立了太子高百年。高湛对此十分不满，他问高元海有何计谋，高元海说："皇太后活着，皇上友好兄弟，殿下不必担心。"高湛不满意他的回答，说："这岂是我要听

北方墓室壁画的代表：娄睿墓壁画（及右页图）

山西太原王郭村北齐东安王娄睿墓壁画，面积近200平方米，共七十一幅。娄睿，北齐武明皇太后内住，生前为大将军、大司马，官至录尚书事。死入葬于武平元年（570）。壁画描绘了娄睿夫妇生前豪华显赫的生活场面及死后飞升天界的空幻境界。该作品完全摆脱了秦汉以来墓葬壁画的刻板程式，娴熟地采用了写实主义的绘画手法，以其丰富的内容和精湛的技艺，成为我国南北朝时期的绘画代表作。

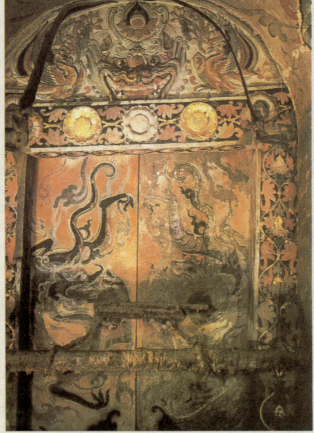

之言！"高元海说回去再考虑考虑。他一夜未睡，第二天天还未亮，就去对高湛说："有三策，只恐都难以实行。上策是请殿下带数骑入晋阳，先求太后，后见皇上，请求去除兵权，老死不参预朝政，这样必可保证稳如泰山。中策是上疏表示威权太盛，为避免被人诽谤，请求出任青、齐二州刺史，清静自居，定不会遭人议论。"高湛问："下策呢？"高元海答道："我说出恐受族诛。"高湛逼着他说，他便说道："下策是宣称皇上

假太后令夺取了济南王的合法皇位继承之权。召集文武大臣，出示皇太后召回济南王之训令，逮捕斛律羨，斩高归彦，重新立济南王，号令天下，以顺讨逆，这是万世难遇之良机。"高湛听后十分高兴。可是他生性怯懦，做事犹豫，不敢当机立断，加上请术士占卜时又称"不利于举事，静则吉"，结果没有动手。他未动手，高演却动手了，他于皇建元年（561）九月把济南王杀死。

公元577年

中国大事记 | 周兵入邺，齐亡。周颁《刑书要制》。

临终前求高湛勿杀其子

十月，高演外出打猎。一只兔子突然窜到马前，马受惊跳起，将高演掀跌在地，肋骨跌断，伤势很重。娄太后去看望他，顺便问起济南王现在何处，问了三遍，高演都未回答。娄太后大怒，骂道："你是否杀了他？不听我言，终无好下场。"说完掉头就走，再也不来看他。

高演的伤势越来越重，他自知难以长久，儿子百年尚年幼，就派尚书右仆射高睿宣旨，征召长广王高湛继承帝位。他自己又另外给高湛一信，信中说："百年无罪，你可随意安置他，勿效前人呀！"意思是不要学自己杀了亲侄高殷。就在这一天，他在晋阳宫去世。时为561年十一月二日，死时年二十七岁。

▶历史文化百科

〔两晋南北朝时期的调味品〕

两晋南北朝时期在调味品方面品种和技术都有所发展。甜的主要是蜜和麦芽糖，但已知从甘蔗中榨糖。酱油和豆酱的制作技术和品种都比汉代发展。《齐民要术》对做酱方法作了专门介绍，制作的酱有肉酱、鱼酱、虾酱及麦、榆子、芥子等做的酱。上层社会还往往以酱为馈赠佳品。豆豉在汉代已发明，这时常用于菜肴的加工烹饪。《齐民要术》也有"作豉法"，对豉的规范化生产提出了一系列的工艺和质量要求。醋的作法也有很大发展，《齐民要术》记载其制作法有二十三种，其固态发酵制曲酿醋法一直沿用到今天。

北方墓室壁画的代表：娄睿墓壁画

公元575年

高湛 和士开 高纬 祖珽

荒淫 谄媚 残忍

《北齐书·武成帝纪》《资治通鉴·陈纪二〔二四〕》

人物 关键词 故事来源

太上皇高湛

武成帝高湛即位后，重用和士开等人，荒淫无度，杀人成性，最后禅位给高纬，自己做太上皇帝。

"趁年少力壮，尽情享受"

高演死后，高睿派人到邺，宣布肃宗遗命。肃宗即高演庙号，高湛不敢相信，怀疑是高演试探，先派亲信到晋阳，当亲眼见到高演遗体回去汇报后，高湛才相信。他十分高兴，想不到皇帝宝座这么快就归他所有，便立即赶赴晋阳，为防万一，还撤换了原来的警卫队，换上自己的部队。561年十一月十一日，高湛在晋阳南宫称帝，发布大赦，改年号为大宁。高湛即武成帝。第二年，娄太后去世，高湛更无所忌惮了。

高湛是高欢第九子，生活荒淫。他即位后，北齐又回复到高洋后期的腐败状态。在高湛还是长广王时，鲜卑人和士开因精通"握槊"赌博游戏，又会弹琵琶，很受宠爱，被任命为开府行参军。高湛即帝位后，和士开多次升官，最后被任为尚书右仆射。和士开从不读书，却善于察颜观色，奉承拍马。他早先就吹捧高湛说："殿下不是天人，乃是天帝。"高湛也投桃报李，说："卿不是世人，乃是世神。"后来两人更是日夜混在一起，嬉笑亲狎，全不讲君臣之礼。和士开对高湛说："自古帝王都化灰烬，尧舜与桀纣并无区别？陛下应趁年少力壮，尽情享乐，此谓之'一日快活胜过千年'。国家事尽可交大臣去办，何必自

己辛苦？"这话正说到了高湛的心里，他竟称赞和士开有商朝伊尹、汉朝霍光之才。

和士开权势显赫，富商大贾和一些不知廉耻的官吏纷纷投靠其门下。他家门前车水马龙，送礼人络绎不绝，有人为了巴结他，甘愿做他的义子。有一次，有个人去拜见和士开，正好他患伤寒，医生说："王的病很重，其他药无效，只能喝黄龙汤。"黄龙汤就是陈年粪便，又脏又臭，和士开面有难色。那人马上讨好说："喝这不难，我先尝给王看看。"说完，一口气喝了一碗。和士开十分感动，这人自然因此升了官。

荒淫无度，杀人成性

高湛荒淫无度，宫中嫔妃还不能满足他的兽欲，又去逼奸他的嫂嫂、高洋的皇后李祖娥，他威胁李后说："如不听从我，就杀你儿子。"李后只得依从。不久李氏怀孕，其子太原王高绍德到阁门，李后不让他入内，高绍德恼火地说："儿岂不知娘肚子大，不便见人。"李后羞愧万分，当生下一个女儿后，不愿抚养。高湛手执利刀骂道："你要杀我女儿，我为何不能杀你儿子？"他把刀架在高绍德头

北齐舞俑
这具舞俑戴着一小头饰，长袍有长长的袖，左翻领压在右翻领上，腰中有带。他正优雅地跳舞，身体略前倾，腿微弯曲，两只胳膊向两边张开。虽然俑身上的红色彩绘随着时间的流失而褪去，雕塑的脸部刻画仍然十分成功。

娲皇宫

娲皇宫俗称"奶奶顶"，位于河北涉县西北唐王峧山腰，相传是"女娲炼石补天，抟土造人"之处。是我国最大、最早的奉祀上古天神女娲氏的古代建筑，始建于北齐时期（550－577）。娲皇宫建于山崖之上，四重楼阁的娲皇宫坐北朝南，背靠绝壁，飞檐天际，山一侧有八根铁索与山崖相连，形如吊楼，堪称中国一绝。宫外石窟和碑文为北齐时代原物。

上，李后吓得大哭，高湛发怒，剥了她的衣服乱加捶打。李氏被打得血流满地，昏死过去，后来又被送到妙胜寺当了尼姑。

> **▶历史文化百科◀**
>
> 〔握槊〕
>
> 博戏名，与"双陆"类似，一说即"双陆"。传自西域，盛行于南北朝、隋、唐。双陆的玩法是：下铺一特制盘，双方各用十六枚（一说十五枚）棒槌形的"马"立于己方，掷骰子的点数各占步数，先走到对方者为胜。亦名"双鹿"。

高湛不但是个淫棍，还杀人成性。他对高绍德说："你父过去打我时，你为何袖手旁观？"于是竟用刀环将他打死，埋在宫廷院内。高孝瑜是高澄长子，也是高湛的亲侄，因见和士开与胡后握槊，说了句"皇后是天下之母，岂可与臣下接手"，在和士开的告发下，高湛大怒，逼他连饮三十七杯酒，高孝瑜体胖，燥热难忍，跳水而死。高演临终之际曾要求高湛不要杀儿子高百年，可是高湛为了巩固自己的皇位，564年六月还是把高百年打得遍体是血，然后斩首。

乐当太上皇

散骑常侍祖珽与和士开同样靠拍马逢迎受到高湛的宠信。祖珽对和士开说："现在你我备受宠幸，一旦皇上晏驾，终将如何？"和士开问："你有何妙计？"祖珽说："文襄、文宣、孝昭诸帝之子均不得继位，你我当说服皇上早让皇太子登位，定下君臣之分。如成，将来皇后、太子皆会感德于你我，此乃万全之计。"他所说的文襄、文宣、孝昭，即指高澄、高洋、高演。河清四年（565）四月，天上出现扫帚星，在和士开和祖珽的乘机劝说下，高湛乐得有更多时间纵情淫乐，就同意禅位给十岁的皇太子高纬，自己成为太上皇帝。

高湛当了太上皇帝后，更加纵情酒色，不到三年就得了重病，临死前，拉着和士开的手，只说了一句"不要负我"就死了，时年三十二岁。

人物　关键词　故事来源

和士开　高纬　高叡 | 奸佞　谋略 | 《北齐书·和士开传》《资治通鉴·陈纪四》

和士开的计谋

齐后主高纬和胡太后信任奸佞和士开。高叡等大臣奏请和士开离开朝廷。和士开设计把高叡处死。

高叡奏请驱佞臣

武成帝高湛死后，和士开因受顾托，受到高纬的信任。又因当初高湛在世时，他常出入宫内，与胡后关系甚密，也得到胡后的宠幸，权势越来越大，遭到以赵郡王高叡为首的一些鲜卑贵族的忌恨。

高叡是高欢之弟高琛的儿子，即高纬的堂叔，清正自守，武成帝时任宗正卿、太尉。他早就看出和士开是个奸佞小人，武成帝死后，便立即联合冯翊王高润、安德王高延宗以及娄定远、元文遥等鲜卑贵族启奏高纬，建议让和士开离开朝廷到地方上去任官。在胡太后宴请朝贵的宴会上，又面奏和士开的不是说："士开为先帝弄臣，城狐社鼠，受纳贿赂，秽乱宫掖，臣等为了国家不能不冒死陈述。"胡太后说："先帝在时，王等为何不言？难道想欺我孤儿寡妇不成？请喝酒吧，以后再说！"高叡等人也不退让，言词越发激烈，有个大臣说："不命和士开离开朝廷，国家定难安定。"太后无言以对，怒容满面地说："此事改天再议，散席！"高叡等有的气得把帽子扔在地上，有的拂袖而起，扬长而去。次日，高叡等再次前往云龙门，命元文遥进宫启奏，出入三次，胡太后仍不听从。

缓兵之计

太后回宫后和高纬召见和士开，商量对策。和士开说："先帝待臣最厚，如今陛下守丧，大臣都有觊觎之心，将我外放，恰是剪除陛下羽翼。但也不宜强烈反对，最好对高叡等人说：'元文遥和和士开都受先帝重用，岂可一去一留，应一起外放地方任刺史。待先帝安葬后再派出去。'高叡等以为我真要出去，一定不再追究。"太后与高纬觉得甚好，就按此意告诉高叡等人，并说任和士开为兖州刺史，元文遥为西兖州刺史。高叡等见朝廷已有表示，暂时就不再上奏。丧事过后，高叡等催促朝廷发和士开上路。胡太后说是否过了高湛的"百日"再走，高叡等坚决不同意，再次去见太后，苦苦请求。太后一味命人赐酒，高叡

北齐的琵琶俑

这件弹琵琶俑衣饰考究，神情端庄，是同类题材陶俑中的精品。出土于山西寿阳库狄回洛墓。

中国大事记

周宣帝死，静帝年幼。外戚杨坚为左大丞相，总国政。周恢复佛、道二教。

正色说："今天是讨论国家大事，不是为了喝酒！"说完，立刻转身退出。

和士开设计害忠良

和士开把两个美女和用珍珠编织的帘子亲自送到临淮郡王娄定远处。娄定远是娄太后侄子，任司空。和士开低声下气地说："一些当权贵人想杀我，蒙王援救，得以保全性命，外放任刺史。特来告别，送

北齐的琵琶俑（局部）

上两个女子，一件珠帘，略表谢意。"娄定远贪财好色，一见这些礼物，喜笑颜开，对和士开说："还想回来吗？"答道："朝廷久不太平，得以离开，实我所愿，既去就不想再回。但求王保护，让我能长久在地方为官。"娄定远信以为真，送他出门，到了门口，和士开说："这次远出不知何时回来，我想与二宫辞别一下。"娄定远同意，于是陪他一同进宫，见到太后和高纬，和士开说："先帝一旦登遐，臣愧不能自死。臣看朝贵意图，实欲把陛下当作济南王，臣出以后，定有大变，臣有何面目见先帝于地下！"说完，号啕大哭，高纬、太后也不由哭泣，问他有何办法可想？和士开说："臣已进来，还怕什么？只须写几行诏书即可。"于是高纬写下诏书，调任娄定远为青州刺史，谴责赵郡王高叡有不臣之罪。

第二天一早，高叡还要入宫进谏，妻子儿女都加以劝阻，高叡说："国家事重，我宁愿以死报答先皇，也不忍见朝廷被这些奸臣搞得乌烟瘴气。"到了宫门外，有人劝说："殿下不要进去，怕有变化。"高叡说："我上不负天，死也无恨。"入宫见太后，仍坚持原来意见。出来后走到永巷，即被伏兵抓至华林园雀离佛院扼死，死时年三十六岁。高叡曾任尚书令、录尚书事等要职，清正廉洁，威望很高，朝野上下对他的死无不感到痛惜。

高纬重新任命和士开为侍中、尚书左仆射。娄定远马上把和士开送的东西送回和府，另加上许多其他珍宝。

世界大事记 拜占庭皇帝莫里斯赠法兰克人以重金，借助其兵力合击伦巴德人。

斛律光 斛律金 祖珽 冤狱 富有 《北齐书·斛律光传》

人物 关键词 故事来源

斛律光冤案

斛律金家族权势显赫，子孙多封侯拜将，斛律金常为过分荣耀担忧。至斛律光时，果然被诬陷为谋反罪，全家遭难。

虽居高位仍身先士卒

以唱《敕勒歌》闻名的斛律金是与高欢一起打天下的东魏北齐开国功臣，官至左丞相，封咸阳郡王。他长子斛律光任大将军，次子斛律羡和孙子斛律武都是开府仪同三司，出镇地方掌管一方，其他子孙也多封侯爵任高官。家族中出了一个皇后，即高纬之妻，两个太子妃，还娶了三个公主，权势的显赫在齐朝无人可比。对于这种过分的荣耀，斛律金却常常担忧。他说："我虽不读书，但也听说自古以来外戚家族多终遭覆灭。女儿受宠，其他妃子妒忌；女儿无宠，则受天子嫌弃。我家族从来靠战功和忠心得以富贵，怎能依靠女儿荣宠！"

斛律光是北齐名将。早年随高澄打猎，见空中一大鸟，他张弓疾射，正中其颈。此鸟大如车轮，原来是只大雕。众人十分钦佩，由此得外号"落雕都督"。此后，斛律光在与北方少数族的战斗和与北周作战中无不战绩辉煌，屡建功勋，因而官高爵显。斛律光生性俭朴，不好声色，不喜接待宾客，杜绝礼尚往来。作战时又身先士卒，体恤下情，将士营房不安置好他从不先入

帐幕，士卒有罪，至多杖责，决不妄杀。将士感其德，作战无不奋勇争先。因为有了这样的名将，北齐才未被日益强大的北周灭亡。

被奸臣陷害

高纬即位后，祖珽因曾劝高湛禅位，受到重用，任侍中、尚书右仆射。此人品质卑劣，贪财好色，由于曾被关地牢点了含毒蜡烛致使双目失明，但他凭仗小聪明到处拉帮结派。斛律光对此十分厌恶，常半夜醒来抱膝长叹说："盲人入，国必破！"祖珽知道后怀恨在心，一心想陷害斛律光。

北齐陶骆驼

高29.1厘米，1955年山西太原张肃俗墓出土。这只骆驼在造型上极为夸张，四腿细而不修长，脖子似乎是土体部分，向前突出，口微张，舌半露，头抬起，显得那么安详、自得，为了保持重心的平稳，在骆驼身上又增加了承载的物体，使实用与美化得以融合，显示了制作者独具的匠心，于是一只活泼生动的骆驼就出现在我们的面前了。

171

北周勋州（今山西稷山）刺史韦孝宽曾被斛律光打得大败，对斛律光又恨又怕，便制造各种谣言，派间谍到邺城去散布。谣言说："百升飞上天，明月照长安"，"百升"即"斛"，"明月"是斛律光的字，意思是说斛律光要当皇帝。还有谣言说"高山不推自崩，槲木不扶自坚"，意思是说高氏家族要崩溃了，斛律氏要上台了。祖珽当然不会听不到这些谣言，他不但不辟谣，反而加油添醋，命小儿在街上传唱。同时向高纬报告说："斛律氏几代掌握兵权，斛律光声震关西，斛律羡威行突厥，女为皇后，男娶公主，谣言所说情况不能不引以为戒。"高纬开始不相信，祖珽又让丞相府佐封士让秘密启奏，说："斛律光先前西征回来，曾命军队逼近京都，将行不轨。他家藏许多武器，有奴僮上千，常与弟、子阴谋策划。不早作打算，将不可收拾。"高纬这才相信，但他生性胆小，怕斛律光不服诏命。祖珽说："正式下诏，他恐会起疑不肯前来。可派使者赏以骏马，说'明天到东山游观，王可乘此马同行。'他定会前来取马谢恩，到时就可加以逮捕。"高纬同意照此办理。果然，第二天斛律光来到凉风堂，奉命埋伏的刘桃枝从后向他扑来。斛律光未被扑倒，回头说："桃枝常做这类卑鄙之事，我未对

斛律光

斛律光
此图出自清刊本《北史演义》。

不起国家，何故如此！"桃枝不答话，与三个力士用弓弦套住斛律光的脖子，把他勒死，时年五十八岁。随后高纬下诏，宣布斛律光谋反，他的四个儿子也被处死。

斛律羡在几个皇帝手下任职，忠直谨慎，地位虽高，从不骄傲，反而常为家族所受殊荣而担忧，曾上书要求解除自己职务，朝廷不同意。临刑时他不禁叹道："女为皇后，公主满家，家中仅打杂士兵就有三百，富贵如此，怎能不败灭！"

斛律光一家死后，北周十分高兴，发布大赦。北齐由于自毁长城，五年后就灭亡了。

两晋南北朝的科学技术

天文学	东晋虞喜发现了"岁差"原理。宋何承天制《元嘉历》，宋祖冲之的《大明历》，把"岁差"编入历法，精确地测出一回归年的日数是 365.24281481 日，又求出"交点月"的数值是 27.21223 日，与现代科学相差很少。他又破十九岁七闰法，改为 391 年中设 144 个闰月。
数学	魏晋时数学家刘徽通过割圆术计算圆周率，求得 3.141，宋齐时祖冲之求得 3.1415926 ~ 3.1415927，德国的奥托于 1573 年才求得这一数值。祖冲之和儿子祖暅还求得球体积的计算公式，相同的方法欧洲到十六世纪初才出现。
物理学	已知经过摩擦的琥珀能吸引微小的物体"芥"，并以此作为检验真假琥珀的方法，说明人们对静电吸引原理已有初步认识和应用。张华曾说宫殿前大钟响是因为蜀郡有铜山崩塌，这是对共鸣现象的初步认识。当时已有关于"避雷室"的记载。祖暅著有《权衡记》和《称物重率术》，书虽失传，但知其为论述杠杆道理和讲解重心推算方法。
医学	医药学在前人成果的基础上，进入了系统整理时期，出现了王叔和的《脉经》、皇甫谧《针灸甲乙经》、陶弘景《本草经集注》、雷敩《炮炙论》等著作。此外，在继承、汇集、编著方书上也有重大成就，出现了葛洪《肘后备急方》，陈延之《小品方》、《范汪方》，姚僧垣《直验方》等著作。养生思想活跃，儒道释各有自己的养生思想。
化学	道教徒在炼丹中积累了大量关于物质变化的经验和知识，成为近代化学的先驱。葛洪说"丹砂（红色硫化汞）烧之成水银，积变又还成丹砂"，这是人们最早认识到化学反应的可逆性。人们认识到铁对铜盐的置换反应，成为以后水法炼铜——胆铜法的基础。葛洪还认识到碱性碳酸铜有杀菌作用。
农学	北朝后期贾思勰撰有《齐民要术》一书，内容丰富。关于农学提出了选种和播种、耕耘和除草、轮种和套种、保墒和施肥、曝根和防冻、栽植和嫁接等方面内容。如把豆科作物作为绿肥，欧洲到十八世纪三十年代才在英国实行。书中还介绍了饲养牲畜的各种方法，完整系统地记载了果树品种。介绍了禽畜和鱼类的养殖，农副产品的加工、储藏等。这是一部综合性的农业百科全书。
植物学	晋嵇含《南方草木状》记载植物八十种，分草、木、果、竹四类，是最早植物学专著。书中还记载用黄猿蚁去消灭柑橘的虫害，是世界上最早记载的利用天敌来消灭害虫。晋戴凯之《竹谱》记载竹类品种七十多个，是有关竹研究的专著。
地理学	晋裴秀《禹贡地域图》是一部包括行政区域和山川地形的详细地图。他提出的制图六项原则，除经纬线和投影外，其余和现代绘制地图的方法相同。北魏郦道元的《水经注》是我国最早一部地理专著，史料翔实，考订精审。
冶炼	这一时期创出"灌钢"冶炼法，就是利用生铁的熔液灌入未经锻打的熟铁，使碳分较快地均匀地渗入，配合好生、熟铁比例，然后反复锻打，挤出杂质，能得质量较好的钢。这种半液态炼钢与热处理技术相结合的技术缩短了冶炼时间，工艺简便，成本低，比较能保证质量。梁陶弘景首先记述了此冶炼法，北齐綦毋怀文应用此法后便迅速传播开来。
烧瓷	这一时期是南方青瓷发展的成熟阶段。越窑（今浙江上虞、余姚、绍兴等地）规模大、产量高、质量好，其釉色灰青、透明而润泽、洁莹如玉。当时已能大量生产为上流社会广泛使用。青瓷已逐渐代替漆、木、竹、陶、金属制品，在生活中十分普及。北方以白瓷为主。青瓷中金属元素主要是铁，白瓷中主要是钙，这一时期对这些元素的用量和火候的掌握也已达到了一定的水平。
造纸	两汉造纸原料是麻、树皮，这时用桑皮、藤皮、稻草、麦秸等造纸。在工艺技术上采用帘床设备捞纸，提高了工效，又有了一定的规格，便于运输、保藏、书写、装订。用黄檗和雌黄的防虫原料进行处理的"潢治法"，可防止纸被虫蛀蚀。在品种上除白纸外，能制造出青、赤、绿等色纸。由于纸产量提高，已完全取代竹简和绢帛，成为主要的书写工具。
机械制造	这一时期人们相继制造出模拟人的动作和行为的机关木人，即"机器人"，如看门人、捕鼠人、舂米人、记里人、敲鼓人等。后赵解飞、后秦令狐生和南朝祖冲之都曾制作指南车，这说明人们对齿轮系的传动原理已有深刻了解。晋杜预发明连机碓。祖冲之制成利用水力推动的九转连磨。晋时有人制成相风仪，即用五刃鸡毛缚在竹竿上测风向，故又称"五刃"，这是世界上最早的气象观察仪。

无愁天子

齐后主生活奢侈，尽情享乐，被称"无愁天子"。他宠爱冯淑妃，不惜一切代价满足她。在北周的进攻下，这个昏庸皇帝终于成了亡国之君。

昏庸的齐后主

齐后主高纬是历史上有名的昏君。他口吃，却喜欢弹琵琶，整天自弹自唱《无愁曲》，因而人们称他为"无愁天子"。因为其父高湛在位的几年风调雨顺，国库丰裕，他就以为帝王生活奢侈是理所当然，尽情享乐；后宫同样锦衣玉食，嫔妃们一条裙子价值万匹绢，又互相攀比，追求新奇，衣服没穿几次就扔掉。他役使上万工匠建造宫殿寺院，晋阳的十二院比邺宫还要富丽。宫殿建了不称心就拆了再造，百工日夜不得休息，夜晚燃火照明劳作，冬天用热水和泥以防结冰。在晋阳西山凿大佛像时，一夜点灯燃油万盆，光焰直射晋阳宫；为穆皇后造大宝林寺时，运石填泉，人牛累死、摔死无数。

齐后主的政治更加腐败。他信任的尽是穆提婆、韩长鸾等一班奸佞和弄臣。这些人专权用事，内外亲信都受官爵，封王者百余人，封开府千余人，封仪同三司无数，更有领军将军二十人，侍中、中常侍数十人。宦官、歌舞人、官奴婢等受提拔、赏赐而大富大贵者达万人以上。马、狗、猎鹰都封有"仪同"、"郡君"称号，优胜的斗鸡竟得到"开府"，甚至给与相当的食禄。由于赏赐过度，生活奢侈，造成国库空虚，于是又别出心裁，赏赐宠臣以郡、县、乡等官名，令他们卖官取值。腰缠万贯的富商大贾摇身一变成为郡守县令，竞相贪污剥削，以捞回本钱，因此百姓生活更加悲惨。

573年，陈将吴明彻北伐进攻寿阳，大败齐军，北齐丢失了长江以北、淮河以南大片土地。当消息传到朝廷，穆提婆、韩长鸾正在做"握槊"游戏，他们毫不在意，继续游玩，还随口说："本来是他们的土地，让他们取去好了。"不仅如此，居然还对后主说："即使黄河以南土地都丢失了，还可做个龟兹国。人生如匆匆过客，当及时行乐，何必为这些事烦恼！"左右幸臣随声附和。后主刚听到消息时还有些忧愁，此时一扫而光，索性开宴畅饮，观赏歌舞。

后主想出各种办法来寻欢作乐。他在邺都华林园中造了一个"贫儿村"，自己穿了破烂衣服，装作乞丐，行乞要钱。他又假造了两边的城市，让士兵穿了黑色衣服装作周军攻城，后主带领许多宦官坚守与敌战斗。

定州刺史、南阳王高绰是后主的异母兄弟，是个十分酷虐的人。后主问他："你在定州什么事最好玩。"高绰答道："在盆中放许多蝎子，然后把小猴子丢进去，看它被蝎子咬时的痛苦样子最好玩。"后主立即命人连夜去收集蝎子，天亮时，把蝎子放在浴盆内，叫人裸体睡在上面。人在盆内辗转哀号，他却看得手舞足蹈，埋怨左右的人说："此等乐事，为何不早奏闻？"

北齐君臣的荒淫腐朽，加速了北齐的衰败。在北周的进攻下，北齐很快就灭亡了。

更请君王猎一围

周武帝实行一系列改革，都是为了推进统一事业。经过较长时期的准备之后，他又拉拢北方的突厥，并与陈国互派使者，取得攻齐的默契。于是，周武帝决心进伐齐国了。

576年九月，周武帝对群臣说："朕去年因病没能克平敌寇，但却看到齐国情景。其行军如同儿戏，何况朝廷混乱，政治腐败，百姓嗷嗷，朝不保夕。上次军至黄河边，只敲其背，未扼其喉。晋州是高欢起家之地，今往攻伐，必来救援，我即乘机而攻之，然后乘破竹之势向东进军，取其老巢，定能全胜。"一个月后，周武帝发兵直指晋州。

公元587年

世界大事记

日本用明天皇卒。大臣物部守屋欲立穴穗部皇子。苏我氏偕用明之子厩户皇子（后称圣德太子）诛灭之，拥立崇佛的崇峻天皇。苏我氏独擅朝政。

穆婆提　高纬　周齐武后帝主

昏庸　残忍

《资治通鉴·陈纪五～七》《北齐书·后主纪》

人物　关键词　故事来源

周武帝统率大军近十五万人先抵晋州，包围平阳（今山西临汾）。此时北齐后主正带着冯淑妃在晋阳天池（今山西宁武西南）打猎。告急文书一日三至，右丞相高阿那肱说："大家正为乐，边境小小交兵，乃是平常事，何必急急奏报！"他说的"大家"即指后主。傍晚，使者来报平阳陷落，有可能向晋阳逼近。后主这下也着急了，要赶回晋阳城发兵来救，但是冯淑妃却不肯去，一定要后主陪她再围猎一次。大敌当前抵不过美人的撒娇，后主竟然依从了。唐代诗人李商隐有诗写道："晋阳已陷休回顾，更请君王猎一围"，讲的就是这件事。

仓皇出逃

齐后主回到晋阳，率领齐军主力十万南下解救平阳。周武帝命梁士彦为晋州刺史，留精兵万人守城。齐军在平阳城下昼夜猛攻，梁士彦苦守，命妻妾、军

北朝神鸟纹刺绣

残长22.5厘米，幅宽28.5厘米，1979年出土于新疆吐鲁番县阿斯塔那382号墓，虽然这是艺术品的残幅，但是整体构图的巧妙、手艺的精湛还是完全可以体现出来的。图案的风格是十足的西域风情，神鸟四周多有奇光异草，营造了一个如诗如梦的境界。

民、妇女昼夜修城。齐军把地道挖到城下，城墙坍陷了十几步。齐军正想乘势攻进城去，齐后主突然下令暂停，原来他要让冯淑妃来观看这胜利场面。当时冯淑妃正在梳妆打扮，迟迟不出。这时周军已经用大木堵住了坍破的城墙，齐军再也无法攻进城去了。

齐军在平阳城下屯兵一个多月，士气衰颓。周武帝抓住时机，决定在平阳城下与齐军决战。他集结了八万主力，向齐军进攻。开始两军相持不下，后齐军东翼稍稍退却，观战的冯淑妃和录尚书事穆提婆认为齐军已经战败，便怂恿后主退兵。大臣奚长劝说："半进半退，乃战争中的常事，我军整体并未亏伤。陛下马足一动，人心大乱，再难振作。"后主又想不走。穆提婆却说："此话不可信。"后主最后还是听从了他的话，决定退兵。后主一退，军心顿时涣散，结果齐军大败，死伤万余人，抛下的军资器械长达数百里。

后主逃回晋阳，不知所措，想投奔突厥，大臣们劝阻再三，后主都听不进去。他把皇位让给相国高延宗，秘密把皇太后和太子送到北方。不久，他自己也在黑夜逃往突厥。一路上随从人员大多逃散。后在官员们的劝说下，犹如丧家之犬的后主又掉转马头，奔向邺城。

后主到了邺城，下令招募战士，却又不拿出钱财。有人请他用宫中珍宝奖赏将士，他也不肯。斛律孝卿请他亲自慰劳将士，并为他起草了一份慰问词，

〔北周武帝创"幞头"〕

幞头是古代一种非常常见的头巾，传说是北周武帝发明的。当时鲜卑人进入内地，不断与汉人接触与融合，就开始改变原有的习惯，把帽子后面的垂幅用带子勒起来，渐渐开始形成后来的幞头。幞头分成四个脚，前两个脚为大带，在额前穿过再系于脑后，后两个脚为小带，系于髻前。幞头一直用到明代，流传了一千多年。

华林纵逸

北齐后主高纬喜欢弹琵琶，弹的曲子名为《无愁曲》，故民间称他为"无愁天子"。他的华林园建立了一个乞儿村，自己穿着破衣烂衫，在园内学着乞丐的样子行乞取乐。由于高纬只图享乐，北周军队来攻，齐军土崩瓦解，高纬自己也成了俘虏，北齐就此灭亡。此图出自《帝鉴图说》。

关照他说："讲话要慷慨激昂，以感动激励将士。"士兵列队完毕，后主出来讲话了，可是半天讲不出一句话来，原来他把慰问词忘了。过了一会，他索性大笑起来，左右也跟着大笑。士兵们看了这情景，气忿地说："他们尚且如此，我辈何必卖命！"终于，在周军的进攻下，齐军很快土崩瓦解。后主禅位给八岁的太子高恒，自为太上皇。577年正月，周军入邺，后主企图东逃，但最后还是成了俘虏，北齐就此灭亡。

南北归一统

英年早逝，留下不肖之子

> 周宣帝品质恶劣，专断独行，不理朝政，任意诛杀大臣，最后荒淫而死，政权落入外戚杨坚手中。周为隋所取代。

周武帝在国内实行了一系列改革后，便转向外部开始靖边政策。建德六年(577)首先灭了北齐；第二年五月又出师北伐突厥，不料途中得了重病，六月回到长安后不治身死，时年三十六岁。周武帝不仅是位富有改革精神的政治家，个人品质也很高尚。他穿的是布衣，盖的是布被，后宫不过十多人；行军时总是身先士卒，与士兵同甘共苦，他用法严峻，将士们既怕他又乐意为他出力。

但是周武帝的儿子宇文赟(yūn)却是个不肖之子，他为太子时就在军中做过不道德的事，王轨告发后，被周武帝打了一顿。周武帝管教虽严，无奈

太子矫情修饰，又加拉拢了宫尹郑译等人，所以许多坏事周武帝并不知道。有一次为周武帝祝寿，王轨摸摸周武帝的胡须说："可爱好老公，可惜后代弱了些。"周武帝听出他话中有话。过后，周武帝责备宇文孝伯说："你常对我说'太子无过'，今听王轨之言，知道你在骗我。"宇文孝伯说："父子之间，人所难言。臣知道陛下不能割爱，所以不敢说。"一席话说得周武帝无言以对。

北朝网纹玻璃杯

高6.7厘米，口径10.3厘米，1948年出土于河北景县。此碗看似"粗糙"，其实精美，在当时能有这样的料器，就是难得的瓷器。此杯下边的线条平添了活力，像是江海波浪，烘托着无边的海天。

卢舍那佛　河南洛阳龙门石窟奉先寺洞

周武帝儿子不行，弟弟宇文宪却文武双全，谋略出众。周武帝在这方面也不免存有私心，他还是要把皇位传给儿子，而不愿传给弟弟。因此周武帝死后，就由太子即位，是为宣帝。这个不肖之子，不但不悲伤，反而摸摸自己被打的疤痕骂道："死得太晚了！"他迫不及待地检阅后宫女子，看见长得漂亮的就逼迫她们，将亲信郑译封为开府仪同大将军，委以朝政。但他十分忌畏叔父宇文孝伯，便暗地里对宇文孝伯说："你如能为我除去他，我就把他的官位给你。"宇文孝伯不敢答应。宣帝就与郑译、于智等密谋，借口宇文宪谋反，把他绞死了。同时又杀了与宇文宪关系密切的大臣王兴等人，罪名也是谋反，当时人们称之为"伴死"。

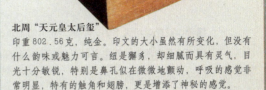

北周"天元皇太后玺"

印重802.56克，纯金。印文的大小虽然有所变化，但没有什么韵味或魅力可言。纽是螭兽，却细腻而具有灵气，目光十分敏锐，特别是鼻孔似在微微地颤动，呼吸的感觉非常明显，特有的触角和翅膀，更是增添了神秘的感觉。

朝也醉，暮也醉

武帝的丧期一过，周宣帝更加荒淫无度。他搜集天下美女，充实后宫；规定仅同以上官吏的女儿必须经他挑选后才得出嫁，整天在后宫和女妃饮酒作乐，甚至命京城美少年穿了女人服装入殿歌舞；所居宫殿、帷帐都以金玉珠宝装饰，光灿夺目；每和大臣议论，从不谈国家如何治理，只谈如何营建宫殿一类事。有个宦官杨文祐看不过去，在宣帝面前唱道："朝亦醉，暮亦醉，日日恒常醉，政事日无次。"歌中的"日无次"就是无秩序的意思，宣帝听了大怒，把他活活打死。大臣乐运抬了棺材上朝，上奏宣帝八大过失。宣帝立刻要杀他，有人故意笑说：他不顾及死，仅为求名，宣帝这才免其一死。

有一次，宣帝摸着脚上昔年挨打留下的伤痕，问郑译可知伤痕何来？郑译就讲了王轨摸着周武帝的胡子谈后代的事，宣帝听说后就把王轨杀了。不久，又将宇文孝伯赐死。公卿以下的官吏，常被宣帝捶打，每打至少一百二十杖，称为"天杖"；后又加到二百四十杖。后宫嫔妃也是如此，弄得内外恐怖，人不自安。

卢舍那佛 河南洛阳龙门石窟奉先寺洞（左页图）

隋代周

宣帝即位的第二年，就把皇位传给了八岁的儿子宇文阐，即静帝，自己做了太上皇，称天元皇帝。由于荒淫过度，到大象二年(580)就病死了，年仅二十二岁。静帝年幼，大权落到天元大皇后杨氏之父杨坚手里。

杨坚掌握国家大权后，革除了宣帝时的苛政，因而取得人民的拥护。大定元年(581)，代周称帝，建立了隋王朝，建都长安。杨坚就是隋文帝。

公元589年，隋文帝攻灭陈朝，统一了中国。

历史文化百科

〔南北朝互派使臣〕

南北朝双方互相派遣使臣称为"交聘"。据统计，南朝派使臣九十四次，北朝七十三次。其目的是求得和平友好和边界上的安宁，也是彼此夸耀自己的一个机会。双方都重视使臣的人选，要选出身高门、有名望的人物，还要有风度、才学、口才，如南齐的裴昭明、北魏的游明根、李彪等。使者出使一般都带着"国书"和礼品。礼品都是双方的特产，如南方的驯象、孔雀、甘蔗、柑橘、锦、名酒等，北方的名马、骆驼、貂裘、毛毡等。使臣还在邻国参加礼仪、考察、讲经等活动。南北"交聘"对经济发展和文化交流起了积极的作用。

聚焦：公元 317 年至公元 589 年的中国

魏晋，是以孝治天下的，不孝，故不能不杀。为什么要以孝治天下呢？因为天位从禅让，即巧取豪夺而来，若主张以忠治天下，他们的立脚点便不稳，办事便棘手，立论也难了，所以一定要以孝治天下。

鲁迅

汉末魏晋南北朝时代是中国政治上最混乱、社会上最痛苦的时代，然而却是精神上极自由、极解放、最富于智慧、最浓于热情的一个时代。

宗白华

正是魏晋时期，严正整肃、气势雄浑的汉隶变而为真、行、草、楷，中下层不知名没地位的行当，变而为门阀士族们的高妙意兴和专业所在……他们以极为优美的线条形式，表现出人的种种精神风貌，"情驰神纵，超逸优游"，"力屈万夫，韵高千古"，"淋漓挥洒，百态纵横"，从书法上表现出来的仍然主要是那种飘俊飞扬、逸伦超群的魏晋风度。

李泽厚

南北两朝文化上各种成就，作为整体来看，是战国以来又一次出现的辉煌时期。

范文澜

清谈之于两晋，其始也，为在野之人，不与当道合作；继则为名士显宦之互为利用，以图名利兼收而误国。

陈寅恪

文苑泰斗，学术名家，聚焦于公元 317 年至公元 589 年的中国。他们以宏观或者微观的独到眼光，对东晋南北朝的政治经济和社会文化的各个层面作了深入浅出、鞭辟入里的解析。这些凝聚了高度智慧的学术精华，历经岁月洗礼，常读常新，是我们走进中国历史文化殿堂的引路人。

要到西晋以后，"新学"乃特盛行江左。这样，晋朝末年的思想，南北新旧之分，真可算判然两途了。因此南朝北朝的名称，不仅是属于历史上政治的区划，也成为思想上的分野了。这种风气的影响不仅及于我国固有学术的面目，就是南北佛教因为地域的关系也一致地表现了不同的精神。最后，北朝统一中国，下开隋唐学术一统的局面，因此隋唐的学风尚是遵循北朝的旧辙，不过也受了南朝思想的洗礼，看出来影响是不小罢了。所以魏晋时代思想的成分，无论"新"、"旧"哪方面造成的后果，在我国思想史上，都是极重要的。

汤用彤

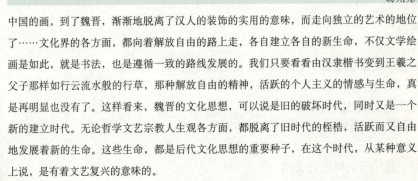

中国的画，到了魏晋，渐渐地脱离了汉人的装饰的实用的意味，而走向独立的艺术的地位了……文化界的各方面，都向着解放自由的路上走，各自建立各自的新生命，不仅文学绘画是如此，就是书法，也是遵循一致的路线发展的。我们只要看看由汉隶楷书变到王羲之父子那样如行云流水般的行草，那种解放自由的精神，活跃的个人主义的情感与生命，真是再明显也没有了。这样看来，魏晋的文化思想，可以说是旧的破坏时代，同时又是一个新的建立时代。无论哲学文艺宗教人生观各方面，都脱离了旧时代的桎梏，活跃而又自由地发展着新的生命。这些生命，都是后代文化思想的重要种子，在这个时代，从某种意义上说，是有着文艺复兴的意味的。

刘大杰

图书在版编目（CIP）数据

空前的融合（下）/刘精诚著．—上海：上海锦绣文章出版社，2014.2（2019.3重印）
（话说中国：普及版）

ISBN 978 - 7 - 5452 - 1264 - 8

Ⅰ．①空… Ⅱ．①刘… Ⅲ．①中国历史—南北朝时代—通俗读物
Ⅳ．①K239.09

中国版本图书馆 CIP 数据核字（2013）第 062567 号

责任编辑　　杨　婷　李　欣　顾承甫
特邀审读　　王瑞祥
特邀编辑　　王建玲　侯　磊　刘言秋　李曦曦
整体设计　　袁银昌
摄　　影　　徐乐民　麦荣邦　王志伟
图片整理　　居致琪
印务监制　　张　凯

书名

空前的融合（下）
　　——公元420年至公元589年的中国故事

著者

刘精诚

出版

上海锦绣文章出版社·上海故事会文化传媒有限公司

发行

上海文艺出版社发行中心

（上海市绍兴路50号　　邮编：200020）

印刷

北京一鑫印务有限责任公司

版次

2014年2月第1版　2019年3月第3次印刷

规格

787×1092　1/16　印张11.5

书号

ISBN 978 - 7 - 5452 - 1264 - 8/K·439

定价

34.00元

告读者　　如发现本书有质量问题请与印刷厂质量科联系 T:010—61424266